W0412776

Paramahansa Yogananda
(1893 – 1952)

An der Quelle des Lichts

Einsichten und Inspirationen, um den Herausforderungen des Lebens zu begegnen

Eine Auswahl aus den Schriften von

Paramahansa Yogananda

Self-Realization Fellowship
FOUNDED 1920

ÜBER DIESES BUCH: Die Auszüge aus Paramahansa Yoganandas Lehren, die hier zusammengestellt wurden, erschienen ursprünglich in seinen Büchern, in Artikeln der Zeitschrift *Self-Realization* (von ihm im Jahre 1925 herausgegeben) und in anderen Veröffentlichungen der Self-Realization Fellowship. Diese Texte aus Sri Yoganandas Schriften, Vorträgen und spontanen Ansprachen wurden unter dem Gesichtspunkt ausgewählt, eine leicht zugängliche Sammlung von Zitaten zu schaffen, in welcher der Leser schnell Ermutigung und weise Ratschläge zu verschiedenen Themen findet. Seit dem ersten Erscheinen im Jahre 1988 [in englischer Sprache] hat *An der Quelle des Lichts* eine breite und dankbare Leserschaft gefunden.

Der Titel der im Verlag Self-Realization Fellowship, Los Angeles, Kalifornien, USA erschienenen englischen Originalausgabe lautet:

WHERE THERE IS LIGHT
ISBN-13: 978-0-87612-720-9 (Paperback)
ISBN-10: 0-87612-720-0 (Paperback)

Übersetzung aus dem Englischen: Self-Realization Fellowship
Copyright © 2016 Self-Realization Fellowship

Alle Rechte vorbehalten. Mit Ausnahme von kurzen Zitaten in Buchbesprechungen dürfen keine Auszüge aus *An der Quelle des Lichts* (Where There Is Light) in irgendeiner Form oder mit irgendwelchen heute oder zukünftig gebräuchlichen Nutzungsarten ohne schriftliche Erlaubnis der Self-Realization Fellowship, Los Angeles, California 90065-3219, USA, reproduziert, gespeichert, übertragen oder abgebildet werden. Dazu gehören auch die Aufnahme oder Wiedergabe durch elektronische, mechanische, fotomechanische oder anderweitige Mittel sowie die Speicherung in Datenverarbeitungsanlagen und Speichersystemen jeglicher Art.

Autorisiert durch
International Publications Council of
Self-Realization Fellowship

Der Name und das Emblem der Self-Realization Fellowship (siehe oben) erscheinen auf allen Büchern, Tonaufnahmen und anderen Veröffentlichungen der SRF, damit der Leser sicher sein kann, dass das jeweilige Werk von der Organisation stammt, die Paramahansa Yogananda gegründet hat und die seine Lehre wahrheitsgetreu wiedergibt.

2. deutsche Taschenbuchausgabe 2016
Self-Realization Fellowship Publishers

ISBN-13: 978-0-87612-743-8
ISBN-10: 0-87612-743-X
Gedruckt in den USA
1672-J4120

Inhaltsverzeichnis

Vorwort *von Sri Daya Mata* xii

Einführung xv

1. Unsere unbegrenzten Fähigkeiten 3

2. Kraft in Zeiten der Not 13

3. Meditieren lernen 26

Meditation ist die praktischste Wissenschaft 26

Um eine Meditation zu beginnen 27

Eine Atemübung als Vorbereitung auf die Meditation 28

Konzentriert euch auf den Frieden und die Freude der Seele 30

Die höhere Yoga-Wissenschaft der Meditation 31

Eine geführte Meditation 33

Eine Meditation über den Frieden 33

Meditiert, bis ihr Gottes Antwort fühlt 35

4. Über das Leid hinauswachsen 37

Die heilende Kraft Gottes 44

Die Kraft der Affirmationen und des Gebets 47

Anwendung der Heilgedanken 49

Wie man den Glauben an Gott entwickelt... 54

5. Sicherheit in einer unbeständigen Welt....... 61

6. Weise Ratschläge zur Lösung von Problemen und zum Fällen richtiger Entscheidungen... 70
Richtige Unterscheidungskraft entwickeln.. 73
Intuition – Einsichten der Seele 79

7. Wie man sein Ziel erreicht 82
Vom Gebrauch dynamischer Willenskraft .. 82
Wie man mit Misserfolgen fertig wird......... 86
Konzentration – der Schlüssel zum Erfolg... 89
Kreativität 91
Wie man bei allem Erfolg haben kann......... 96
Was Begeisterung bewirken kann 98
Wohlstand und Fülle................................. 102

8. Innerer Friede als Gegenmittel für Stress, Sorge und Angst 107
Nervosität.. 109
Sorge und Angst 112

9. Wie ihr das Beste aus euch machen könnt.. 123
Innenschau – das Geheimnis des Fortschritts 126
Überwindung von Versuchungen................ 128
Die richtige Einstellung zu früher begangenen Fehlern................................ 136
Gute Gewohnheiten annehmen und schlechte ausmerzen 140

10. Glück 149
Positive geistige Einstellung 149

Überwindung schlechter Laune 155
Anderen dienen 159
Die inneren Voraussetzungen für ein glückliches Leben 161

11. Wie man mit anderen gut auskommt 166
Wie man sich bei gespannten Beziehungen verhalten soll 166
Wie man zu einem ausgeglichenen Menschen wird 170
Wie man negative Gefühle überwindet 174
Vergebung 180

12. Bedingungslose Liebe: Wie man menschliche Beziehungen vervollkommnet 184
Ausgleich zwischen weiblichen und männlichen Eigenschaften 186
Die Ehe 190
Freundschaft 196

13. Den Tod verstehen 203

14. Wie ihr mit Gedanken der Unsterblichkeit euer wahres Selbst erwecken könnt 217
Prägt euch Tag und Nacht ein, was ihr wirklich seid 217
Verbannt alle begrenzenden Gedanken, die euer wahres Selbst verbergen 218
Erkennt, dass euer SELBST untrennbar mit Gott verbunden ist 220

Reflektiert, bestätigt und erkennt eure göttliche Natur 221
Prägt euch unentwegt Gedanken göttlicher Wahrheit ins Gedächtnis 222
Prüfungen können eurer Seele nichts anhaben 224
Fürchtet nichts, denn ihr seid Kinder Gottes 226
Ihr seid Geist: Bekräftigt eure geistigen Eigenschaften 227
Ihr seid Licht, ihr seid Freude 228
Ihr seid Liebe 231
»Du bist DAS« 232

15. Das vollkommene Ziel 234
Sich für Gott Zeit nehmen 236
Sich in der Vergegenwärtigung Gottes üben .. 242
Wie man Verbindung mit Gott aufnimmt... 247
Beweise für Gottes Antwort 249
Der persönliche Faktor in der Suche nach Gott 253

Über den Autor 260

Glossar 273

Register 285

Das geistige Erbe Paramahansa Yoganandas

Paramahansa Yogananda (1893–1952) gilt weltweit als eine der überragenden geistigen Persönlichkeiten unserer Zeit, und der Einfluss seines Lebens und Werkes weitet sich immer mehr aus. Viele der religiösen und philosophischen Begriffe und Methoden, die er vor Jahrzehnten einführte, finden heute ihren Niederschlag in der Erziehung und Psychologie, in der Geschäftswelt, Medizin und anderen Bereichen und tragen in bedeutendem Maße dazu bei, von einer höheren geistigen Warte aus eine umfassendere, humanere Sicht vom menschlichen Leben zu vermitteln.

Die Tatsache, dass Paramahansa Yoganandas Lehre auf vielen Sachgebieten interpretiert und kreativ angewandt wird, unter anderem von den Vertretern verschiedener philosophischer und metaphysischer Bewegungen, beweist einerseits die weitläufige praktische Anwendbarkeit des von ihm Gelehrten; andererseits wird dadurch auch verständlich, dass Mittel und Wege gefunden werden müssen, um zu verhindern, dass dieses geistige Erbe im Laufe der Zeit verwässert, als Stückwerk aus dem Zusammenhang genommen oder entstellt wird.

Da sich immer mehr Informationsquellen auftun, die über Paramahansa Yogananda berichten, fragen sich manche Leser, woran sie erkennen können, ob eine Veröffentlichung sein Leben und seine Lehre richtig darstellt. Als Antwort auf diese Fragen möchten wir erklären, dass Sri Yogananda die Self-Realization Fellowship[1] zu dem Zweck gründete, seine Lehre in ihrer Ganzheit zu verbreiten und deren Reinheit für künftige Generationen zu sichern. Er wählte und schulte persönlich solche aus seinem engen Jüngerkreis, die zur Redaktion der Self-Realization Fellowship gehören, und gab ihnen genaue Richtlinien für die Zusammenstellung und Veröffentlichung seiner Vorträge, Schriften und der Self-Realization-Lehrbriefe. Die Mitglieder der SRF-Redaktion halten diese Richtlinien in Ehren, damit die universelle Botschaft dieses geliebten Weltlehrers in ihrer ursprünglichen Kraft und Echtheit erhalten bleibt.

Der Name »Self-Realization Fellowship« und das SRF-Emblem (siehe oben) stammen von Sri Yogananda selbst, denn auf diese Weise wollte er die von ihm gegründete Organisation kennzeichnen, die sein weltweites geistiges und humanitäres Werk weiterführt. Sie erscheinen auf allen Büchern, Kassetten, Video-Kassetten, Filmen und anderen Veröffentlichungen der Self-Realization Fellowship und geben dem Leser die Gewissheit, dass das Werk von der Organisation stammt, die Paramahansa Yogananda gründete und die seine echte Lehre enthält – so wie er sie zu veröffentlichen beabsichtigte.

SELF-REALIZATION FELLOWSHIP

[1] Wörtlich, »Gemeinschaft der SELBST-Verwirklichung«. Paramahansa Yogananda hat erklärt, der Name Self-Realization Fellowship bedeutet »Gemeinschaft mit Gott durch SELBST-Verwirklichung und Freundschaft mit allen wahrheitssuchenden Seelen.« (Siehe auch »Ziele und Ideale der Self-Realization Fellowship«, S. 267 und »Glossar«, S. 273.)

Anmerkung zur dritten englischen Ausgabe (2015)

Seit der Erstausgabe vor fast 30 Jahren erfreut sich das Buch *Where There Is Light* (deutscher Titel: *An der Quelle des Lichts*) allgemeiner Beliebtheit als Einblick und Einführung in die spirituelle Lehre von Paramahansa Yogananda. Das Buch wurde in viele Sprachen übersetzt und hat im Leben von zahllosen Lesern der *Autobiographie eines Yogi* und anderer Schriften von Paramahansa Yogananda einen festen Platz gefunden.

Die vorliegende Neuauflage wurde um zwei Kapitel erweitert: »Meditieren lernen« (Kapitel 3) und »Wie man durch Gedanken der Unsterblichkeit sein wahres Selbst erweckt« (Kapitel 14). Durch die praktischen Anleitungen in den neuen Kapiteln kann der Leser die in diesem Buch vermittelten Erkenntnisse und Inspirationen aus Paramahansa Yoganandas Lehren unmittelbar in die Praxis umsetzen. Andere Kapitel wurden überarbeitet, um zusätzliche Zitate aus seinen Schriften aufzunehmen, die in der ersten englischen Ausgabe von *Where There Is Light* (1988) noch nicht veröffentlicht waren.

Möge diese Neuausgabe der stetig wachsenden Zahl jener Seelen Licht und Hoffnung schenken, die sich den Schriften dieses geliebten Weltlehrers zuwenden, um in ihnen das wegweisende Licht universeller und alles umfassender geistiger Prinzipien für die kommende Weltzivilisation zu finden.

Self-Realization Fellowship

Vorwort

von Sri Daya Mata

Präsidentin und geistiges Oberhaupt (1955–2010) der Self-Realization Fellowship/Yogoda Satsanga Society of India

Während der gesegneten Jahre, in denen ich die geistige Schulung Paramahansa Yoganandas[2] empfing, wurde mir bewusst, dass man echte Weisheit an zweierlei Merkmalen erkennen kann: erstens daran, dass sie alle Seiten unseres Wesens umfasst – den Körper, den Geist und die Seele; und außerdem unser persönliches Leben und unsere Beziehungen zur Familie, zur Gesellschaft und zur Welt. Zweitens ist sie so einfach und unmittelbar, dass wir innerlich fühlen: »Ja, natürlich! Das habe ich schon immer gewusst!« Sie erweckt ein bereits in uns schlummerndes Wissen. Wenn unsere tiefen seelischen Bereiche berührt werden, dann ist die Wahrheit nicht mehr bloße Theorie, sondern führt zu einer praktischen Lösung unserer Probleme.

So waren die Wahrheiten, die unaufhörlich von den Lippen meines Gurus Paramahansa Yogananda flossen, keine theologischen Abstraktionen oder Phrasen, sondern praktische Ratschläge von höchster Weisheit, die den Menschen in jeder Lebenslage

[2] Sri Daya Mata trat 1931 als Nonne in den Ashram der Self-Realization Fellowship ein und empfing über zwanzig Jahre lang die persönliche geistige Schulung Paramahansa Yoganandas. Er bestimmte sie zur dritten Präsidentin und zum geistigen Oberhaupt seiner weltweiten Organisation – eine Stellung, die sie von 1955 bis zu ihrem Ableben 2010 innehatte.

zu Erfolg, Gesundheit, bleibendem Glück und göttlicher Liebe verhelfen. Das Gesamtwerk Paramahansajis[3] umfasst in seinem ganzen Ausmaß viele Bände; dennoch macht es uns Freude, mit dieser Auswahl einige seiner Gedanken vorzulegen, die gleich Edelsteinen in all seinen Büchern und Vorträgen aufleuchten – tiefe Wahrheiten, die in wenigen überzeugenden Worten auf unser unbegrenztes inneres Reservoir hinweisen und uns in Krisenzeiten als Wegweiser dienen können.

Die dem Menschen angeborenen Kräfte und intuitiven Wahrnehmungen versuchte Paramahansa Yogananda in allen zu erwecken, die ihn um seine Schulung baten. Wenn sich in unserem persönlichen Leben oder in seiner weltweiten Organisation Schwierigkeiten ergaben, eilten wir zu ihm, weil wir uns von ihm eine Lösung erhofften. Oft aber geschah es, dass er uns, ehe wir noch ein Wort gesagt hatten, mit einem Wink gebot, uns niederzusetzen und zu meditieren. In seiner Gegenwart beruhigten sich unsere Gedanken und wurden auf Gott gerichtet; und dann löste sich die durch unsere Probleme verursachte Ruhelosigkeit und Verwirrung wie von selbst auf. Auch wenn er nichts sagte, was unsere Fragen beantwortet hätte, merkten wir, wenn wir zu unseren Aufgaben zurückkehrten, dass wir viel klarer denken konnten und im eigenen Innern fühlten, was wir zu tun hatten.

Paramahansaji stellte uns auf ein festes Funda-

[3] Die Nachsilbe -ji bringt Ehrfurcht zum Ausdruck.

ment von Grundsätzen, sodass wir in unserem Denken und Handeln Weisheit, Zuversicht und Glauben entwickelten. Er nahm uns das Denken aber nicht ab, sondern bestand darauf, dass wir unsere Unterscheidungskraft gebrauchten und uns mehr auf Gott einstellten, sodass wir in jeder Lage selbst die richtige Entscheidung treffen konnten.

Ich hoffe sehr, dass diese Auswahl von Paramahansa Yoganandas weisen und inspirierenden Worten dem Leser dazu verhelfen wird, den Kampf des Lebens siegreich zu bestehen. Und mögen ihn diese Wahrheiten vor allem ständig dazu anspornen, die inneren Quellen der Kraft, Freude und Liebe anzuzapfen, die einer echten Gottverbundenheit entspringen. Denn in dieser Entdeckung liegt höchste Erfüllung.

DAYA MATA

Los Angeles, Kalifornien
Dezember 1988

Einführung

»Im scheinbar leeren Raum gibt es ein Bindeglied, ein ewiges Leben, das alles im Universum, Belebtes und Unbelebtes, miteinander vereint – eine einzige Woge des Lebens, die alles durchflutet.«

Paramahansa Yogananda

Mit dem Fortschritt der Weltzivilisation liegt der größte Anlass zur Hoffnung darin, dass wir uns immer mehr der Einheit allen Lebens bewusst werden. In den größten geistigen Überlieferungen der Menschheit ist seit Jahrhunderten gelehrt worden, dass unser Leben ein wesentlicher Bestandteil eines allumfassenden Ganzen ist; heute wird dies von Physikern – den neuzeitlichen »Visionären« – bestätigt, die verkünden, dass es ein einheitliches Band gibt und dass dieses Band die entferntesten Galaxien mit den winzigen Zellen unseres Körpers verbindet. Und da ihre Entdeckungen immer mehr mit denen der Biologie, Medizin, Psychologie, Ökologie und anderen Fachgebieten übereinstimmen, stehen wir selbst vor einer Revolution menschlichen Denkens; wir erhalten Einblicke in eine solch überwältigende Einheit und Harmonie – fast atemberaubend in ihrer Vollkommenheit –, dass wir eine grundlegend neue Sicht von uns selbst und unseren Möglichkeiten erhalten.

Diese neue Sicht verschafft uns – im Hinblick auf die enormen Herausforderungen, die uns das heutige Leben stellt – ein Gefühl größerer Sicherheit. Wir sehen endlich ein, dass wir keine hilflosen Opfer in einem ziellosen, chaotischen Kosmos sind. Körperliche und geistige Krankheiten und die ebenso schlimmen krankhaften Zustände, die unser Familienleben, unsere soziale und wirtschaftliche Sicherheit gefährden, sowie die ökologischen Gefahren, die der Erde drohen – sie alle entstehen aufgrund mangelnder Übereinstimmung mit der grundlegenden Harmonie und Einheit des Kosmos, sei es auf persönlicher, gesellschaftlicher, nationaler oder planetarischer Ebene. Wenn wir lernen, uns mit dieser im ganzen Universum herrschenden Harmonie in Einklang zu bringen, können wir allen Herausforderungen des Lebens die Stirn bieten.[4]

Unser Zeitalter hat eine unvorstellbare Anzahl von Theorien und Methoden entwickelt, die das Wohlbefinden des Menschen erhöhen sollen. Die Medizin, die Psychologie und eine unübersehbare Zahl von metaphysischen Methoden bieten, von ihrer eigenen Perspektive gesehen, verschiedene Lösungen an, doch die sich daraus ergebende Flut von Belehrungen, die sich zum Teil zu widersprechen

[4] »Die kosmische Ordnung, die das ganze Universum aufrechterhält, unterscheidet sich nicht von der sittlichen Ordnung, die das Schicksal des Menschen regiert«, schrieb Paramahansa Yogananda. Die heutige Wissenschaft bestätigt immer mehr die Wirksamkeit der altbewährten Methoden Indiens, die das menschliche Bewusstsein mit den kosmischen Gesetzen in Harmonie bringen, wie es kürzlich durch folgende Aussage des Nobelpreisträgers für Physik, Professor Brian D. Josephson, bestätigt wurde: »Vedanta und Sankhya [Systeme der Hindu-Philosophie, die im Yoga praktisch angewendet werden] enthalten den Schlüssel zu den Gesetzen der Geistes- und Gedankenvorgänge; und diese stehen in Wechselbeziehung zum Quantenfeld, d. h. zur Wirkungsweise und Verteilung von Partikeln auf atomarer und molekularer Ebene.«

scheinen, lässt keine Kontinuität erkennen, keine Ordnung, die unsere Bemühungen unterstützt, uns selbst und anderen zu helfen. Wir sehnen uns nach einer erweiterten Zukunftsperspektive, einer Methode, die das Stückwerk von Meinungen – ein Ergebnis der übertriebenen Spezialisierung unserer Zeit – miteinander in Einklang bringt und sich gleichzeitig darüber erhebt.

Diese erweiterte Perspektive – welche die Begründer der größten geistigen Traditionen der Welt schon vor langer Zeit hatten und der sich die neuzeitlichen Pioniere der Wissenschaft wieder nähern – lässt universelle Prinzipien erkennen, die sowohl der Wissenschaft als auch der Religion zugrunde liegen und die ganze Schöpfung lenken. »Die Wissenschaft erforscht die Wahrheit von außen her«, sagte Paramahansa Yogananda. »Der Metaphysiker aber erforscht die Wahrheit von innen her und wirkt dann nach außen. Deshalb geraten beide Erkenntniswege aneinander. Doch erleuchtete Seelen, die sowohl die Wissenschaft als auch die Metaphysik verstehen, sehen darin keinen Widerspruch. Sie sehen die Parallelen von Wissenschaft und Wahrheit, weil sie das Gesamtbild erfasst haben.«

Paramahansa Yoganandas Lebenswerk[5] bestand darin, uns zu zeigen, wie jeder diesen Wunschtraum von Harmonie nicht nur als eine rein intellektuelle Möglichkeit betrachten, sondern ihn in unmittelbare, im täglichen Leben anwendbare Erfahrung umwan-

[5] Siehe »Über den Autor« auf Seite 260.

deln kann. Dieser Weltlehrer, der die althergebrachte Wissenschaft der Yoga-Meditation[6] 1920 in die westliche Hemisphäre brachte, widmete sein ganzes Leben der Aufgabe, Ost und West durch das dauerhafte Band geistigen Verstehens miteinander zu vereinen und anderen dazu zu verhelfen, die unerschöpfliche Quelle des Friedens, der Liebe und Freude anzuzapfen, die in jedem Menschen verborgen liegt.

An der Quelle des Lichts enthält nur eine kleine Auswahl aus Yoganandas Lehren. Die verschiedenen Kostproben geben eine Vorstellung von dem breiten Spektrum der Lehre, zu der sie gehören: Einige Abschnitte sind öffentlichen Vorträgen oder Seminaren entnommen, andere zwanglosen Ansprachen an kleine Gruppen von Jüngern und Freunden und wieder andere seinen Büchern.

Ausführlichere Abhandlungen über die in diesem Band erwähnten Grundsätze sind in den auf Seite 271 angegebenen Veröffentlichungen zu finden. Lesern, die mit der Philosophie und den geistigen Idealen Paramahansa Yoganandas noch nicht vertraut sind, kann das Buch *An der Quelle des Lichts* als hilfreiche Einführung dienen. Und für alle, die ihre innere Reise zur Quelle dieses Lichts bereits angetreten haben, ist diese Auswahl ein Handbuch mit geistigen Ratschlägen – ein wunderbares Hilfsmittel, das ihnen höhere Einsichten und Inspiration für den Alltag bietet.

SELF-REALIZATION FELLOWSHIP

[6] Siehe *Yoga* im Glossar.

An der Quelle des Lichts

KAPITEL 1

UNSERE UNBEGRENZTEN FÄHIGKEITEN

Wenn wir den Menschen in seiner Ganzheit erfassen, stellen wir fest, dass er kein einfacher physischer Organismus ist. In ihm schlummern viele Fähigkeiten, von denen er mehr oder weniger Gebrauch macht, um sich seiner Umwelt anzupassen. Seine Leistungsfähigkeit ist erheblich größer, als die meisten Menschen vermuten.

❖ ❖ ❖

Hinter dem Licht jeder Glühbirne liegt die dynamische Kraft des elektrischen Stromes; hinter jeder kleinen Welle liegt der unermessliche Ozean, der zu den vielen Wellen geworden ist. So verhält es sich auch mit den menschlichen Wesen. Gott hat jeden Menschen sich zum Bilde erschaffen,[1] und Er verlieh jedem einzelnen Freiheit. Ihr aber vergesst euren göttlichen Ursprung und die unvergleichliche Kraft Gottes, die ein unveräußerlicher Teil eures Wesens ist. Es gibt unendlich viele Möglichkeiten in dieser Welt; das Entwicklungspotenzial des Menschen ist grenzenlos.

❖ ❖ ❖

[1] *1. Mose* 1, 27.

Jeder Mensch ist ein Ausdruck des großen, unermesslichen GEISTES. Da auch ihr eine Manifestation des GEISTES seid, solltet ihr euch bemühen, Seine unendlichen Kräfte zum Ausdruck zu bringen, denn dies ist eure Bestimmung.

❖ ❖ ❖

Was ihr seid, ist viel wunderbarer als irgendetwas oder irgendjemand, nach dem ihr euch sehnt. Gott ist auf ganz besondere Weise mit euch verbunden, so wie mit niemand anderem. Euer Gesicht gleicht keinem anderen. Eure Seele gleicht keiner anderen. Begehrt nie, was andere Menschen besitzen; ihr habt an euch selbst genug, denn der größte aller Schätze – Gott – liegt in eurer eigenen Seele.

❖ ❖ ❖

Alle großen Lehrer erklären, dass dieser Körper die unsterbliche Seele beherbergt, dass sie ein Funke jener Allmacht ist, die alles am Leben erhält.

❖ ❖ ❖

Woher stammt unsere wahre Persönlichkeit? Von Gott. Er ist absolutes Bewusstsein, absolute Existenz und absolute Glückseligkeit. Der Schöpfer weiß, dass Er existiert; Er weiß auch, dass Seine Existenz ewig und Sein Wesen ewig neue Glückseligkeit ist. … Wenn ihr mit tiefer Konzentration nach innen blickt, könnt ihr die göttliche Glückseligkeit eurer

Seele innerlich und äußerlich fühlen. Und wenn ihr diesen Bewusstseinszustand beibehalten könnt, wird sich eure äußere Persönlichkeit entwickeln und immer anziehender auf andere wirken. Die Seele ist Gott zum Bilde geschaffen, und wenn wir uns dieser Seele immer bewusst sind, beginnt unser ganzes Wesen Seine Güte und Schönheit widerzuspiegeln. Das ist eure wahre Persönlichkeit. Alle anderen Charaktereigenschaften, die ihr zum Ausdruck bringt, sind mehr oder weniger Pfropfreiser – und nicht euer wahres Wesen.

❖ ❖ ❖

Überprüft euch selbst: Etwas in euch drängt euch ständig dazu, nach dem »besonderen Etwas« zu suchen, das in eurem Leben immer zu fehlen scheint. Im Innersten eines jeden Menschen befindet sich ein tief verwurzeltes Verlangen nach Vollkommenheit. Warum? Weil wir uns von unserem Himmlischen Vater entfernt haben. Wir haben unsere ewige Heimat in Gott verlassen, und wir sehnen uns danach, diese verlorene Vollkommenheit zurückzugewinnen.

❖ ❖ ❖

Die Seele ist zweifellos vollkommen, doch wenn sie sich mit dem Körper und dem Ego[2] identifiziert, wird sie durch die menschlichen

[2] Siehe *Egoismus* im Glossar.

Unvollkommenheiten entstellt. ... Yoga lehrt uns, das Göttliche in uns selbst und anderen wahrzunehmen. Durch Yoga-Meditation können wir erkennen, dass wir Götter sind.[3]

❖ ❖ ❖

Im bewegten Wasser sieht man die Widerspiegelung des Mondes nur undeutlich. Sobald aber die Wasseroberfläche ruhig geworden ist, spiegelt sich das Bild des Mondes vollkommen darin wider. So ist es auch mit dem menschlichen Geist: Wenn er ruhig ist, seht ihr das leuchtende Antlitz eurer Seele darin widergespiegelt. Alle Seelen sind Widerspiegelungen Gottes. Wenn wir mit Hilfe der Meditationstechniken[4] die ruhelosen Gedanken im See unseres Geistes stillen, schauen wir unsere Seele, die vollkommene Widerspiegelung des GEISTES; und dann wissen wir, dass Seele und Gott eins sind.

❖ ❖ ❖

[3] »Ich habe wohl gesagt: ›Ihr seid Götter und allzumal Kinder des Höchsten‹« (*Psalm* 82, 6) »Steht nicht geschrieben in eurem Gesetz: ›Ich habe gesagt: Ihr seid Götter‹?« (*Johannes* 10, 34)

[4] »Seid stille und erkennet, dass ich Gott bin.« (*Psalm* 46, 11) Wissenschaftliche Yoga-Meditationstechniken, die von Paramahansa Yogananda in den *Lehrbriefen der Self-Realization Fellowship* behandelt werden, verhelfen einem dazu, das Bewusstsein zu beruhigen und zu verinnerlichen und Gottes Gegenwart im eigenen Innern wahrzunehmen. Es handelt sich um einen ausführlichen Lehrgang, der aus Yoganandas Seminaren und Vorträgen zusammengestellt wurde und beim internationalen Hauptsitz der Self-Realization Fellowship erhältlich ist.

Selbst-Verwirklichung[5] ist das Wissen auf allen Ebenen unseres Seins – des Körpers, des Geistes und der Seele –, dass wir eins mit der Allgegenwart Gottes sind, dass wir nicht um sie zu bitten brauchen, dass wir ihr nicht nur allezeit nahe sind, sondern dass sie zugleich unsere Allgegenwart ist und dass wir jetzt ebenso ein Teil Gottes sind, wie wir es immer sein werden. Wir brauchen nur eines zu tun: unser Wissen zu erweitern.

❖ ❖ ❖

Richtet eure Aufmerksamkeit nach innen.[6] Ihr werdet einen neuen Einfluss, eine neue Kraft, einen neuen Frieden fühlen – und zwar in Körper, Geist und Seele. ... Wenn ihr mit Gott in Verbindung steht, seid ihr kein sterbliches Wesen mehr, sondern ein göttliches. Dann fallen alle Fesseln, die euch behindern, von euch ab.

❖ ❖ ❖

Ganze Minen an Kraft liegen unerforscht in eurem Innern. Unbewusst macht ihr bei allem, was ihr tut, von dieser Kraft Gebrauch und erlangt gewisse Ergebnisse. Doch wenn ihr lernt, die in euch schlummernden Kräfte bewusst zu steuern, könnt ihr weit mehr vollbringen.

[5] Siehe *Selbst* im Glossar.

[6] »Man wird auch nicht sagen: Siehe, hier! oder: da ist es! Denn sehet, das Reich Gottes ist inwendig in euch.« (*Lukas* 17, 21)

❖ ❖ ❖

Nur wenige Menschen in der Welt versuchen bewusst, ihre körperlichen, geistigen und seelischen Kräfte zu entwickeln. Die übrigen sind Opfer von Umständen, die sie in ihrer Vergangenheit selbst verursacht haben. Sie schleppen sich dahin, lassen sich von ihren falschen Gewohnheiten treiben und wehrlos von ihnen niederdrücken, sodass sie nur noch denken: »Ich bin ein Nervenbündel« oder »Ich bin ein Schwächling« oder »Ich bin ein Sünder« usw.

❖ ❖ ❖

Es bleibt jedem von uns überlassen, ob wir mit dem Schwert der Weisheit die uns fesselnden Stricke durchhauen oder gefesselt bleiben wollen.

❖ ❖ ❖

Eine der Täuschungen des Daseins besteht darin, dass man immer weiter hilflos dahinlebt. So oft ihr sagt: »Es hat keinen Zweck«, ist es auch so. … Zu denken, dass ihr nicht den Willen aufbringen könnt, euch zu ändern, ist eine Täuschung.

❖ ❖ ❖

Unser kleines Bewusstsein ist ein Teil des allmächtigen Bewusstseins Gottes. Hinter der Welle unseres Bewusstseins liegt das unendliche Meer Seines Bewusstseins. Weil aber die Welle vergisst, dass sie ein Teil des Meeres ist, sondert sie sich von dieser ozeanischen Kraft ab. Und die Folge davon ist, dass unser Geist durch die Prüfungen und materiellen Begrenzungen geschwächt wird. Er arbeitet nicht mehr. Ihr werdet staunen, was er alles für euch tun kann, wenn ihr euch von den Begrenzungen freimacht, die ihr euch auferlegt habt.

❖ ❖ ❖

Warum wollt ihr eure Fähigkeiten von der sprichwörtlichen Vorstellung beschränken lassen: »Mute dir nicht zu viel zu.« Ich meine, ihr solltet euch viel zumuten und es dann auch leisten!

❖ ❖ ❖

Der menschliche Geist ist mit einem Gummiband zu vergleichen. Je mehr ihr es auseinanderzieht, umso mehr dehnt es sich. Das Gummiband des Geistes wird nie zerreißen. Jedes Mal, wenn ihr euch eingeengt fühlt, schließt die Augen und sagt euch: »Ich bin das Unendliche«, und ihr werdet sehen, wie viel Kraft in euch liegt.

❖ ❖ ❖

Wenn ihr mir sagt, dass ihr dies oder jenes nicht könnt, so glaube ich es nicht. Alles, was ihr euch vornehmt, könnt ihr auch vollbringen. Gott ist der Inbegriff aller Dinge, und ihr seid Sein Ebenbild. Er kann alles vollbringen, und ihr ebenfalls, wenn ihr eure Einheit mit Seinem unermesslichen Wesen verwirklicht.

❖ ❖ ❖

Betrachtet euch nicht als schwache Sterbliche. In eurem Gehirn liegen unglaubliche Mengen an Energie verborgen; ein Gramm Fleisch enthält genug davon, um die Stadt Chicago zwei Tage lang mit Strom zu versorgen.[7] Und ihr sagt, ihr seid müde?

❖ ❖ ❖

Gott hat uns zu energiegeladenen Engeln gemacht, denen Er eine feste Form verlieh – zu Lebensströmen, die durch die Glühbirne des Körpers leuchten. Doch wir haben uns auf die Schwäche und Zerbrechlichkeit der körperlichen Glühbirne konzentriert und dabei vergessen, uns der unsterblichen, unzerstörbaren, ewigen Lebensenergie im vergänglichen Fleisch bewusst zu werden.

❖ ❖ ❖

Wenn ihr das Bewusstsein dieser Welt hinter euch lasst und wisst, dass ihr weder der Körper noch der Verstand seid, euch aber dennoch eures eigenen Daseins so bewusst seid wie nie zuvor, dann ist dieses göttliche Bewusstsein euer wahres Selbst. Ihr seid Das, in dem alles im Universum seinen Ursprung hat.

❖ ❖ ❖

[7] Schon Jahrhunderte, ehe die neuzeitlichen Physiker die Äquivalenz von Materie und Energie bewiesen haben, verkündigten die Weisen Indiens, dass jeder materielle Gegenstand sich auf Energieformen zurückführen lasse. Siehe *Prana* im Glossar.

Ihr alle seid Götter, wenn ihr nur daran glauben könntet! Hinter der Welle eures Bewusstseins liegt das Meer der göttlichen Gegenwart. Ihr müsst nach innen schauen. Konzentriert euch nicht auf die kleine Welle des Körpers mit all seinen Schwächen; schaut tiefer. ... Wenn ihr euer Bewusstsein über den Körper und alle körperlichen Empfindungen hinaushebt, dann erkennt ihr, dass diese Sphäre eures Bewusstseins mit der großen Freude und Glückseligkeit erfüllt ist, die den Sternen ihr Licht und den Winden und Stürmen ihre Kraft verleiht. Gott ist die Quelle all unserer Freuden und aller Offenbarungen der Natur ...

Erwacht aus dem Dunkel der Unwissenheit. Ihr habt die Augen im Schlaf der Täuschung[8] geschlossen. Wacht auf! Öffnet die Augen, dann werdet ihr die Herrlichkeit Gottes schauen – die unendliche Weite des göttlichen Lichts, das sich über alle Dinge breitet. Ich sage euch, was ihr werden sollt: »göttliche Realisten«; dann werdet ihr von Gott die Antwort auf alle Fragen erhalten.

Affirmationen[9]

Ich bin in das ewige Licht getaucht. Es durchdringt jeden Teil meines Seins. In

[8] Siehe *Maya* im Glossar.

[9] Zur Anwendung von Affirmationen siehe Seite 47 ff.

diesem Licht lebe ich. Der göttliche Geist durchdringt mich innen und außen.

❖ ❖ ❖

Vater, öffne die Schleusen, hinter denen die kleinen Wellen meines Lebens gefangen liegen, damit ich in das Meer Deiner Unermesslichkeit einmünden kann.

KAPITEL 2

Kraft in Zeiten der Not

Alles, was der Herr erschaffen hat, soll uns auf die Probe stellen und die verschüttete unsterbliche Seele in uns zum Vorschein bringen. Hierin besteht das Abenteuer des Lebens – der einzige Daseinszweck. Und für jeden ist dieses Abenteuer anders und einzigartig. Ihr müsst darauf vorbereitet sein, euch mit allen geistigen, seelischen und gesundheitlichen Schwierigkeiten auseinanderzusetzen, indem ihr vernünftige Methoden anwendet und auf Gott vertraut – in der Gewissheit, dass eure Seele im Leben und im Tod unbesiegt bleibt.

❖ ❖ ❖

Lasst euch nie vom Leben unterkriegen. Siegt über das Leben! Wer starken Willens ist, kann alle Schwierigkeiten überwinden. Sagt euch auch angesichts von Prüfungen immer wieder: »Die Gefahr und ich wurden zusammen geboren, doch ich bin gefährlicher als jede Gefahr.« Diese Wahrheit müsst ihr euch ständig in Erinnerung rufen und auch entsprechend handeln. Dann werdet ihr sehen, dass ihr Erfolg habt. Verhaltet euch nicht wie unterwürfige sterbliche Wesen. Ihr seid Gottes Kinder!

❖ ❖ ❖

Viele Menschen haben Angst vor den Problemen des Lebens. Ich habe mich nie davor gefürchtet; denn ich habe immer gebetet: »Herr, lass Deine Kraft in mir zunehmen. Gib mir die Zuversicht, dass ich mit Deiner Hilfe all meine Schwierigkeiten meistern kann.«

❖ ❖ ❖

Da ihr Gott zum Bilde erschaffen seid, denkt nicht, dass eure Prüfungen schwerer sind als die euch innewohnende göttliche Kraft, mit der ihr sie überwinden könnt; sonst glaubt ihr an eine Unwahrheit. Vergesst nie: Wie schwer eure Prüfungen auch sein mögen, ihr seid nie zu schwach, um zu kämpfen. Gott schickt euch keine größeren Prüfungen, als ihr zu ertragen fähig seid.

❖ ❖ ❖

Der heilige Franziskus hatte mehr Schwierigkeiten, als ihr euch vorstellen könnt, aber er gab nicht auf. Durch die Kraft seines Geistes überwand er ein Hindernis nach dem anderen und wurde eins mit dem Gebieter des Universums. Warum könnt ihr nicht diese Art von Entschlossenheit aufbringen?

❖ ❖ ❖

Betrachtet jede Prüfung, die auf euch zukommt, als eine Gelegenheit, euch zu vervollkommnen. Meist werdet ihr rebellisch, wenn sich Schwierigkeiten und Hindernisse im Leben einstellen, und denkt: »Warum muss gerade mir das passieren?« Stattdessen solltet ihr jede Prüfung als eine Spitzhacke betrachten, mit der ihr den Boden eures Bewusstseins auflockern und den in euch verborgenen Quell geistiger Kraft freilegen könnt. Jede Prüfung sollte die in euch schlummernden Kräfte zum Vorschein bringen, denn ihr seid Gottes Kinder – Ihm zum Bilde erschaffen.

❖ ❖ ❖

Es mag scheinbar am einfachsten sein, vor allen Problemen davonzulaufen. Aber ihr könnt nur dann an Kraft zunehmen, wenn ihr euch mit einem starken Gegner messt. Wer nie Schwierigkeiten hat, wird auch nicht wachsen.

❖ ❖ ❖

Ein Leben ohne Probleme wäre überhaupt kein Leben – es wäre ein Leben ohne jeden Anreiz, uns zu ändern und unser göttliches Potenzial zu entfalten.

❖ ❖ ❖

Wahrhaft siegreich ist derjenige, der Herr über sein Ich wird – der sein begrenztes Bewusstsein und seine seelischen Fähigkeiten ins Grenzenlose erweitert. Dabei könnt ihr so weit gehen, wie ihr wollt, alle Begrenzungen hinter euch lassen und über alle Hindernisse im Leben siegen.

Brecht aus der geistigen Zelle der Unwissenheit aus, in der ihr gefangen liegt. Ändert euer Denken!

❖ ❖ ❖

Durchtrennt mit dem Gedankenschwert der Weisheit die Gedankenketten, die euch fesseln. Das Leben ist ein Kampf, und ihr müsst kämpfen, um ihn zu gewinnen. ... Wer kann euch daran hindern zu denken, dass ihr ein Gott seid? Niemand. Ihr selbst seid euer einziges Hindernis.

❖ ❖ ❖

Wollt ihr dauerndes Glück finden, müsst ihr aufhören, euch als sterbliche Wesen zu betrachten. Übt diese Wahrheit im täglichen Leben.

❖ ❖ ❖

Schaut mit einem inneren Lächeln auf die Welt. ... Ihr könnt lernen, willentlich glücklich zu sein und – ganz gleich, was geschieht – innerlich an eurem Glück festzuhalten. Einige Leute lassen sich von ihren Prüfungen völlig niederschmettern, andere lächeln trotz aller Schwierigkeiten. Wahren Erfolg im Leben haben diejenigen, die unbesiegbaren Geistes sind.

❖ ❖ ❖

Wenn ich ernsthafte Schwierigkeiten habe, versuche ich zuerst, mich selbst richtig zu verstehen. Ich mache nie die Umstände dafür verantwortlich und versuche auch nicht, andere zurechtzuweisen. Ich gehe zuerst nach innen. Ich versuche die

Zitadelle meiner Seele zu reinigen und alles, was der Allmacht und Weisheit der Seele im Wege steht, zu entfernen. Eine solche Lebensweise führt zum Erfolg.

❖ ❖ ❖

Sorgen und Krankheiten sollen uns etwas lehren. Unsere schmerzlichen Erfahrungen dürfen uns nicht niederdrücken; sie sollen lediglich die Schlacken in uns ausbrennen, damit wir umso schneller zu Gott heimkehren. Niemand wartet sehnlicher auf unsere Erlösung als Gott.

❖ ❖ ❖

Die Nebelwand der Täuschung ist zwischen uns und Gott getreten, und es tut Ihm leid, dass wir Ihn aus den Augen verloren haben. Es gefällt Ihm keinesfalls, wenn Er Seine Kinder so sehr leiden sieht – wie sie unter Bombenhagel, an schrecklichen Krankheiten und falschen Lebensgewohnheiten sterben. Er bedauert das, denn Er liebt uns und möchte, dass wir zu Ihm zurückkehren. Wenn ihr nur nachts die nötigen Anstrengungen machen würdet, zu meditieren und Ihm nahe zu sein! Er denkt so viel an euch. Ihr seid nicht verlassen. Ihr habt euer SELBST im Stich gelassen.

❖ ❖ ❖

Betrachtet die Erfahrungen des Lebens als eure Lehrer, und lernt dadurch das wahre Wesen der Welt und eure Rolle in ihr erkennen; dann werden diese Erfahrungen zu wertvollen Wegweisern, die euch immerwährende Freude und Erfüllung bringen.

❖ ❖ ❖

Eigentlich ist das Unglück euer bester Freund, weil es euch dazu drängt, Gott zu suchen. Wenn ihr die Unvollkommenheit der Welt allmählich klar erkennt, fangt ihr auch an, die Vollkommenheit Gottes zu suchen. Die Wahrheit ist, dass Gott das Böse nicht benutzt, um uns zu vernichten, sondern damit uns das Spielzeug dieser Welt enttäuscht und wir Ihn suchen.

❖ ❖ ❖

Die Finsternis ist nur der Schatten, den die Hand der Göttlichen Mutter[1] wirft, wenn sie sich liebkosend nach euch ausstreckt. Vergesst das nicht. Manchmal, wenn die Mutter euch liebkosen will, fällt der Schatten ihrer Hand auf euch, bevor sie euch berührt. Wenn sich also Schwierigkeiten einstellen, denkt nicht, dass sie euch straft: Ihre segnende Hand überschattet euch, während sie euch näher zu sich ziehen will.

[1] Die heiligen Schriften Indiens lehren, dass Gott sowohl persönlich als auch überpersönlich ist, sowohl immanent als auch transzendent. Gottsucher in den westlichen Ländern sind es gewohnt, sich Gott als den Vater vorzustellen; in Indien dagegen ist die Vorstellung von Gott als der liebenden, mitfühlenden Mutter des Universums weit verbreitet. Siehe *Göttliche Mutter* im Glossar.

❖ ❖ ❖

Das Leid ist ein guter Lehrmeister für diejenigen, die willig sind, schnell daraus zu lernen. Doch für die anderen, die sich auflehnen und beschweren, wird es zu einem Tyrannen. Das Leid kann uns fast alles lehren. Seine Lektion besteht darin, dass wir dazu gedrängt werden, Unterscheidungskraft, Selbstbeherrschung, Unabhängigkeit, Sittlichkeit und ein transzendentes geistiges Bewusstsein zu entwickeln. Um ein Beispiel zu nennen: Magenschmerzen geben uns zu verstehen, dass wir nicht zu viel und nicht das Falsche essen sollen. Der Schmerz um den Verlust von Besitz oder lieben Menschen erinnert uns an die Vergänglichkeit aller Dinge in dieser täuschenden Welt. Die Folgen unserer falschen Handlungen zwingen uns dazu, unsere Urteilskraft zu gebrauchen. Warum nicht durch Weisheit lernen? Dann braucht ihr euch nicht unnötig der schmerzlichen Disziplin des Leids, dieses strengen Wächters, zu unterwerfen.

❖ ❖ ❖

Alles Leiden entsteht durch Missbrauch des freien Willens. Gott hat uns die Fähigkeit verliehen, Ihn anzunehmen oder abzuweisen. Es liegt nicht in Seinem Willen, dass wir Schmerzen leiden. Doch Er greift nicht ein, wenn wir uns zu einem Handeln entschließen, das uns Leid bringt.

❖ ❖ ❖

Alle Ursachen, die Krankheit, plötzlichen finanziellen Verlust oder andere Schwierigkeiten zur Folge haben und die ohne Vorwarnung über euch hereinbrechen, ohne dass ihr den Grund kennt, sind früher – entweder in dieser oder einer vergangenen Inkarnation – von euch selbst gesät worden und dann unbemerkt in eurem Bewusstsein aufgegangen.[2]... Gebt nicht Gott oder irgendeinem anderen die Schuld, wenn ihr an einer Krankheit, an finanziellen oder seelischen Schwierigkeiten leidet. Ihr habt die Ursachen dieser Probleme früher einmal selbst geschaffen und müsst jetzt größere Anstrengungen machen, sie zu beseitigen.

❖ ❖ ❖

Sehr viele Menschen verstehen die Bedeutung von Karma[3] nicht richtig und nehmen eine fatalistische Haltung ein. Ihr braucht euer Karma nicht zu akzeptieren. Wenn ich euch warne und euch sage, dass jemand hinter euch steht und euch schlagen will, weil ihr ihn früher geschlagen habt, und wenn ihr dann bereitwillig auf den Schlag wartet und sagt: »Nun gut, das ist mein Karma«, dann wird er euch natürlich den Hieb versetzen. Warum versucht ihr nicht, ihn zu

[2] Die Reinkarnation, die evolutionsbedingte Rückreise der Seele zu Gott, gewährt dem Menschen wiederholt Gelegenheit zu Wachstum, Erfolg und Erfüllung, wie es in einer kurzen Lebensspanne auf Erden nicht möglich ist. Siehe *Reinkarnation* im Glossar.

[3] Die Folgen früherer Handlungen; sie unterliegen dem Gesetz von Ursache und Wirkung. »Denn was der Mensch sät, das wird er ernten.« (*Galater* 6, 7) Siehe *Karma* im Glossar.

besänftigen? Indem ihr ihn versöhnlich stimmt, könnt ihr seine Grausamkeit mildern, sodass er nicht mehr das Verlangen hat, euch zu schlagen.

❖ ❖ ❖

Die Folgen eures Handelns werden euch viel weniger schaden, wenn ihr geistigen Widerstand leistet. Merkt euch das. Ihr könnt auch auf andere Weise Widerstand leisten: indem ihr jetzt die üblen Folgen früherer falscher Handlungen durch richtiges Handeln neutralisiert. Dann werden die guten Folgen dieser Taten es verhindern, dass sich euer schlechtes Karma ungünstig auswirkt.

❖ ❖ ❖

Wenn ihr euch als Gottes Kinder erkennt, was für ein Karma habt ihr dann noch? Gott hat kein Karma. Und ihr habt keines, wenn ihr *wisst,* dass ihr Seine Kinder seid. Jeden Tag solltet ihr euch sagen: »Ich bin kein sterbliches Wesen; ich bin nicht der Körper. Ich bin ein Kind Gottes.« Auf diese Weise lebt ihr in der Gegenwart Gottes. Gott ist frei von Karma. Ihr seid nach Seinem Bilde geschaffen und seid ebenfalls frei von Karma.

❖ ❖ ❖

Lasst euch von niemandem einreden, dass eure Leiden oder Probleme von eurem Karma herrühren.

Ihr [als Seelen] habt kein Karma. Shankara[4] sagte: »Ich bin eins mit dem GEIST; ich bin Er.« Wenn ihr diese Wahrheit *erkennt,* seid ihr Götter. Doch wenn ihr euch in Gedanken sagt:»Ich bin ein Gott« und dabei heimlich denkt: »Aber es scheint doch so, dass ich ein Sterblicher bin«, dann seid ihr auch Sterbliche. Wenn ihr *wisst,* dass ihr Götter seid, dann seid ihr frei.

❖ ❖ ❖

»Wisset ihr nicht, dass ihr Gottes Tempel seid und der Geist Gottes in euch wohnt?«[5] Wenn es euch gelingt, euren Geist durch die Meditation zu läutern und zu erweitern und Gott in euer Bewusstsein einzulassen, werdet auch ihr frei von der Täuschung der Krankheit, der Begrenzungen und des Todes sein.

❖ ❖ ❖

Wenn ihr euch über das Karma erheben wollt, bemüht euch, folgende drei Wahrheiten zu erkennen: 1. *Wenn der Geist stark und das Herz rein ist, seid ihr frei.* Es ist der Geist, der die körperlichen Schmerzen wahrnimmt. Wenn ihr reine Gedanken habt und geistig stark seid, braucht ihr die schmerzlichen Folgen eures schlechten Karmas nicht zu erleiden. Das ist eine erfreuliche Feststellung, die

[4] Swami Shankara war einer der berühmtesten Philosophen Indiens. Sein Geburtsdatum ist unbekannt; viele Gelehrte rechnen ihn dem 8. oder frühen 9. Jahrhundert n. Chr. zu.

[5] *1. Korinther* 3, 16.

ich gemacht habe. 2. *Im unterbewussten Zustand des Schlafs seid ihr frei.* 3. *Wenn ihr euch im Zustand der Ekstase*[6] *eins mit Gott fühlt, habt ihr kein Karma.* Deshalb sagen die Heiligen: »Betet ohne Unterlass.« Wenn ihr ständig betet und meditiert, gelangt ihr ins Land des Überbewusstseins, wo keine Sorgen euch mehr etwas anhaben können.

❖ ❖ ❖

Ihr könnt durch diese Methoden sofort frei vom Karma sein. Immer, wenn euer Karma euch Sorgen macht, legt euch schlafen. Oder denkt reine Gedanken und stählt euren Geist, indem ihr euch sagt: »Ich stehe über alledem.« Noch besser aber: Meditiert tief und taucht in das göttliche Überbewusstsein. Die Seligkeit dieses Bewusstseinszustands ist der natürliche Zustand der Seele, doch ihr habt euer wahres Wesen vergessen, weil ihr euch schon so lange mit dem Körper identifiziert. Ihr müsst diesen sorgenfreien, glückseligen Zustand der Seele wiedererlangen.

❖ ❖ ❖

[6] Der erhabene Bewusstseinszustand, der einem das unmittelbare Erleben Gottes gewährt. Der Zustand des Wachbewusstseins bedeutet Gewahrwerden des Körpers und der äußeren Umgebung. Der unterbewusste Zustand bezieht sich auf den nach innen gerichteten Geist, der im Schlaf und in gedanklichen Vorgängen wie der Erinnerung wirkt. Der überbewusste Zustand ist der transzendente Zustand des Geistes oder das geistige Bewusstsein der Seele. Siehe *Samadhi* im Glossar.

Das Wesen der Seele [als individualisierter GEIST] ist Glückseligkeit: ein dauerhafter innerer Zustand ewig neuer, ewig abwechslungsreicher Freude. Diese Glückseligkeit gibt dem, der sie erreicht hat, unvergängliche Freude, auch wenn er die Prüfungen körperlicher Krankheiten oder den Tod erleiden muss.

❖ ❖ ❖

Materielle Heilmittel, Medikamente, körperliches Wohlbefinden, menschlicher Trost: sie spielen ihre Rolle beim Beseitigen von Schmerzen, doch das größte Heilmittel besteht im Üben des *Kriya-Yoga*[7] und in der Überzeugung, dass ihr eins mit Gott seid. Das ist das Allheilmittel für alle Sorgen, Schmerzen und Verluste – der Weg zur Befreiung von allem persönlichen Karma und Massenkarma.[8]

---

[7] Eine wissenschaftliche Technik, die zu innerer Gottverbundenheit führt. Die Wissenschaft des *Kriya-Yoga* wird in Paramahansa Yoganandas *Autobiographie eines Yogi* erklärt. Siehe *Kriya-Yoga* im Glossar.

[8] Die sich anhäufenden Taten der Menschen innerhalb einer Gemeinschaft, einer Nation oder der Welt als Ganzem bilden das Massenkarma, das örtliche oder weitreichende Wirkungen haben kann – abhängig vom Ausmaß und dem Überwiegen des Guten oder Bösen. Die Gedanken und Handlungen jedes Einzelnen tragen daher zum guten oder schlechten Zustand der Welt und aller Völker bei.

Affirmationen

Ich weiß, dass Gottes Macht ohne Grenzen ist; und da ich Ihm zum Bilde geschaffen bin, habe auch ich die Kraft, alle Hindernisse zu überwinden.

❖ ❖ ❖

Lieber Vater, was für Bedingungen sich mir auch entgegenstellen, ich weiß, dass sie die nächste Stufe auf meinem Entwicklungsweg darstellen. Ich will alle Prüfungen willkommen heißen, denn ich weiß, dass ich die Einsicht besitze, sie zu verstehen, und die Kraft, sie zu überwinden.

KAPITEL 3

Meditieren lernen

Meditation ist die praktischste Wissenschaft

Meditation ist die Wissenschaft der Gottverwirklichung.[1] Sie ist die praktischste Wissenschaft, die es in der Welt gibt. Die meisten Menschen würden gern meditieren, wenn sie den Wert der Meditation kennen und ihre wohltuende Wirkung erleben würden. Der eigentliche Sinn der Meditation besteht darin, Gott zu erkennen und die kleine Freude der Seele mit der unendlichen Freude des Geistes zu vereinigen. Welche Errungenschaft könnte sinnvoller und nützlicher sein, als die begrenzten menschlichen Fähigkeiten von der Allgegenwart und Allmacht des Schöpfers erweitern zu lassen? Gottverwirklichung verleiht dem Meditierenden den Segen göttlichen Friedens, göttlicher Liebe, Freude, Kraft und Weisheit.

❖ ❖ ❖

Meditation bedeutet die höchste Art der Konzentration. Konzentration besteht darin, die Aufmerk-

[1] Eine von Paramahansa Yogananda gelehrte, einführende Meditation steht in diesem Kapitel. Die umfassenden Meditationstechniken, die er niedergelegt hat – die stufenweise *Kriya-Yoga*-Wissenschaft der Konzentration und Meditation – wird in den gedruckten *Lehrbriefen der Self-Realization Fellowship* vermittelt. Siehe Seite 266.

samkeit von Ablenkungen zu befreien und sie auf irgendeinen Gedanken zu richten, der einen interessiert. Meditation ist jene besondere Art der Konzentration, in der die Aufmerksamkeit einen Zustand tiefster Ruhe erreicht hat und sich ausschließlich auf Gott richtet. Meditation ist also Konzentration, die dazu angewandt wird, Gott zu erkennen.

Um eine Meditation zu beginnen

Setzt euch auf einen geraden Stuhl, oder sitzt mit gekreuzten Beinen auf einer festen Unterlage. Haltet die Wirbelsäule gerade und das Kinn parallel zum Fußboden.

❖ ❖ ❖

Wenn ihr die richtige Haltung eingenommen habt, ist sie fest, aber völlig entspannt, sodass ihr still sitzen könnt, ohne einen Muskel zu bewegen. Eine solche Ruhe, in der es keine unruhigen körperlichen Bewegungen und kein Zurechtrücken gibt, ist nötig, wenn man tiefere Meditationszustände erreichen will.

❖ ❖ ❖

Richtet den Blick und die Aufmerksamkeit mit halb geschlossenen oder, wenn es euch leichter fällt, mit ganz geschlossenen Augenlidern nach oben auf die Stelle zwischen den Augenbrauen, so als ob ihr von dort in die Ferne blicken wolltet. (Menschen, die sich tief konzentrieren, ziehen oft ihre Brauen an dieser Stelle zusammen.)

Strengt die Augen aber nicht an und schielt auch nicht. Der Blick wird sich ganz von selbst nach oben richten, wenn man entspannt ist und sich ruhig konzentriert. Wichtig ist, dass die Aufmerksamkeit *voll und ganz* auf die Stelle zwischen den Augenbrauen gerichtet ist.

Dort befindet sich das Zentrum des Christusbewusstseins, der Sitz des »einfältigen « Auges, von dem Christus sagt: »Das Auge ist des Leibes Licht. Wenn dein Auge eins ist, so wird dein ganzer Leib licht sein.« (*Matthäus* 6, 22)

Wenn der Zweck der Meditation erreicht ist, wird der Gottsucher feststellen, dass sich seine Konzentration ganz von selbst auf das geistige Auge richtet und dass er, je nach seiner inneren Erlebnisfähigkeit, eine freudige Verbindung mit dem GEIST fühlt.

Eine Atemübung als Vorbereitung auf die Meditation

Wenn ihr die soeben beschriebene richtige Meditationshaltung eingenommen habt, besteht die nächste Vorbereitung für die Meditation darin, die Lunge vom angesammelten Kohlendioxid zu befreien, das den Körper ruhelos macht.

Atmet zweimal durch den Mund aus: »Hah, hahhh!« (Dieser Laut wird nur durch die Ausatmung erzeugt, nicht mit den Stimmbändern.)

Dann atmet tief durch die Nase ein und spannt den ganzen Körper an, indem ihr bis sechs zählt.

Atmet zweimal durch den Mund aus: »Hah, hahhh!« und entspannt euch. Wiederholt dies dreimal.

❖ ❖ ❖

Um das Reich Gottes betreten zu können, sollte sich der Wahrheitssucher als Erstes in der richtigen Meditationshaltung mit aufrechter Wirbelsäule regungslos niedersetzen und den Körper anspannen und entspannen – denn durch die Entspannung löst sich das Bewusstsein von den Muskeln.

Der Yogi beginnt mit der korrekten tiefen Atmung, indem er einatmet und den ganzen Körper anspannt, dann ausatmet und sich entspannt. Das wiederholt er mehrere Male. Mit jeder Ausatmung sollten sich die muskuläre Spannung und Bewegung verringern, bis ein Zustand körperlicher Ruhe erreicht ist.

Durch Konzentrationstechniken werden dann die Gedanken zur Ruhe gebracht. Sind Körper und Geist vollkommen still, erfreut sich der Yogi an dem unaussprechlichen Frieden der Seele.

Der Körper ist der Tempel des Lebens, der Geist ist der Tempel des Lichts, und die Seele ist der Tempel des Friedens. Je tiefer man in die Seele eintaucht, umso mehr spürt man diesen Frieden; das ist das Überbewusstsein. Wenn der Gottsucher diese Wahrnehmung des Friedens durch tiefere Meditation erweitert und dabei fühlt, wie sich dieser

Friede zusammen mit seinem Bewusstsein über das Universum ausdehnt und wie alle Wesen und die ganze Schöpfung in ihm aufgehen, dann tritt er in das Kosmische Bewusstsein ein. Er fühlt diesen Frieden überall – in den Blumen, in jedem menschlichen Wesen, in der Atmosphäre. Er schaut die Erde und alle Welten, wie sie als kleine Wellen auf diesem Ozean des Friedens dahintreiben.

Der innere Frieden, den der Gottsucher zu Beginn der Meditation erlebt, ist seine eigene Seele; der unermessliche Frieden, den er fühlt, wenn er tiefer meditiert, ist Gott. Der Wahrheitssucher, der sich mit allem eins fühlt, hat Gott für immer in den Tempel seiner unendlichen inneren Wahrnehmung eingelassen.

Konzentriert euch auf den Frieden und die Freude der Seele

Verhaltet euch ruhig. ... Sagt allen Sinneswahrnehmungen Lebewohl – dem Sehen, Hören, Riechen, Schmecken und Tasten – und taucht tief nach innen, wo die Seele sich Ausdruck verschafft. ...

Verbannt alle körperlichen Empfindungen; verbannt alle ruhelosen Gedanken. Konzentriert euch auf Gedanken des Friedens und der Freude.

❖ ❖ ❖

Das Tor zum Himmelreich liegt im feinstofflichen Zentrum des transzendenten Bewusstseins – an der Stelle zwischen den Augenbrauen. Wenn ihr eure Aufmerksamkeit auf dieses Zentrum der Konzentration richtet, wird euch von innen her gewaltige geistige Kraft und Hilfe zuteil. Fühlt, dass euer Bewusstsein sich zum göttlichen Bewusstsein erweitert. Fühlt, dass es dort keine Begrenzungen, keine Anhänglichkeit an den Körper gibt – dass ihr euch immer weiter auf das Reich Gottes zubewegt, in das man durch das geistige Auge gelangt.[2]

Betet mit mir: »Himmlischer Vater, öffne mein geistiges Auge, damit ich Einlass in Dein allgegenwärtiges Reich finde. Vater, lass mich nicht in dieser vergänglichen, leidvollen Welt zurück. Führe mich aus dem Dunkel ins Licht, vom Tod in die Unsterblichkeit, von Unwissenheit zu grenzenloser Weisheit, vom Leid zur ewigen Freude.«

Die höhere Yoga-Wissenschaft der Meditation

Raja-Yoga – der königliche Weg der Gottvereinigung – ist die Wissenschaft, welche darlegt, wie der Mensch das Reich Gottes im eigenen Innern tatsächlich erkennen kann. Durch das Üben der heiligen Yoga-Techniken der Verinnerlichung, die er während der Einweihung von einem wahren Guru

[2] Das eine Auge der Intuition und der allgegenwärtigen Wahrnehmung im Christus-(*Kutastha-*)Zentrum *(Ajna-Chakra)* zwischen den Augenbrauen. Das geistige Auge ist das Tor, das zu den höchsten göttlichen Bewusstseinsstadien führt. Indem der Gottsucher das geistige Auge erweckt und durchdringt, erlebt er nacheinander die höheren Zustände des Überbewusstseins, Christusbewusstseins und Kosmischen Bewusstseins. Diese Methoden sind Teil der Kriya-Yoga-Meditationswissenschaft, die durch Paramahansa Yoganandas *Lehrbriefe der Self-Realization Fellowship* vermittelt wird.

empfängt, kann er dieses Reich finden, indem er die astralen und kausalen Zentren der Lebenskraft und des Bewusstseins in der Wirbelsäule und im Gehirn erweckt – die Tore, die zu den himmlischen Regionen des transzendenten Bewusstseins führen.[3]

❖ ❖ ❖

Gebet allein genügt nicht. Viele Menschen fragen sich, warum sie keine persönliche Antwort von Gott erhalten, obwohl sie doch so ernsthaft beten. Sie wissen nicht, wie man meditiert. Deshalb ist der Yoga so wichtig. Wenn ihr die Yoga-Techniken der Self-Realization Fellowship übt, werdet ihr euer Ziel erreichen. Der Yoga behauptet nicht, dass ihr einfach nur glauben müsst und deshalb schon gerettet seid; vielmehr lehrt er die wissenschaftlichen Gesetze und Techniken, durch die ihr Gott in eurem eigenen Bewusstsein fühlen könnt. Denn nur, wenn ihr wirklich mit Gott in Verbindung seid, wird er euch ganz offen antworten. Nicht eher; das kann er nicht. Wenn die Tür zu eurem Bewusstsein durch Unwissenheit verschlossen ist, kann Gott nicht eintreten. Öffnet ihr jedoch diese Tür, wird Gott sich euch offenbaren – und im Zustand dieser Verwirklichung sind alle Dinge möglich. Ihr müsst euch aber bemühen. Ihr werdet Gott nicht finden, wenn ihr in der Meditation sitzt und eure Gedanken sich mit anderen Sachen beschäftigen. Übt ihr hingegen die Techniken regelmäßig, werdet ihr Ihn finden.

[3] Siehe *Raja-Yoga, Kriya-Yoga* und *Chakras* im Glossar.

Eine geführte Meditation

Lasst uns meditieren.

Fühlt, dass ihr von der schöpferischen, lebenserhaltenden Energie Gottes aufgeladen werdet.

Fühlt, wie das immerwährende Bewusstsein Gottes sich in eurem Körper manifestiert und wie es das sterbliche Bewusstsein von vergangenen Fehlschlägen, von Angst, Krankheit und Alter auslöscht.

Wiederholt mit tiefer Aufmerksamkeit folgenden Gedanken:

»Vater, du bist in meinem Körper, in meinem Geist und in meiner Seele gegenwärtig. Ich bin nach Deinem Bild geschaffen. Segne meinen Körper, meinen Geist und meine Seele, damit sie in Deiner immerwährenden Jugendlichkeit, Kraft, Unsterblichkeit und Freude leuchten.

Om. Frieden. Amen.«

Eine Meditation über den Frieden

Wendet euch mit der ganzen Glut und Aufrichtigkeit eures Herzens an Gott. Bittet Ihn, in den Tempel eures Schweigens zu kommen. Und wenn ihr tiefer meditiert, fühlt Ihn im Tempel der Ekstase und der Glückseligkeit. Sendet Ihm von ganzem Herzen, von ganzer Seele und mit aller Kraft Gedanken der Liebe. Fühlt intuitiv, wie Gottes Nähe sich Bahn bricht durch die Wolken eurer Ruhelosigkeit und euch als großer Frieden und große Freude umfängt. Frieden und Freude sind die Stimme Gottes, die wegen eurer Unwissenheit lange geschwiegen hat – unbeachtet und vergessen im Lärm menschlicher Leidenschaft.

Das Reich Gottes liegt unmittelbar hinter dem Dunkel der geschlossenen Augen; und das erste Tor, das sich öffnet, ist euer Frieden. Atmet aus und entspannt euch; fühlt, wie sich dieser Frieden überallhin ausbreitet – nach innen und nach außen. Taucht ganz in diesen Frieden ein.

Atmet tief ein. Atmet aus. Jetzt vergesst den Atem. Wiederholt meine Worte:

> *Vater, alle Geräusche der Erde und des Himmels sind verstummt.*
>
> *Ich befinde mich im Tempel der Stille.*
>
> *Dein ewiges Reich des Friedens breitet sich in seiner Unermesslichkeit vor mir aus. Möge dieses unendliche Reich, das lange hinter dem Dunkel verborgen lag, sich mir offenbaren.*
>
> *Friede erfüllt meinen Körper; Friede erfüllt mein Herz und meine Liebe; Friede ist in mir, um mich herum und überall.*
>
> *Gott ist Frieden. Ich bin Sein Kind. Ich bin Frieden. Gott und ich sind eins.*
>
> *Unendlicher Friede erfüllt mein Leben und durchdringt mich jeden Augenblick. Friede sei mit mir; Friede sei mit meiner Familie; Friede sei mit meinem Land; Friede sei mit meiner Welt; Friede sei mit meinem Kosmos.*
>
> *Allen Nationen, allen Lebewesen wünsche*

ich das Beste, denn alle sind meine Brüder, und Gott ist unser gemeinsamer Vater. Wir leben in den Vereinigten Staaten der Welt, angeführt von Gott und der Wahrheit. Himmlischer Vater, möge Dein Reich des Friedens kommen, im Himmel wie auf Erden, damit wir uns von aller Zwietracht und Disharmonie befreien und mit Körper, Geist und Seele zu vollkommenen Bürgern Deiner Welt werden.

Meditiert, bis ihr Gottes Antwort fühlt

Ihr solltet euch immer auf das Zentrum des Christusbewusstseins zwischen den Augenbrauen konzentrieren und innig zu Gott und Seinen großen Heiligen beten. Redet in der Sprache eures Herzens zu ihnen und bittet um ihren Segen. Es ist gut, sich irgendeine Affirmation oder ein Gebet auszusuchen … und es durch die eigene Hingabe und Sehnsucht zu vergeistigen. Singt und betet in aller Stille zu Gott und richtet eure Aufmerksamkeit dabei immer auf die Stelle zwischen den Augenbrauen, bis ihr schließlich Gottes Antwort fühlt, die sich euch als Ruhe, tiefer Frieden und innere Freude mitteilt.

❖ ❖ ❖

Wenn eure Meditation durch ständiges Üben allmählich tiefer wird, seht ihr vielleicht ein schwaches Licht oder hört astrale Töne oder nehmt in einer Vision einen Heiligen wahr. Zuerst neigt ihr dazu, solche Erlebnisse als Halluzinationen abzutun; aber wenn ihr euch weiterhin sehnt, Hingabe übt und die geistigen Gesetze anwendet, erlebt ihr, wie auf geheimnisvolle Weise wunderbare Dinge in eurem Leben geschehen. …

Genauso antwortet Gott auch euch; wenn ihr mit Ihm im Einklang seid, unterstützt und führt Er euch in allem – in der Auswahl eurer Freunde und Geschäftspartner oder in tagtäglichen Entscheidungen.

KAPITEL 4

Über das Leid hinauswachsen

Ich habe mich ständig mit meinem Himmlischen Vater darüber gestritten, warum Er die Menschen, die Ihm zum Bilde erschaffen sind, durch leidvolle Prüfungen zu sich zurückführt. Ich sagte dem Vater, dass im Schmerz ein Zwang liege; Überzeugung und Liebe seien bessere Mittel, die Menschen zum Himmel zurückzuführen. Obgleich ich die Antwort weiß, habe ich mich mit Gott immer über diese Frage gestritten, denn Er versteht mich, so wie ein Vater seinen Sohn versteht.

❖ ❖ ❖

Wie tragisch es in der Welt zugeht! Wieviel Unsicherheit es da gibt. Doch ganz gleich, was euch zustößt, wenn ihr euch dem Vater zu Füßen werft und Ihn um Seine Gnade bittet, wird Er euch aufheben und euch zeigen, dass das Leben nur ein Traum ist.[1]

❖ ❖ ❖

Ich will euch eine kleine Geschichte erzählen. Ein König schlief ein und träumte, er sei arm. Er schrie im Schlaf nach ein paar Pfennigen, um sich etwas zu essen kaufen zu können. Schließlich weckte ihn die Königin und fragte: »Was ist los mit

[1] Siehe *Maya* im Glossar.

dir? Deine Schatzkammer ist voller Gold, und du schreist nach ein paar Pfennigen?«

Da sagte der König: »Ach, wie dumm von mir! Ich dachte, ich sei ein Bettler und müsse verhungern, weil ich keinen Pfennig mehr besaß.«

In solcher Täuschung lebt jede Seele, die träumt, dass sie ein sterbliches Wesen sei und unter dem Albdruck aller möglichen Übel und Krankheiten, unter Sorgen und Herzensqualen leide. Der einzige Ausweg aus diesem Alptraum besteht darin, sich immer mehr an Gott zu hängen und weniger an die Traumbilder dieser Welt.

❖ ❖ ❖

In Gottes Plan gibt es keine Grausamkeit; denn in Seinen Augen gibt es weder Gut noch Böse – nur Bilder aus Licht und Schatten. Der Herr wollte, dass wir den gegensätzlichen Szenen des Lebens ebenso zuschauen wie Er selbst – der ewig freudige Zeuge eines gewaltigen kosmischen Dramas.

Doch der Mensch hat sich fälschlicherweise mit der Pseudo-Seele oder dem Ich identifiziert. Sobald er seine Wesenseinheit mit der unsterblichen Seele wiedererkennt, entdeckt er, dass alle Schmerzen unwirklich sind. Dann kann er sich den Zustand des Leidens nicht einmal mehr *vorstellen.*

❖ ❖ ❖

Das Überbewusstsein des Menschen besteht aus Gott und ist deshalb gefeit gegen allen Schmerz.

Alles körperliche und geistige Leiden entsteht durch Identifikation, Einbildung und falsche menschliche Denkgewohnheiten.

❖ ❖ ❖

Zeigt mehr innere Standhaftigkeit! Entwickelt solche geistigen Kräfte, dass ihr jeder Situation gewachsen seid und nichts euch umwerfen kann, ganz gleich, was euch das Leben bringt. Wenn ihr Gott liebt, solltet ihr auch Vertrauen haben und bereit sein, Prüfungen zu ertragen. Fürchtet euch nicht vor Schmerzen. Denkt positiv und bleibt stark. Eure inneren Erfahrungen sind das Wichtigste.

❖ ❖ ❖

Ihr macht eure Leiden durch Einbildung nur noch schlimmer. Wenn ihr euch Sorgen macht und euch selbst bedauert, lindert das nicht euren Schmerz; es steigert ihn nur noch. Nehmen wir einmal an, jemand tue euch ein Unrecht; ihr brütet darüber, und eure Freunde reden darüber und bemitleiden euch. Je mehr ihr daran denkt, umso mehr gebt ihr euch den verletzten Gefühlen hin – und auch eurem Schmerz.

❖ ❖ ❖

Einige Menschen erinnern sich ständig an all die Leiden, die sie durchgemacht haben, z. B. wie furchtbar die Schmerzen waren, die sie bei einer Operation erlitten haben – obwohl diese vor zwanzig

Jahren stattgefunden hat! Immer wieder versetzen sie sich in diesen Krankheitszustand hinein. Warum sich solche Erfahrungen ständig ins Gedächtnis zurückrufen?

❖ ❖ ❖

Die beste Methode, mit euren Schwierigkeiten fertig zu werden, besteht darin, euch geistig darüber zu erheben – so als ob ihr nur Zuschauer wärt –, wobei ihr euch gleichzeitig um eine Lösung bemüht.[2]

❖ ❖ ❖

Es ist eine Tatsache, dass ihr längst nicht so viel leidet, wenn ihr lernt, den Körper nicht als euer Ich zu betrachten. Die Verbindung zwischen euch und euren körperlichen Schmerzen ist rein geistig. Wenn ihr schlaft und euch des Körpers nicht bewusst seid, fühlt ihr keinen Schmerz. Und wenn der Arzt oder Zahnarzt euch eine Narkose gibt, merkt ihr von der Operation nichts. Der Geist ist von den Empfindungen abgeschaltet worden.

❖ ❖ ❖

Pflegt euren Körper, aber erhebt euch über ihn. Erkennt, dass ihr nicht diese vergängliche körperliche Gestalt seid. Errichtet eine feste geistige Barriere zwischen eurem Geist und eurem Körper. Sagt

[2] Wer ernsthafte oder chronische gesundheitliche Probleme hat – seien es Schmerzen oder andere Symptome –, sollte dem Rat eines Arztes folgen.

euch: »Ich bestehe auch ohne meinen Körper. Keine Hitze, keine Kälte, keine Krankheit kann mir etwas anhaben. Ich bin frei.« Dann werdet ihr immer weniger eure Grenzen fühlen.

❖ ❖ ❖

Die beste Narkose gegen Schmerzen ist eure Geisteskraft. Wenn euer Geist sich weigert, den Schmerz zu akzeptieren, werdet ihr ihn viel weniger fühlen. Ich habe schon erlebt, wenn mein Körper verletzt wurde und ich schlimme Schmerzen hatte, dass ich meinen Geist nur auf das Christuszentrum[3] zu richten brauchte – das heißt, ich war mehr auf Gott eingestellt und weniger auf den Körper –, und dann spürte ich den Schmerz gar nicht mehr. Wenn ihr also Schmerzen habt, konzentriert euch auf das Christuszentrum. Erhebt euch geistig über den Schmerz; entwickelt größere Geisteskraft. Seid innerlich zäh. Wenn sich Schmerzen einstellen, sagt euch: »Es tut gar nicht so weh!« Wenn ihr euch verletzt, sorgt dafür, dass die Wunde behandelt wird, aber leidet deswegen nicht. Je mehr ihr euch auf die Kraft des Geistes konzentriert, umso mehr wird das Körperbewusstsein schwinden.

[3] Der Sitz des einfältigen Auges oder göttlichen Bewusstseins und der geistigen Wahrnehmung an der Stelle zwischen den Augenbrauen, von dem Jesus wie folgt sprach: »Wenn dein Auge einfältig ist, so wird dein ganzer Leib licht sein.« (*Matthäus* 6, 22) Auf Bildern von Heiligen, die in Gott versunken sind, sieht man oft, dass sie ihre Augen auf dieses Zentrum richten. Siehe *Christuszentrum* im Glossar.

❖ ❖ ❖

»Schmerz und Lust sind vorübergehende Zustände« [erklärte Sri Yukteswar[4] seinen Jüngern]; »gewöhnt euch daran, alle Gegensätze ruhig hinzunehmen, während ihr gleichzeitig versucht, euch ihrem Einfluss zu entziehen«.

❖ ❖ ❖

Wenn die Umstände kritisch werden, bietet ihnen die Stirn, indem ihr möglichst positiv und konstruktiv denkt und handelt. Übt *Titiksha,*[5] d. h., gebt den unerfreulichen Erfahrungen nicht nach, sondern leistet ihnen Widerstand, ohne euch dabei zu erregen. Wenn ihr krank werdet, lebt nach den Gesetzen der Hygiene und lasst euch nicht aus dem Gleichgewicht bringen. Bleibt bei allem, was ihr tut, innerlich ruhig.

❖ ❖ ❖

Ob ihr in diesem Leben leidet oder Macht und Reichtum genießt, euer Bewusstsein muss unberührt davon bleiben. Wenn ihr Gleichmut bewahrt, kann euch nichts verletzen. Das Leben aller großen Meister beweist, dass sie diesen gesegneten Zustand erreicht haben.

❖ ❖ ❖

[4] Swami Sri Yukteswar (1855–1936) war der Guru (der geistige Lehrer) Paramahansa Yoganandas. Sein Leben wird in Yoganandas *Autobiographie eines Yogi* beschrieben. Siehe Glossar.

[5] Ein Sanskritwort, das »mit Gleichmut erdulden« bedeutet.

Wenn ihr euch über die Täuschung erheben und euer wahres SELBST erkennen wollt, müsst ihr meditieren lernen. Und wenn ihr nicht nur während der Meditation, sondern auch während der Tätigkeit an diesem Bewusstseinszustand festhalten könnt und euch von täuschenden Erfahrungen nicht mehr beeinflussen lasst, habt ihr euch über diese Traumwelt Gottes erhoben. Dann wird der Traum für euch vorbei sein. Deshalb betonte auch der Herr Krishna[6], dass ihr unter allen Umständen Gleichmut bewahren müsst, wenn ihr die Freiheit des GEISTES erlangen wollt: »Wer sich von diesen (den Kontakten der Sinne mit deren Gegenständen) nicht verwirren lässt, wer in Schmerz und Lust ruhig und ausgeglichen bleibt, nur der ist fähig, die Ewigkeit zu erlangen.«[7]

❖ ❖ ❖

Wenn die Tiger der Sorgen, der Krankheit und des Todes euch verfolgen, ist der innere Tempel des Schweigens eure einzige Zufluchtsstätte. Ein tiefgeistiger Mensch lebt Tag und Nacht in einem inneren Schweigen, das weder durch drückende Sorgen noch durch eine zusammenbrechende Welt erschüttert werden kann.

[6] Ein Avatar (eine göttliche Inkarnation), der lange Zeit vor der christlichen Ära im alten Indien lebte. Das Gespräch zwischen dem Herrn Krishna und seinem Jünger Arjuna auf dem Schlachtfeld von Kurukshetra bildet den Inhalt einer unsterblichen heiligen Schrift, der Bhagavad-Gita. Siehe *Bhagavan Krishna* und *Bhagavad-Gita* im Glossar.

[7] Bhagavad-Gita II, 15.

❖ ❖ ❖

Keine Empfindungen und kein seelisches Leid können euch berühren, wenn sich der Geist über sie erhebt und in Gottes Frieden und Freude verankert ist.

Die heilende Kraft Gottes

Wir vermögen unseren täglichen Bedarf auf zweierlei Weise zu decken. Erstens auf materielle Art: Wenn wir zum Beispiel krank sind, können wir zu einem Arzt gehen und uns behandeln lassen. Doch schließlich kommt eine Zeit, wo keine menschlichen Mittel mehr helfen. Dann halten wir nach einer anderen Methode Ausschau – nach der Kraft des GEISTES, nach dem Schöpfer von Körper, Geist und Seele. Den irdischen Kräften sind Grenzen gesetzt, und wenn sie versagen, wenden wir uns an die unbegrenzte göttliche Kraft. Ähnlich ist es bei einer finanziellen Notlage; wenn wir unser Bestes getan haben, aber immer noch Mangel leiden, wenden wir uns an diese andere Kraft.

❖ ❖ ❖

Die wichtigste Heilmethode für alle Krankheiten – seien sie körperlich, geistig oder seelisch – besteht darin, Gott zu erkennen. So wie das Dunkel vor dem Licht weichen muss, so verschwindet auch die Dunkelheit der Krankheit, wenn das Licht des vollkommenen Gottes in den Körper eingelassen wird.

❖ ❖ ❖

Hinter allen körperlichen, geistigen und vitalen[8] Heilmethoden liegt Gottes unbegrenzte Kraft. Dies dürfen wir nie vergessen, denn wenn man sich statt auf *Gott* auf die *Methode* verlässt, hemmt und begrenzt man automatisch das ungehinderte Einströmen der Heilkraft.

❖ ❖ ❖

Eure Pflicht besteht darin, Gott euer Anliegen vorzubringen und euer Teil dazu beizutragen, Gott bei der Erfüllung eures Wunsches zu helfen. Tut z. B. bei chronischen Krankheiten euer Bestes, um gesund zu werden, aber sagt euch innerlich immer, dass letzten Endes nur Gott helfen kann.

❖ ❖ ❖

Einen unversieglichen Kraftquell findet der Mensch im festen Glauben, dass er als Kind Gottes von keiner Krankheit befallen werden kann.

❖ ❖ ❖

Tut euer Bestes, alle Krankheitsursachen zu vermeiden, und seid dann völlig furchtlos. Bakterien gibt es überall in solchen Mengen, dass ihr eures

[8] »Vitales« Heilen bezieht sich auf das Anzapfen der kosmischen Energie – einer intelligenten Energie, die feiner ist als die Atome und die das universelle Lebensprinzip darstellt, durch das Gott die ganze Schöpfung aufrechterhält.

Lebens nicht mehr froh werden könntet, wenn ihr euch ihretwegen Sorgen machtet. … Fürchtet euch vor nichts.

❖ ❖ ❖

Lächelt innerlich, fühlt euch von Freude überwältigt, seid immer bereit, richtig zu handeln, und bemüht euch, anderen zu helfen. Das ist nicht nur eine gute geistige Übung, sondern versorgt auch den Körper ständig mit frischer kosmischer Energie.

❖ ❖ ❖

Wer Freude in sich selbst findet, wird spüren, dass sein Körper vom elektrischen Strom der Lebenskraft aufgeladen wird, die nicht aus der Nahrung, sondern von Gott kommt. Wenn es euch schwerfällt zu lächeln, stellt euch vor einen Spiegel und zieht mit den Fingern die Mundwinkel hoch. So wichtig ist das!

Wer innerlich von Freude erfüllt ist, zieht die unerschöpfliche Kraft Gottes an. Ich spreche von echter Freude – nicht von einer Freude, die man nach außen hin vortäuscht, innerlich aber nicht spürt. Wer wahre Freude besitzt, ist ein Glücksmillionär. Ein aufrichtiges Lächeln verteilt den kosmischen Strom, das *Prana,* an jede Körperzelle. Ein glücklicher Mensch ist weniger anfällig für Krankheiten, denn Freude zieht tatsächlich einen größeren Vorrat an Lebenskraft aus dem Kosmos in den Körper.

❖ ❖ ❖

Im Tresor unseres Geistes liegen all die Ketten, die uns fesseln, und ebenfalls die Schlüssel, die in die Freiheit führen.

❖ ❖ ❖

In der Kraft des Geistes liegt unerschöpfliche göttliche Energie; das ist die Kraft, mit der ihr euren Körper erfüllen wollt. Es gibt eine Methode, sie anzuziehen: indem ihr euch während der Meditation mit Gott in Verbindung setzt. Ist eure Gottverbundenheit vollkommen, erlebt ihr eine dauerhafte Heilung.

Die Kraft der Affirmationen und des Gebets

Vielleicht seid ihr früher einmal enttäuscht worden, weil eure Gebete nicht erhört worden sind. Verliert aber nicht den Glauben. ... Gott ist kein stummes, gefühlloses Wesen. Er ist die Liebe selbst. Wenn ihr wisst, wie ihr meditieren müsst, um Verbindung mit Ihm aufzunehmen, wird Er eure liebevolle Bitte erhören.

❖ ❖ ❖

Wenn wir genau wissen, wie und wann wir beten sollen, je nachdem, worin unsere Bedürfnisse bestehen, werden wir das erwünschte Ergebnis erlangen. Denn wenn wir die richtige Methode anwenden, werden die entsprechenden Gesetze Gottes wirksam. Erfolg hat man dann, wenn man auf wissenschaftliche Weise von diesen Gesetzen Gebrauch macht.

❖ ❖ ❖

Die erste Regel des Betens ist, Gott nur berechtigte Wünsche vorzubringen. Die zweite Regel besteht darin, nicht als Bettler, sondern als Sohn um die Erfüllung eines Wunsches zu bitten: »Ich bin Dein Kind. Du bist mein Vater; Du und ich, wir sind eins.« Wenn ihr tief und anhaltend betet, werdet ihr große Freude im Herzen aufsteigen fühlen. Gebt euch nicht eher zufrieden, als bis ihr diese Freude erlebt; denn sobald sich diese allbefriedigende Freude im Herzen bemerkbar macht, könnt ihr sicher sein, dass Gott eure Botschaft erhalten hat. Und dann betet wie folgt zum Vater: »Herr, dies ist es, was ich nötig habe. Ich bin bereit, dafür zu arbeiten, doch lenke Du mich und hilf mir, richtig zu denken und zu handeln, damit ich Erfolg habe. Ich will meine Vernunft gebrauchen und voller Entschlossenheit arbeiten, aber leite Du mein Denken, Wollen und Handeln, damit ich in allem das Richtige tue.«

❖ ❖ ❖

Ihr müsst innig zu Gott beten – als Seine Kinder, die ihr ja auch seid. Gott hat zwar nichts dagegen, wenn ihr – wie Fremde und Bettler – aus dem gewöhnlichen Ichbewusstsein heraus betet, doch ihr werdet selbst merken, dass ihr nicht viel Erfolg habt, solange ihr in diesem Bewusstsein verharrt.

Gott will nicht, dass ihr euren Willen aufgebt, denn als Seine Kinder habt ihr göttlichen Anspruch darauf.

❖ ❖ ❖

Ein unaufhörliches Fordern[9] – ganz gleich, was es betrifft –, das wir innerlich mit unvermindertem Eifer und unbeugsamem Mut und Glauben wiederholen, entwickelt sich zu einer dynamischen Kraft, die das ganze Verhalten der bewussten, unterbewussten und überbewussten Kräfte des Menschen derart beeinflusst, dass er das gewünschte Ziel erreicht. Dieses innere geistige Flüstern darf nie aufhören, ganz gleich, wie hoffnungslos die Lage scheint. Dann wird sich das Gewünschte materialisieren.

Anwendung der Heilgedanken

Die unendliche Kraft der Töne entspringt dem Schöpferwort OM[10], der kosmischen Schwingungskraft, die aller Atomenergie zugrunde liegt. Jedes aus tiefer Erkenntnis und mit großer Konzentration gesprochene Wort hat die Kraft, sich zu verwirklichen.

[9] Paramahansa Yogananda lehrte: »Unter Beten versteht man oft Betteln. Wir sind Kinder Gottes, keine Bettler, und deshalb berechtigt, unser göttliches Erbteil zu fordern. Wenn unsere Seelen durch die Liebe mit Gott verbunden sind, können wir auch liebevoll die Erfüllung unserer berechtigten Gebete *fordern.*« Dieses Prinzip, unser Geburtsrecht von Gott zu fordern, ist die belebende Kraft einer Affirmation.

[10] Das große Amen oder »Wort Gottes«. Siehe OM im Glossar.

❖ ❖ ❖

Worte, die aufrichtig und mit tiefer Überzeugung gesprochen werden und hinter denen die Kraft des Glaubens und der Intuition steht, gleichen hochexplosiven Sprengkörpern, welche die hartnäckigsten Hindernisse aus dem Wege räumen und so die gewünschten Änderungen herbeiführen.

❖ ❖ ❖

Unsere unterbewussten Gedanken, die gewohnheitsmäßig um Krankheit oder Gesundheit kreisen, üben einen starken Einfluss aus. Die Wurzeln hartnäckiger körperlicher oder geistiger Krankheiten liegen immer tief im Unterbewusstsein. Oft können Krankheiten geheilt werden, wenn man diese verborgenen Wurzeln ausreißt. Deshalb sollen alle Heilmeditationen, die man im Wachbewusstsein wiederholt, so *kraftvoll* sein, dass sie ins Unterbewusstsein dringen, das wiederum automatisch das Wachbewusstsein beeinflusst. Auf diese Weise üben bewusst angewandte Heilmeditationen durch die Vermittlung des Unterbewusstseins ihre Wirkung auf Körper und Geist aus. Noch tiefere Heilmeditationen erreichen nicht nur das Unterbewusstsein, sondern auch das Überbewusstsein – das geheimnisvolle Reservoir aller übernatürlichen Kräfte.

❖ ❖ ❖

Geduld und aufmerksames, verständiges Wiederholen können Wunder wirken. Heilmeditationen zur Beseitigung chronischer Leiden, seien diese geistiger oder körperlicher Art, müssen oft und mit großer Aufmerksamkeit und Beharrlichkeit wiederholt werden[11] (ohne dass man auf den unveränderten oder sich sogar verschlechternden Zustand achtet), bis sie zu einer tiefen intuitiven Überzeugung geworden sind.

❖ ❖ ❖

Wählt euch eine Heilmeditation aus und wiederholt den Text zuerst laut, dann leiser und langsamer und schließlich nur noch flüsternd. Dann wiederholt die Worte nur noch in Gedanken, ohne die Zunge oder die Lippen zu bewegen, bis ihr fühlt, dass ihr einen Zustand tiefer und andauernder Konzentration erlangt habt – keinen Zustand der Bewusstlosigkeit, sondern ein beharrliches Verweilen bei einem einzigen Gedanken.

Wenn ihr auf diese Weise fortfahrt und immer tiefer geht, wird in eurem Innern ein stets anwachsendes Gefühl der Freude und des Friedens aufsteigen. Im Zustand tiefer Konzentration sinkt der Heilgedanke ins Unterbewusstsein und kehrt später mit neuer Kraft ins Wachbewusstsein zurück, das er durch die Macht der Gewohnheit entsprechend beeinflusst.

[11] Affirmationen für einen bestimmten Zweck werden in diesem Buch am Ende eines jeden Kapitels gegeben. In seinen Büchern *Wissenschaftliche Heilmeditationen* und *Meditationen zur Selbst-Verwirklichung* sowie in seinen *Lehrbriefen* sind Hunderte von Paramahansa Yoganandas Affirmationen enthalten, die zur Heilung, Selbst-Vervollkommnung und zu einem tieferen Gewahrwerden Gottes beitragen.

Während das Gefühl des Friedens in euch zunimmt, dringt der Heilgedanke auch tiefer in das Überbewusstsein ein und wird später, von unbegrenzter Kraft erfüllt, in euer Wachbewusstsein zurückkehren und es entsprechend beeinflussen, sodass sich eure Wünsche schließlich erfüllen. Zweifelt nicht, dann werdet ihr selbst Zeugen des Wunders werden, das auf wissenschaftlichem Glauben beruht.

❖ ❖ ❖

Wenn man seine Forderungen oder Affirmationen nur blind wiederholt, ohne gleichzeitig Hingabe und echte Liebe zu empfinden, ist man nichts anderes als ein »betendes Grammophon«, das nicht weiß, was das Gebet bedeutet. Wer seine Gebete nur herunterleiert, während er an etwas ganz anderes denkt, kann keine Antwort von Gott erwarten. Blindes Wiederholen bedeutet, den Namen Gottes zu missbrauchen, und das ist zwecklos. Doch wenn man eine Forderung oder ein Gebet, in Gedanken oder laut, immerfort wiederholt, vergeistigt man das Gebet und verwandelt das bewusste und gläubige Wiederholen in ein überbewusstes Erlebnis.

❖ ❖ ❖

Meditiert über die Bedeutung der Bitte, die ihr euch ausgewählt habt, bis ihr ganz davon durchdrungen seid. Erfüllt eure Bitte mit Hingabe und meditiert darüber. Während eure Meditation sich vertieft, verstärkt eure Hingabe und bringt die Bitte mit überfließendem Herzen vor. Seid fest davon überzeugt, dass Gott die Sehnsucht eures Herzens kennt, die in dieser besonderen Bitte zum Ausdruck kommt.

Fühlt, dass Gott dicht hinter dem Schleier eurer hingebungsvollen Bitte den schweigenden Worten eurer Seele lauscht. Fühlt dies! Identifiziert euch mit der Bitte eures Herzens und seid fest überzeugt, dass Er sie vernommen hat. Dann wendet euch wieder euren Pflichten zu und versucht nicht herauszufinden, ob Gott eure Bitte erfüllt oder nicht. Glaubt unbedingt daran, dass Er euch hört, und wisst, dass das, was Gott gehört, auch euch gehört. Meditiert unaufhörlich über Gott; und wenn ihr Ihn fühlen könnt, werdet ihr, als Sein göttliches Kind, euer berechtigtes Erbteil erhalten.

❖ ❖ ❖

»Er erhört alle und sorgt für alle« [sagte Sri Yukteswar]. »Die meisten Menschen wissen gar nicht, wie oft Gott ihre Gebete erhört. Er bevorzugt nicht einige wenige, sondern erhört jeden, der sich vertrauensvoll an Ihn wendet. Die Menschenkinder sollten niemals an der Liebe und Güte ihres Allgegenwärtigen Vaters zweifeln.«

❖ ❖ ❖

Der Glaube muss gepflegt – oder besser: in uns entdeckt werden. Er ist vorhanden, doch wir müssen ihn selbst erwecken. Wenn ihr euer Leben überdenkt, werdet ihr erkennen, wie vielfältig Gott darin wirkt, und das wird euren Glauben stärken. Nur wenige Menschen suchen nach Seiner verborgenen Hand. Die meisten halten die Ereignisse des Lebens für naturgegeben und unumgänglich und ahnen nicht, welch tiefgreifende Veränderungen durch das Gebet möglich sind.

Wie man den Glauben an Gott entwickelt

Fester, unerschütterlicher Glaube an Gott ist die wirksamste Methode, eine augenblickliche Heilung herbeizuführen. Die höchste und lohnendste Pflicht des Menschen besteht also darin, sich mit unermüdlichem Eifer um diesen Glauben zu bemühen.

❖ ❖ ❖

An Gott glauben und auf Gott vertrauen ist zweierlei. Der Glaube ist wertlos, wenn man nicht versucht, ihn im täglichen Leben zu erproben und danach zu leben. Wenn der Glaube zu wahrem Erleben wird, gewinnt man auch Vertrauen.

❖ ❖ ❖

Ihr mögt den Wunsch haben, zu glauben; ihr mögt euch sogar einbilden, dass ihr Glauben habt; wenn ihr aber wirklich glaubt, stellen sich die Ergebnisse sofort ein.

❖ ❖ ❖

Wahrer Glaube ist unwiderlegbar: er ist die intuitive Überzeugung, dass etwas wahr ist, und kann selbst durch einen Gegenbeweis nicht erschüttert werden. ... Ihr wisst gar nicht, wie wunderbar diese große Kraft wirkt. Sie arbeitet mit mathematischer Genauigkeit. Da gibt es kein Wenn und Aber. Und das ist mit dem Wort »Glaube« in der Bibel gemeint; er ist der *Beweis* für das, was man nicht sieht.[12]

❖ ❖ ❖

Zweifelt nie daran, dass Gottes Kraft durch euch wirkt – unmittelbar hinter euren Gedanken, Gebeten und Überzeugungen – und euch endlose Energie verleiht. ... Erkennt Sein Wirken in allem, was euch betrifft, dann wird Er immer bei euch sein.

❖ ❖ ❖

Durch unerschütterlichen Glauben und beharrliches Beten könnt ihr Gottes allmächtige Kraft herbeirufen. Ihr solltet euch vernünftig ernähren und alles für den Körper tun, was in euren Kräften steht; außerdem aber solltet ihr oft beten: »Herr, Du kannst mich heilen, denn Du lenkst die lebenswichtigen Atome und feinsten Energieströme des Körpers, welche die Ärzte mit ihren Arzneien nicht erreichen können.«

❖ ❖ ❖

[12] »Es ist aber der Glaube eine gewisse Zuversicht des, das man hofft, und ein Nichtzweifeln an dem, das man nicht sieht.« (*Hebräer* 11, 1)

Mit einer Stimme, in der große Freude schwang, sagte Lahiri Mahasaya[13]: »Vergiss nie, dass der unerschöpfliche *Paramatman*[14] jeden heilen kann – sei es mit oder ohne Arzt.«

❖ ❖ ❖

Dies ist Gottes Welt. Er nimmt euch fort von hier, oder Er hält euch hier fest. Wenn der Arzt sagt: »Gut, ich werde Sie heilen«, Gott aber entschieden hat, euch fortzunehmen, werdet ihr gehen müssen. Lebt deshalb ganz für Ihn.

❖ ❖ ❖

Alle Kranken sollten sich ernstlich darum bemühen, wieder gesund zu werden. Selbst wenn die Ärzte keine Hoffnung mehr haben, sollten Kranke innerlich gefasst bleiben; denn sobald man sich fürchtet, gerät auch der Glaube ins Wanken, und man kann die allmächtige, barmherzige Gegenwart Gottes nicht mehr fühlen. Anstatt sich Sorgen zu machen, sollte man positiv denken und sich innerlich immer wieder sagen: »Deine Liebe und Dein Schutz sind meine feste Burg, in der ich mich geborgen fühle.« Der furchtlose Gottsucher, der an einer unheilbaren Krankheit stirbt, dessen Gedanken jedoch ständig um Gott kreisen, bereitet sich vor, dem körperlichen Gefängnis zu entfliehen und ein

[13] Der Guru von Paramahansa Yoganandas Guru. Siehe *Lahiri Mahasaya* im Glossar.

[14] Ein Sanskritwort, das »Höchster Geist« bedeutet.

herrliches Leben in der Astralwelt zu beginnen. Dadurch kommt er in seinem nächsten Leben dem Ziel höchster Befreiung näher. ... Alle Menschen müssen erkennen, dass ein vergeistigtes Bewusstsein über jedes äußere Missgeschick siegen kann.

❖ ❖ ❖

Selbst der Tod kann dem geistig Gefestigten nichts anhaben. Ich träumte einmal, dass ich im Sterben läge. Dennoch betete ich zu Ihm: »Herr, es ist mir recht so, wenn dies Dein Wille ist.« Da rührte Er mich an, und ich erkannte folgende Wahrheit: »Wie kann ich sterben? Die Welle kann nicht sterben; sie sinkt ins Meer zurück und steigt wieder aus ihm empor. Die Welle stirbt niemals; und auch ich kann niemals sterben.«

❖ ❖ ❖

[Während einer Zeit großer Prüfungen zog sich Paramahansa Yogananda in die Wüste zurück, um dort in Abgeschiedenheit und im Gebet allein zu sein. Eines Nachts, als er meditierte, empfing er diese wunderbare Antwort von Gott:]

»Tanz des Lebens und Tanz des Todes,
Sie beide kommen von Mir.
Erkenne dies, und sei froh!
Was willst du denn mehr, als dass du Mich hast?«

❖ ❖ ❖

[Das beispielhafte Leben heiliger Seelen ist anderen eine unerschöpfliche Quelle der Kraft und Inspiration. Sri Gyanamata (1869–1951)[15]*, eine der am weitesten fortgeschrittenen Jüngerinnen Paramahansa Yoganandas, hatte dem Leid gegenüber die richtige Einstellung und brachte sie in ihrem Leben auf vollkommene Weise zum Ausdruck. Alle, die sie kannten, fühlten sich erhoben durch ihr schweigendes Heldentum und ihre nie versiegende innere Kraft und Liebe zu Gott, die sie trotz schwerer körperlicher Leiden während der letzten beiden Jahrzehnte ihres Lebens nie verließen. Während des Gedenkgottesdienstes, den Paramahansaji für sie hielt, sprach er folgende Worte:]*

Das Leben der Schwester glich dem des heiligen Franziskus, der selber litt, während er anderen half. Daher hat sie uns alle inspiriert. In all diesen Leidensjahren bewies sie, dass ihre Liebe zu Gott alles andere überwog; und nie sah ich einen Ausdruck des Leidens in ihren Augen. Deshalb ist sie eine große Heilige – eine große Seele; und deshalb ist sie bei Gott. …

Als ich ihren Körper im Sarge sah, fühlte ich, wie ihre Seele sich mit dem allgegenwärtigen Äther vereinigt hatte, und hörte innerlich Gottes Stimme zu mir sprechen: »Zwanzig Jahre des Leidens konnten ihrer Liebe zu Mir keinen Abbruch tun; und das

[15] Gyanamata bedeutet »Mutter der Weisheit«. Ihre weisen und liebevollen Ratschläge und Ermutigungen, die sie anderen gab, kommen in wunderbarer Weise in der Sammlung ihrer Briefe und in ihrer Lebensbeschreibung zum Ausdruck, in dem von der Self-Realization Fellowship veröffentlichten Buch *God Alone* [Gott allein].

ist es, was Ich in ihrem Leben so hoch schätze.« Da konnte ich nichts mehr sagen. Ich sah ein, dass der Himmlische Vater ein Recht darauf hat, unsere Liebe zu Ihm durch Schmerzen zu prüfen, selbst wenn es zwanzig Jahre oder länger dauern sollte, damit wir, Seine Ebenbilder, unser verlorenes, ewig neues Glück dagegen eintauschen.

Und da überkam mich wieder die Seligkeit der göttlichen Gegenwart, und ich sagte mir: »Diese ewig neue Freude durch zwanzig Jahre tapferen Ertragens von Schmerzen zurückzugewinnen, ist – durch die Gnade des Vaters – die größere Leistung.«

❖ ❖ ❖

Wenn ihr in Gott lebt, werdet ihr von den Täuschungen des Lebens und Todes, der Gesundheit und Krankheit geheilt. Bleibt in Gott verankert. Fühlt Seine Liebe. Fürchtet euch vor nichts. Nur in der Burg Gottes finden wir Schutz. Es gibt keine bessere Zufluchtsstätte als die Freude Seiner Gegenwart. Wenn ihr bei Ihm seid, kann nichts euch etwas anhaben.

Heilmeditationen

Gottes strahlende Gesundheit durchleuchtet die dunklen Schlupfwinkel, in denen meine Krankheit nistet. In all meinen Zellen scheint Sein heilendes Licht. Sie sind heil und gesund, denn sie sind vollkommen wie Er.

❖ ❖ ❖

Die heilende Kraft des GEISTES *durchströmt alle Zellen meines Körpers. Ich bin aus der einen, allumfassenden Substanz Gottes erschaffen.*

❖ ❖ ❖

Dein göttliches Licht durchdringt jeden Teil meines Körpers. Wo immer dieses heilende Licht erstrahlt, ist Vollkommenheit. Ich bin gesund, denn in mir ist Vollkommenheit.

❖ ❖ ❖

Ich bin in Gottes Gegenwart geborgen. Nichts kann mir Schaden zufügen, denn in allen Lebenslagen – auf physischer, mentaler, finanzieller oder geistiger Ebene – bin ich beschützt in der Festung der göttlichen Gegenwart.

KAPITEL 5

Sicherheit in einer unbeständigen Welt

Unerwartete Naturkatastrophen, die große Verwüstungen und Verluste an Menschenleben zur Folge haben, sind keiner »höheren Gewalt« zuzuschreiben. Solche Katastrophen sind das Ergebnis menschlicher Gedanken und Handlungen. Jedes Mal, wenn der Schwingungsausgleich zwischen Gut und Böse in der Welt durch die Anhäufung verderbenbringender Schwingungen – ein Ergebnis des falschen Denkens und Handelns der Menschen – gestört wird, gibt es Verwüstungen, wie wir sie kürzlich erlebt haben.[1]…

Kriege entstehen nicht durch schicksalhaften göttlichen Eingriff, sondern durch weitverbreitete materielle Selbstsucht. Verbannt allen Egoismus aus dem persönlichen und öffentlichen Leben, aus Industrie und Politik – und es wird keine Kriege mehr geben.

❖ ❖ ❖

Die chaotischen Zustände in der heutigen Welt sind das Ergebnis einer Lebensweise, die auf gottlosen Idolen beruht. Einzelpersonen sowie ganze Nationen können vor einer völligen Vernichtung

[1] Siehe Fußnote 8 auf Seite 24.

bewahrt werden, wenn sie nach den göttlichen Idealen der Brüderlichkeit, der wirtschaftlichen Zusammenarbeit und des internationalen Austausches irdischer Güter und Erfahrungen leben.

❖ ❖ ❖

Ich glaube an eine Zeit, wo wir größeres Verständnis füreinander und keine Grenzen mehr haben werden. Dann werden wir die ganze Erde als unser Heimatland betrachten; und wir werden, aufgrund einer gerechten, internationalen Gesetzgebung, die Güter der Erde selbstlos verteilen, so wie die Menschen sie brauchen. Doch Gleichheit kann nicht durch Gewalt eingeführt werden; sie muss aus dem Herzen kommen. ... Wir müssen jetzt mit uns selbst anfangen. Wir sollten uns bemühen, den göttlichen Meistern nachzueifern, die immer wieder auf die Erde kommen, um uns den richtigen Weg zu weisen. Wenn wir uns gegenseitig lieben und klares Denken bewahren, wie sie es uns gelehrt und vorgelebt haben, kann der Frieden Wirklichkeit werden.

❖ ❖ ❖

Vielleicht denkt ihr, es sei ein zweckloser Versuch, über den Hass zu siegen und die Menschen dazu zu bewegen, christusähnliche Liebe zu fühlen; doch noch nie war dies so notwendig wie jetzt. Atheistische Ideologien versuchen die Religion zu verdrängen. Der harte Existenzkampf der Welt geht weiter. Wenn wir versuchen, diesen tosenden Sturm aufzuhalten, kommen wir uns vor wie kleine Ameisen inmitten des Ozeans. Dennoch dürft ihr eure Kraft nicht unterschätzen.

❖ ❖ ❖

Was am meisten dazu beitragen wird, das Leiden der Welt zu lindern – mehr als finanzielle Hilfe, Wohnungsbau oder andere materielle Mittel –, ist die Meditation, sodass wir anderen das Gottesbewusstsein vermitteln können, das wir selbst fühlen. Tausend Diktatoren können nie das zerstören, was ich in mir trage. Strahlt Sein Bewusstsein jeden Tag auf andere aus. Versucht, Gottes Plan für die Menschheit zu verstehen – der darin besteht, alle Seelen zu Ihm zurückzuführen –, und bringt euch in Einklang mit Seinem Willen.

❖ ❖ ❖

Gott ist Liebe; deshalb kann Sein Plan für diese Schöpfung nur in der Liebe wurzeln. Bietet dieser einfache Gedanke dem menschlichen Herzen nicht mehr Trost als alle gelehrten Schlussfolgerungen? Jeder Heilige, der bis ins Herz der Wahrheit vorgedrungen ist, hat bezeugt, dass es einen bestimmten Plan für dieses Universum gibt und dass das Endresultat Schönheit und Freude ist.

❖ ❖ ❖

Sobald wir durch Meditation lernen, Gott zu lieben, werden wir alle Menschen wie unsere eigene

Familie lieben. Wer Gott durch eigene SELBST-Verwirklichung gefunden hat – das heißt, wer Gott tatsächlich erlebt hat –, der allein *ist fähig,* die ganze Menschheit zu lieben; nicht auf unpersönliche Weise, sondern als seine Blutsbrüder, als die Kinder des einen Vaters.

❖ ❖ ❖

Macht euch klar, dass dasselbe Blut durch die Adern aller Menschenrassen fließt. Wie kann man es wagen, irgendein menschliches Wesen zu hassen, wenn Gott in allen lebt und atmet? Wir sind nur ein paar Jahre lang Amerikaner oder Hindus oder andere Staatsangehörige, aber wir sind ewig Gottes Kinder. Die Seele lässt sich nicht in den von Menschen gesetzten Grenzen gefangenhalten. Ihre Nationalität ist GEIST und ihr Land die Allgegenwart.

❖ ❖ ❖

Wenn ihr Gott in euch selbst gefunden habt, wisst ihr auch, dass Er in jedem Menschen wohnt, dass Er zu den Kindern aller Rassen geworden ist. Dann könnt ihr niemandem gegenüber mehr feindlich gesinnt sein. Wenn die ganze Welt eine solch universelle Liebe fühlte, brauchten die Menschen keine Kriege mehr zu führen. Durch unser christusähnliches Leben müssen wir Einheit unter die Menschen aller Religionen, Nationen und Rassen bringen.

❖ ❖ ❖

Nur durch allumfassendes Mitgefühl und weise Einsicht kann das Leid dieser Welt gelindert werden; und diese Eigenschaften erwachsen nicht aus einer rein verstandesmäßigen Berücksichtigung menschlicher Verschiedenheiten, sondern aus dem Bewusstsein unserer unlösbaren Einheit in Gott. Möge sich die Yoga-Wissenschaft, die den Menschen zu wahrer Gottverbundenheit verhelfen kann, schließlich in allen Ländern verbreiten und dazu beitragen, den ersehnten Weltfrieden herbeizuführen.

❖ ❖ ❖

Die verhängnisvollen weltpolitischen Ereignisse haben uns eine bittere Wahrheit vor Augen geführt: Eine Menschheit, die kein geistiges Ziel hat, ist dem Untergang geweiht. Nicht nur die Religion, sondern auch die Wissenschaft hat dem Menschen die Unbeständigkeit und Unwirklichkeit aller materiellen Dinge begreiflich gemacht. Wohin soll sich der Mensch in der Tat noch wenden, wenn nicht zu seinem Urquell – dem ihm innewohnenden GEIST?

❖ ❖ ❖

Das Atomzeitalter wird den Menschen zum Nachdenken zwingen und ihn angesichts der wissenschaftlich unbestreitbaren Tatsache, dass alle Materie nichts als verdichtete Energie ist, ernüchtern, zugleich aber seinen Gesichtskreis erweitern. Der menschliche Geist kann und muss in sich selbst Energien freimachen, die größer sind als jene, die in den Steinen und Metallen schlummern; sonst wird der kürzlich entfesselte materielle Atomriese die Welt in einen Abgrund sinnloser Zerstörung treiben. Ein indirekter Segen, den die Angst vor der Atombombe möglicherweise bewirkt hat, ist das ständig anwachsende Interesse an der Yoga-Wissenschaft, einer wahrhaft »bombensicheren Zuflucht«.

❖ ❖ ❖

Diese Welt wird immer voller Aufruhr und voller Schwierigkeiten sein. Warum macht ihr euch Sorgen? Geht zu Gott, der eure Zuflucht ist; dort sind auch die Meister, und von dort beobachten sie die Welt und helfen ihr. Dort werdet ihr für immer in Sicherheit sein – nicht nur ihr selbst, sondern auch all eure Lieben, die euch von Gott, eurem Vater, anvertraut worden sind.

❖ ❖ ❖

Wahres und dauerhaftes Glück ist nur in Gott zu finden, denn »hat man Ihn, gibt es nichts Größeres zu erwerben«.[2] In Ihm liegt unsere einzige Sicherheit, unsere einzige Zuflucht, der einzige Ausweg aus all unseren Ängsten. Ihr habt in dieser Welt keine andere Sicherheit, keine andere Freiheit. Die einzige wahre Freiheit liegt in Gott. Bemüht euch deshalb besonders darum, morgens und abends in der Meditation mit Ihm in Verbindung zu treten

[2] Umschreibung des Verses VI, 22 aus der Bhagavad-Gita.

– und ebenfalls während des Tages, wenn ihr arbeitet und euren Pflichten nachgeht. Der Yoga lehrt: Wo Gott ist, da gibt es keine Angst und kein Leid. Der erfolgreiche Yogi[3] bleibt unerschüttert angesichts einer zusammenbrechenden Welt. Er fühlt sich sicher, weil er weiß: »Herr, wo ich bin, dahin musst auch Du kommen.«

❖ ❖ ❖

Hängt euer Herz nicht an die flüchtigen Träume dieses Lebens. Lebt für Gott – für Gott allein. Das ist der einzige Weg, der zu Freiheit und Sicherheit in dieser Welt führt. Nur in Gott gibt es wahre Sicherheit. Ganz gleich, wo ihr hingeht, die Täuschung kann euch überall heimsuchen. Macht euch jetzt schon frei. Seid jetzt schon Gottes Söhne; erkennt, dass ihr Seine Kinder seid, damit ihr euch für immer von diesem Traum der Täuschung befreit.[4] Meditiert tief und regelmäßig, dann werdet ihr eines Tages erwachen und mit Gott vereint sein; und dann werdet ihr sehen, wie töricht es ist, wenn die Menschen denken, dass sie leiden. Ihr und ich und alle sind reiner GEIST.

❖ ❖ ❖

Fürchtet euch nicht vor dem beängstigenden Traum dieser Welt. Erwacht in Gottes unsterblichem Licht! Es gab eine Zeit, da mir das Leben wie ein

[3] Siehe Glossar.

[4] Siehe *Maya* im Glossar.

erschreckender Film vorkam, bei dessen Anblick ich mich völlig wehrlos fühlte, weil ich die darin dargestellten tragischen Ereignisse viel zu ernst nahm. Als ich eines Tages meditierte, erschien ein großes Licht in meinem Zimmer, und Gottes Stimme sprach zu mir: »Wovon träumst du? Schau Mein ewiges Licht, in dem die endlosen Albträume der Welt kommen und gehen. Sie sind nicht wirklich.« Was für ein großer Trost mir das war! Albträume, wie schrecklich sie auch sein mögen, sind nichts als Albträume. Filme, seien sie erfreulich oder aufregend, sind nichts als Filme. Wir sollten unseren Geist nicht so sehr mit den traurigen und erschreckenden Dramen dieses Lebens beschäftigen. Ist es nicht weiser, unsere Aufmerksamkeit auf jene Kraft zu richten, die unzerstörbar und unwandelbar ist? Warum sollten wir uns über die unangenehmen Überraschungen in diesem Film der Welt Sorgen machen? Wir sind nur für kurze Zeit hier. Zieht die Lehre aus dem Drama des Lebens und seid frei.

❖ ❖ ❖

Unmittelbar hinter den Schatten dieses Lebens liegt Gottes wundersames Licht. Das Universum ist der unermessliche Tempel Seiner Gegenwart. Wenn ihr meditiert, werdet ihr überall Türen finden, die zu Ihm führen. Und wenn ihr mit Ihm in Verbindung seid, können sämtliche Verheerungen der Welt euch nicht diese Freude und diesen Frieden rauben.

Affirmation

Lass mich im Leben und im Tod, in Krankheit, Hungersnot, Seuchen und Armut immer an Deiner Hand festhalten. Lass mich erkennen, dass ich unsterblicher Geist bin, der von den Wechselfällen der Kindheit, der Jugend und des Alters und von den Umwälzungen in der Welt unberührt bleibt.

KAPITEL 6

Weise Ratschläge zur Lösung von Problemen und zum Fällen richtiger Entscheidungen

Die Welt wird immer ihre Höhen und Tiefen haben. Wohin sollen wir uns wenden, um die richtige Richtung zu erkennen? Wir sollten nicht auf unsere Vorurteile hören, die durch unsere Gewohnheiten und den Einfluss von Umgebung, Familie, Heimatland oder der Welt entstanden sind, sondern auf die Stimme der Wahrheit, die uns von innen her leitet.

❖ ❖ ❖

Die Wahrheit ist keine Theorie, keine philosophische Spekulation, kein intellektuelles Wissen. Wahrheit ist genaue Übereinstimmung mit der Wirklichkeit. Für den Menschen ist Wahrheit gleichbedeutend mit der Erkenntnis seiner wahren Natur, seines Selbst oder seiner Seele.

❖ ❖ ❖

Im täglichen Leben bedeutet Wahrheit einen Bewusstseinszustand, der von geistiger Weisheit geleitet wird. Diese spornt uns an, etwas Bestimmtes zu tun – nicht weil jemand es gesagt hat, sondern weil es richtig ist.

❖ ❖ ❖

Wenn ihr in unmittelbarer Verbindung mit dem Schöpfer des Universums steht, dann seid ihr auch in unmittelbarer Verbindung mit aller Weisheit und aller Erkenntnis.

❖ ❖ ❖

Weisheit kann euch nicht von außen eingetrichtert werden. Es liegt an der Kraft und dem Grad eurer inneren Empfänglichkeit, wie viel wahres Wissen ihr aufnehmen könnt, und wie schnell das geschieht.

❖ ❖ ❖

Wenn Schwierigkeiten auftauchen, solltet ihr nicht darüber brüten, sondern alle Möglichkeiten in Betracht ziehen, sie zu überwinden. Wenn euch nicht die richtigen Gedanken kommen, dann vergleicht eure Schwierigkeiten mit ähnlichen Problemen, die andere Menschen gehabt haben. Lernt aus den Erfahrungen anderer und merkt euch, welche Wege zum Erfolg und welche zum Misserfolg führen. Wählt die Mittel, die euch vernünftig und praktisch erscheinen, und macht euch dann ans Werk! Das ganze Wissen des Universums liegt in euch verborgen. Alles, was ihr wissen wollt, ist bereits in euch. Um es zum Vorschein zu bringen, müsst ihr schöpferisch denken.

❖ ❖ ❖

Vielleicht sorgt ihr euch sehr um euer Kind, eure Gesundheit oder eine fällige Hypothek. Weil ihr nicht gleich eine Lösung findet, beginnt ihr euch Sorgen zu machen. Und was ist das Ergebnis? Ihr bekommt Kopfschmerzen, werdet nervös oder habt Herzbeschwerden. Weil ihr euch selbst und eure Probleme nicht genau unter die Lupe nehmt, seid ihr nicht in der Lage, eure Gefühle zu beherrschen und die Situation zu meistern. Statt Zeit zu verlieren, indem ihr euch Sorgen macht, denkt positiv darüber nach, wie die Ursache des Problems zu beheben ist. Wenn ihr eine Sorge loswerden wollt, untersucht die schwierige Lage in aller Ruhe und schreibt euch, Punkt für Punkt, die Vor- und Nachteile auf. Dann entscheidet, welche Schritte ihr unternehmen wollt, um euer Ziel zu erreichen.

❖ ❖ ❖

Es gibt immer einen Ausweg aus euren Schwierigkeiten; und wenn ihr euch die Zeit nehmt, klar darüber nachzudenken und euch zu überlegen, wie ihr die Ursache eurer Angst beseitigen könnt, anstatt euch deswegen Sorgen zu machen, werdet ihr zu einem Meister.

❖ ❖ ❖

Alle Erfolgsmenschen verbringen einen beträchtlichen Teil ihrer Zeit damit, sich tief zu konzentrieren. Sie haben die Fähigkeit, in ihr Inneres hineinzutauchen und für jedes Problem die richtige

Lösung zu finden. Wenn ihr gelernt habt, eure Aufmerksamkeit von allen ablenkenden Dingen frei zu machen und sie auf einen einzigen Gegenstand zu richten,[1] werdet auch ihr in der Lage sein, das, was ihr braucht, durch reine Willenskraft anzuziehen.

Richtige Unterscheidungskraft entwickeln

Wenn der Geist ruhig ist, wie schnell, wie leicht und wie wunderbar ihr dann alles verstehen könnt!

❖ ❖ ❖

Ein ruhiger Mensch spiegelt in seinen Augen Frieden und in seinem Gesicht rege Intelligenz wider; sein Geist ist immer empfänglich. Er kann klare Entscheidungen treffen und lässt sich nicht von Impulsen oder plötzlich aufsteigenden Wünschen regieren.

❖ ❖ ❖

Denkt immer zuerst nach, bevor ihr handelt, und fragt euch, was die Folgen sein werden. Impulsives Handeln zeugt nicht von Freiheit, denn dann seid ihr durch die unerfreulichen Nachwirkungen eurer falschen Handlungen behindert. Befreiend ist es dagegen, wenn ihr das tut, wozu euer Unterscheidungvermögen euch rät. Ein derart von Weisheit geleitetes Handeln führt zu einem göttlichen Dasein.

[1] Hinweis auf die wissenschaftlichen Yoga-Konzentrations-Techniken, die in den *Lehrbriefen der Self-Realization Fellowship* enthalten sind.

❖ ❖ ❖

Der Mensch darf nicht zu einem automatisch reagierenden Wesen werden wie das Tier, das nur aus Instinkt handelt. Gedankenlos zu handeln, ist eine große Sünde gegen den GEIST in euch; wir sollten alles voll bewusst tun. Wir sollten denken, ehe wir handeln. Wir sollten lernen, unseren Verstand zu gebrauchen, damit wir uns höherentwickeln und unsere Einheit mit dem Schöpfer erkennen. Alles, was wir tun, muss das Ergebnis wohlüberlegter Planung sein.

❖ ❖ ❖

Eine Schülerin hatte einen schwerwiegenden Irrtum begangen und jammerte: »Ich habe immer versucht, mir gute Gewohnheiten anzueignen. Deshalb kann ich nicht verstehen, dass gerade mir ein solches Missgeschick passieren musste!«

»Dein Fehler bestand darin, dass du dich zu sehr auf deine guten Gewohnheiten verlassen und es versäumt hast, richtiges Urteilsvermögen zu entwickeln«, sagte Paramahansa Yogananda. »Deine guten Gewohnheiten helfen dir in alltäglichen und vertrauten Situationen, aber sie genügen nicht, wenn plötzlich ein neues Problem auftaucht; dann braucht man Unterscheidungskraft. Durch tiefe Meditation wirst du lernen, in jeder Lebenslage die richtige Entscheidung zu treffen, auch wenn außergewöhnliche Umstände eintreten.« Und er fügte hinzu:

»Der Mensch ist kein Automat und wird deshalb nicht immer richtig leben, wenn er nur festen

Regeln und starren Moralvorschriften folgt. Die Vielfalt täglicher Probleme und Ereignisse gibt uns reichlich Gelegenheit, ein gesundes Urteilsvermögen zu entwickeln.«

❖ ❖ ❖

Gesundes Urteilsvermögen ist ein natürlicher Ausdruck der Weisheit; doch es hängt unmittelbar vom inneren Gleichgewicht ab, von einer ruhigen Geisteshaltung. Wenn der Geist stark beunruhigt ist, hat man keinen Frieden; und ohne Frieden mangelt es einem an Urteilsvermögen und Weisheit. Das Leben versetzt einem dauernd Püffe und Stöße. Wenn ihr in Zeiten der Prüfung, wo ihr scharfe Urteilskraft braucht, euer seelisches Gleichgewicht bewahren könnt, werdet ihr siegreich aus den Prüfungen hervorgehen. Innere Harmonie ist eure größte Stütze; sie hilft euch, die Lasten des Lebens zu ertragen.

❖ ❖ ❖

Ruhelosigkeit – das, was den Geist beunruhigt und verwirrt – verschleiert eure Sicht und verursacht Missverständnisse. Emotionen verschleiern eure Sicht. Launen verschleiern eure Sicht. Viele Leute handeln nicht aus richtiger Überlegung, sondern aus irgendeiner Laune heraus.

❖ ❖ ❖

Verständnis bedeutet innere Einsicht; es ist das Schauen der Seele und macht euer Herz zu einem

Teleskop. Verständnis ist das richtige Gleichgewicht zwischen ruhiger Überlegung und einem reinen Herzen. … Leidenschaft ist übersteigertes Gefühl, das euch zu falschem Handeln verleitet; und ein Verständnis, das nur vom Intellekt regiert wird, ist gefühllos; es wird euch ebenfalls falsch handeln lassen. … Durch den richtigen Ausgleich erlangt ihr Verständnis. Wenn euer Verständnis sowohl vom Herzen als auch vom Verstand regiert wird, könnt ihr euch selbst und andere richtig beurteilen.

❖ ❖ ❖

Ihr solltet prüfen, in welcher Hinsicht euer Urteilsvermögen von Vorurteilen bestimmt wird. Jedes Mal, wenn ihr eine Entscheidung fällt oder euch zu einer Handlung entschließt, solltet ihr euch fragen, ob es aus dem richtigen Verständnis heraus geschieht oder ob euch Emotionen oder irgendwelche Vorurteile dazu verleitet haben. Solange ihr dazu neigt, gierig oder zornig zu werden, solange ihr durch das falsche Denken anderer beeinflusst werdet und solange euch die Missverständnisse anderer aufregen, ist auch euer eigenes Verständnis getrübt.

❖ ❖ ❖

Der menschliche Verstand findet immer ein Für und Wider als Rechtfertigung für oder gegen alle guten oder schlechten Handlungen; er ist seinem Wesen nach untreu. Das Unterscheidungsvermögen erkennt nur einen Leitstern als Kriterium an: die Seele.

❖ ❖ ❖

Stellt euch zwei Menschen vor: zu ihrer Rechten liegt das Tal des Lebens und zu ihrer Linken das Tal des Todes. Beide besitzen Vernunft, aber der eine geht nach rechts, der andere nach links. Warum? Weil der eine seine Unterscheidungskraft richtig anwendet, während der andere sie missbraucht und auf diese Weise zu Trugschlüssen gelangt.

❖ ❖ ❖

Achtet immer auf eure Beweggründe. Der gierige Mensch und auch der Yogi – sie beide essen. Würdet ihr aber sagen, dass Essen eine Sünde sei, weil man es so oft mit Gier in Verbindung bringt? Sicher nicht. Die Sünde liegt im Denken, im Beweggrund. Der weltliche Mensch isst, um seine Gier zu befriedigen; und der Yogi isst, um seinen Körper gesund zu erhalten. Das ist der wesentliche Unterschied. Ähnlich verhält es sich, wenn jemand einen Mord begeht und dafür gehängt wird, während ein anderer Mann viele Menschen auf dem Schlachtfeld tötet, weil er sein Land verteidigt, und dafür eine Medaille erhält. Wieder ist es der Beweggrund, der den Unterschied ausmacht. Die Moralisten stellen absolute Regeln auf; ich aber gebe euch anschauliche Beispiele, um euch zu zeigen, dass ihr in dieser Welt der Relativität eure Gefühle in der Gewalt haben könnt, ohne zu einem Automaten zu werden.

❖ ❖ ❖

Auf wissenschaftliche Weise zu leben, bedeutet, tief in euch selbst hineinzutauchen und euch zu fragen, ob ihr recht oder unrecht tut, und absolut ehrlich mit euch zu sein. Wenn ihr euch selbst gegenüber immer aufrichtig seid, werdet ihr nicht so leicht etwas Unrechtes tun; und selbst, wenn ihr es tut, werdet ihr es schnell wiedergutmachen können.

❖ ❖ ❖

Geht jeden Morgen und Abend in die Stille und meditiert tief, denn Meditation ist die einzige Methode, die euch dazu verhilft, zwischen Wahrheit und Irrtum zu unterscheiden.

❖ ❖ ❖

Lasst euch von eurem Gewissen leiten – von der euch innewohnenden göttlichen Unterscheidungskraft.

❖ ❖ ❖

Gott flüstert im Tempel eures Gewissens zu euch; Er ist das Licht der Intuition. Ihr wisst, wenn ihr etwas Unrechtes tut; ihr fühlt es mit jeder Faser eures Herzens. Und dieses Gefühl ist Gottes Stimme. Wenn ihr nicht auf Ihn hört, schweigt Er. Aber sobald ihr aus eurer Täuschung erwacht und das Richtige tun wollt, wird Er euch leiten.

❖ ❖ ❖

Wenn ihr immer der inneren Stimme des Gewissens folgt, welche die Stimme Gottes ist, werdet ihr zu wahrhaft sittlichen und vergeistigten Menschen – zu echten Friedensstiftern.

Intuition – Einsichten der Seele

Wenn der menschliche Geist vollkommen ruhig ist, erwacht die Intuition – die wegweisende Stimme der Seele – ganz von selbst. ... Ziel der Yoga-Wissenschaft ist es also, den Geist zu beruhigen, damit er den unfehlbaren Rat der inneren Stimme vernehmen kann.

❖ ❖ ❖

»Versucht all eure Probleme durch Meditation zu lösen«, sagte Lahiri Mahasaya. »Hört auf die innere Stimme, die aus jedem Dilemma einen Ausweg weiß. Die Menschen haben eine unglaubliche Geschicklichkeit, sich in Schwierigkeiten zu bringen, aber der Göttliche Helfer ist nicht weniger einfallsreich.«

❖ ❖ ❖

Gott will zwar, dass ihr euch auf Ihn allein verlasst, aber damit meint Er nicht, dass ihr nicht selbst nachdenken sollt; Er will, dass ihr eure Intuition gebraucht. Das heißt, wenn ihr euch nicht zuerst um bewussten Einklang mit Gott bemüht, trennt ihr euch von der Quelle und könnt deshalb Seine Hilfe nicht empfangen. Wenn ihr euch jedoch in jeder Lage zuerst an Ihn wendet, wird Er euch führen. Er wird euch zeigen, worin eure Fehler bestehen, damit ihr euch ändern und eurem Leben eine neue Richtung geben könnt.

❖ ❖ ❖

Vergesst eines nicht: Statt euch unzählige Gedanken zu machen, ist es besser, wenn ihr euch still hinsetzt und über Gott meditiert, bis ihr inneren Frieden fühlt. Sagt dem Herrn: »Ich kann mein Problem allein nicht lösen, auch nicht mit endlosen Überlegungen, aber ich kann es lösen, wenn ich es in Deine Hände lege, wenn ich vor allem um Deine Führung bitte und mir dann die verschiedenen Möglichkeiten für eine Lösung durch den Kopf gehen lasse.« Gott hilft denen, die sich selbst helfen. Nachdem ihr in der Meditation zu Gott gebetet habt und eure Gedanken sich beruhigt haben und wenn ihr voller Vertrauen seid, werden euch verschiedene Lösungen der Probleme einfallen; mit ruhigem Geist seid ihr in der Lage, euch die beste davon auszusuchen. Handelt entsprechend, dann werdet ihr Erfolg haben. Auf diese Weise kann man die Wissenschaft der Religion im täglichen Leben anwenden.

❖ ❖ ❖

»Solange die Menschen noch nicht gelernt haben, sich auf den Göttlichen Willen einzustellen, werden sie immer wieder leiden müssen«, sagte Sri Yukteswar. »Denn was ›Gott lenkt‹, entspricht nicht immer dem, was der ichbetonte, intelligente

›Mensch denkt‹. Gott allein kann unfehlbaren Rat erteilen; denn Er und kein anderer trägt die Last des Kosmos.«

❖ ❖ ❖

Wenn wir den Himmlischen Vater wirklich kennen, dann wissen wir auch die Lösungen all unserer Probleme und der Probleme der ganzen Welt. Warum leben wir, und warum sterben wir? Warum geschieht dieses jetzt, und warum geschah jenes in der Vergangenheit? Ich bezweifle, dass jemals ein Heiliger auf die Erde kommen wird, der alle Fragen der Menschen beantwortet. Doch im Tempel der Meditation lassen sich die Rätsel des Lebens lösen, die eure Herzen so beunruhigen. Wir werden die Antworten auf die verwirrenden Fragen des Lebens erhalten und alle Schwierigkeiten meistern, wenn wir mit Gott in Verbindung sind.

Affirmation

Himmlischer Vater, ich will denken, ich will wollen, ich will handeln; doch lenke Du mein Denken, Wollen und Handeln, damit ich in allem das Richtige tue.

KAPITEL 7

Wie man sein Ziel erreicht

Nichts ist unmöglich, es sei denn, ihr haltet es dafür.

❖ ❖ ❖

Als sterbliche Wesen seid ihr begrenzt, aber als Kinder Gottes habt ihr keinerlei Grenzen. ... Richtet eure Aufmerksamkeit auf Gott, dann werdet ihr alle Kraft erhalten, die ihr zum Erreichen eurer Ziele braucht.

Vom Gebrauch dynamischer Willenskraft

Der Wille ist das Werkzeug des in euch schlummernden göttlichen Ebenbildes. Im Willen offenbart sich Gottes grenzenlose Kraft – die Kraft, die alle Naturkräfte bewegt. Da ihr Ihm zum Bilde geschaffen seid, gehört diese Kraft auch euch und kann alles vollbringen, was ihr euch wünscht.

❖ ❖ ❖

Wenn ihr entschlossen seid, Gutes zu tun, werdet ihr es auch vollbringen; doch ihr müsst bis zum Schluss dynamische Willenskraft anwenden. Ganz gleich, wie die äußeren Umstände sein mögen, wenn ihr es immer wieder versucht, wird Gott die nötigen Mittel bereitstellen und euren Willensaufwand belohnen. Auf diese Wahrheit bezog sich Jesus, als er sprach: »So ihr Glauben habt und nicht zweifelt, so ihr werdet sagen zu diesem Berge: Hebe dich auf und wirf dich ins Meer! so wird's geschehen.«[1] Wenn ihr unaufhörlich euren Willen gebraucht, wird er euch Erfolg, Gesundheit und auch die nötigen Mittel verschaffen, mit denen ihr anderen helfen könnt – ganz gleich, welche Rückschläge es geben mag; und vor allem wird er euch zur Vereinigung mit Gott verhelfen.

❖ ❖ ❖

Wenn ihr einmal gesagt habt: »Ich will!«, gebt nie mehr auf. Wenn ihr euch vornehmt: »Ich werde mich nie erkälten!« und dann am nächsten Morgen eine schlimme Erkältung habt und deshalb den Mut verliert, schwächt ihr euren Willen. Ihr dürft euch nicht entmutigen lassen, wenn etwas geschieht, das euren Vorsatz vereitelt. Glaubt weiter daran und seid überzeugt, dass es so sein wird. Wenn ihr sagt: »Ich will!«, innerlich aber denkt: »Ich kann nicht!«, dann neutralisiert ihr die Kraft der Gedanken und schwächt euren Willen.

❖ ❖ ❖

Wenn ihr euch ein Haus wünscht, aber innerlich denkt: »Du Dummkopf, du kannst dir ja gar kein Haus leisten«, müsst ihr euren Willen stärken. Wenn der Gedanke »Es geht nicht« aus unserem Geist verschwindet, kann die göttliche Kraft dort einziehen.

[1] *Matthäus* 21, 21.

Ein Haus fällt euch nicht in den Schoß; ihr müsst euren Willen ständig entwickeln, indem ihr richtig handelt. Wenn ihr beharrlich seid und euch von Fehlschlägen nicht entmutigen lasst, wird das, was ihr euch wünscht, eintreten. Wenn ihr bei all eurem Denken und Handeln von eurer Willenskraft Gebrauch macht, werdet ihr alles erlangen, was ihr euch wünscht. Selbst wenn in dieser Welt nichts existiert, was eurem Wunsch entspricht, euer Wille aber nicht nachlässt, wird das gewünschte Ergebnis irgendwie zustande kommen.

❖ ❖ ❖

Das menschliche Gehirn sagt sich immer wieder: »Es geht nicht.« Da der Mensch in eine Familie hineingeboren worden ist, die bestimmte Eigenschaften und Gewohnheiten hat, wird er von diesen beeinflusst, sodass er glaubt, er könne gewisse Dinge nicht tun: Er kann nicht lange spazieren gehen, er kann dies und jenes nicht essen, er kann dies und das nicht ausstehen. Dieses »Ich kann nicht« muss ausgemerzt werden. Ihr habt die Kraft in euch, alles zu vollbringen, was ihr euch vornehmt; diese Kraft liegt in eurem eigenen Willen.

❖ ❖ ❖

Wenn ihr mit dynamischer Willenskraft an einem gewissen Gedanken festhaltet, wird er schließlich greifbare Formen annehmen.

❖ ❖ ❖

Mit dynamischer Willenskraft einen Gedanken mit sich herumtragen bedeutet, dass man so lange an ihm festhält, bis die gedankliche Vorstellung zu einer dynamischen Kraft geworden ist. Wenn ein Gedanke durch Willenskraft dynamisch gemacht wird, kann er sich entsprechend der geistigen Schablone, die ihr entworfen habt, manifestieren.

❖ ❖ ❖

Wie könnt ihr Willenskraft entwickeln? Wählt euch irgendein Ziel, von dem ihr meint, dass ihr es nicht erreichen könnt, und versucht dann mit aller Kraft, es dennoch zu erreichen. Wenn ihr Erfolg damit gehabt habt, sucht euch etwas Schwierigeres aus und schult euren Willen auf diese Weise. Wenn ihr große Schwierigkeiten habt, betet aus ganzem Herzen: »Herr, verleihe mir die Kraft, über all meine Schwierigkeiten zu siegen.« Ihr müsst euren Willen *gebrauchen,* ganz gleich, wo ihr seid oder wer ihr seid. *Ihr müsst fest entschlossen sein!* Gebraucht euren Willen sowohl in geschäftlichen Dingen als auch in der Meditation.

❖ ❖ ❖

Wenn ihr nach reiflicher Überlegung zu dem Schluss kommt, dass euer Vorhaben richtig ist, sollte euch niemand mehr davon abbringen können. Wenn ich keine Arbeit hätte, würde ich die ganze Welt aufrütteln, bis die Leute sagen: »Gebt ihm bloß Arbeit, damit er endlich ruhig ist!«

❖ ❖ ❖

Wenn ihr überzeugt davon seid, dass ihr ein hilfloses sterbliches Wesen seid, und euch von allen anderen einreden lasst, dass ihr nie eine Anstellung finden werdet, dann habt ihr euch in Gedanken selbst das Urteil gesprochen und euch als Versager abgetan. Kein Gottesurteil oder Schicksal macht euch arm oder elend, sondern eure eigene Überzeugung. Ob ihr Erfolg oder Misserfolg habt, wird in euren eigenen Gedanken entschieden. Auch wenn die ganze übrige Gesellschaft eine negative Meinung von euch hat, ihr aber euren siegreichen, von Gott verliehenen Willen anwendet und überzeugt seid, dass ihr nicht so elend weiterleben müsst, werdet ihr plötzlich eine göttliche Kraft in euch aufsteigen fühlen; ihr werdet sehen, dass der Magnetismus dieser Überzeugungskraft euch eine neue Welt aufschließt.

Wie man mit Misserfolgen fertig wird

Die Zeit der Misserfolge ist die beste Zeit, die Saat des Erfolges zu säen. Selbst wenn die äußeren Umstände euch Schaden zugefügt haben, dürft ihr den Kopf nicht hängen lassen. Versucht es immer wieder, ganz gleich, wie oft euch etwas misslingt. Kämpft auch dann noch, wenn ihr denkt, dass ihr euer Möglichstes getan habt und nicht mehr kämpfen könnt. Kämpft so lange, bis eure Bemühungen mit Erfolg gekrönt werden.

❖ ❖ ❖

Ihr müsst psychologische Methoden anwenden, wenn ihr erfolgreich sein wollt. Einige Leute sagen: »Man darf gar nicht über Fehlschläge reden.« Aber das allein hilft nicht. Untersucht zuerst die Ursachen eurer Misserfolge, zieht die nötige Lehre aus euren Erfahrungen und denkt dann nicht mehr daran. Selbst wenn ein Mensch viele Male versagt hat, jedoch weiterhin vorwärtsstrebt und sich innerlich nie geschlagen gibt, ist er in Wirklichkeit erfolgreich.

❖ ❖ ❖

Es mag schwarze Tage im Leben geben, Schwierigkeiten mögen sich einstellen, ihr mögt eine gute Chance verpassen, aber sagt niemals: »Ich bin am Ende; Gott hat mich verlassen.« Wer könnte einem solchen Menschen noch helfen? Die Familie mag euch verlassen; das Glück mag euch scheinbar verlassen; alle Menschen- und Naturkräfte mögen sich gegen euch stellen; doch mit der Fähigkeit göttlicher Initiative könnt ihr alle Tücken des Schicksals, die ihr durch eure früheren Handlungen verursacht habt, vereiteln und siegreich euren Einzug ins Paradies halten.

❖ ❖ ❖

Wenn ihr euch vom Göttlichen Bewusstsein leiten lasst, wird schließlich alles gut enden, ganz gleich, wie aussichtslos die Zukunft im Augenblick erscheint.

❖ ❖ ❖

Macht euch frei von dem Gedanken, dass Gott mit Seinen Wunderkräften weit entfernt im Himmel thront und dass ihr ein hilfloser kleiner Wurm seid, der hier auf Erden unter lauter Schwierigkeiten begraben liegt. Denkt immer daran, dass hinter eurem Willen der machtvolle Göttliche Wille steht.

❖ ❖ ❖

Zu straucheln und auf die falsche Bahn zu geraten ist nichts als eine vorübergehende Schwäche. Denkt nicht, dass ihr dann völlig verloren wärt. Derselbe Boden, auf den ihr hingefallen seid, kann euch beim Aufstehen stützen, wenn ihr nämlich aus euren Erfahrungen lernt.

❖ ❖ ❖

Wenn ihr einen Fehler erkennt und euch fest entschließt, ihn nie wieder zu begehen, und wenn ihr dann doch wieder fallt, so wird dieser Fall längst nicht so tief sein, als wenn ihr euch nie bemüht hättet.

❖ ❖ ❖

Wenn der Winter der Prüfungen kommt, verliert der Baum des Lebens einige seiner Blätter. Das ist ganz normal. Es macht nichts. Ihr könnt damit fertig werden. Sagt euch: »Wie dem auch sei, der Sommer kommt bald, und dann werde ich wieder erblühen.« Gott hat dem Baum die innere Kraft gegeben, selbst den strengsten Winter zu überdauern. Das trifft auch auf euch zu. Der Winter des Lebens kommt nicht, um euch zu zerstören, sondern um euch mit frischer Begeisterung zu erfüllen und zu konstruktivem Tun anzuspornen, sodass ihr im Frühling neuer Möglichkeiten, die jeder erhält, wieder aufblühen könnt. Ihr müsst euch sagen: »Diese Winterzeit meines Lebens ist nicht von Dauer. Ich werde mich aus der Umklammerung dieser Prüfungen befreien und neue Blätter und Blüten der Vervollkommnung hervorbringen. Und dann wird der Paradiesvogel wiederum auf den Zweigen meines Lebens sitzen.«

❖ ❖ ❖

Ganz gleich, wie oft ihr scheitert, versucht es immer wieder. Was auch geschehen mag, lasst euch in eurem Entschluss nicht wankend machen, sondern sagt euch: »Auch wenn die Welt in Scherben gehen sollte, will ich dennoch mein Bestes geben.« Auf diese Weise wendet ihr dynamischen Willen an und werdet Erfolg haben. Es ist dieser dynamische Wille, der den einen Menschen reich, den anderen stark und den dritten zu einem Heiligen macht.

Konzentration – der Schlüssel zum Erfolg

Die Wurzel vieler Misserfolge im Leben ist Mangel an Konzentration. Die Aufmerksamkeit gleicht einem Scheinwerfer. Wenn er sein Licht über ein weites Gebiet ausstrahlt, werden die verschiedenen Gegenstände darin nur schwach beleuchtet; richtet er sich aber jeweils auf nur einen Gegenstand, wird sein Strahl machtvoll. Große Menschen besitzen gute Konzentrationskraft. Sie richten ihre ganze Konzentration auf jeweils nur eine Sache.

❖ ❖ ❖

Man sollte wissenschaftliche Konzentrationsmethoden[2] lernen, durch die man seine Aufmerksamkeit von den Gegenständen der Zerstreuung zurückziehen und sie auf jeweils nur einen Gegenstand richten kann. Mit Hilfe der Konzentration kann man von der unermesslichen Kraft des Geistes Gebrauch machen und all das vollbringen, was man sich vorgenommen hat; und man kann auch alle Türen verriegeln, die zum Fehlschlag führen.

❖ ❖ ❖

Viele Leute meinen, dass man entweder nur rastlos oder aber nur langsam arbeiten könne. Doch dem ist nicht so. Wenn ihr innerlich ruhig seid und euch tief konzentriert, könnt ihr all eure Aufgaben im richtigen Zeitmaß erledigen.

❖ ❖ ❖

Ein ruhiger Mensch nimmt seine Umgebung mit

[2] Diese werden in den *Lehrbriefen der Self-Realization Fellowship* gelehrt.

all seinen Sinnen wahr. Ein ruheloser Mensch dagegen bemerkt nichts, gerät deshalb in Schwierigkeiten mit sich und seiner Umwelt und missversteht alles. … Lasst euch nie zur Ruhelosigkeit verleiten. Konzentriert euch tief auf alles, was ihr tut.

❖ ❖ ❖

Konzentriert euch immer mit ganzer Aufmerksamkeit auf das, was ihr tut, ganz gleich, wie unbedeutend und unscheinbar es sein mag. Haltet euren Geist beweglich, damit ihr eure Aufmerksamkeit, wenn nötig, sofort auf etwas anderes lenken könnt. Vor allem aber tut alles mit hundertprozentiger Konzentration.

❖ ❖ ❖

Die meisten Menschen tun alles nur halbherzig. Sie gebrauchen nur ein Zehntel ihrer Konzentrationskraft. Deshalb haben sie keinen Erfolg. … Tut alles mit ganzer Aufmerksamkeit. Diese konzentrierte Kraft erlangt man durch die Meditation. Wenn ihr von dieser Brennkraft Gottes Gebrauch macht und sie auf irgendein Ziel richtet, werdet ihr Erfolg haben.

Kreativität

Stellt euch auf die schöpferische Kraft des GEISTES ein. Dann habt ihr mit der Unendlichen Intelligenz Verbindung aufgenommen, die euch richtig lenken und all eure Probleme lösen wird. Und dann werden aus der dynamischen Quelle eures eigenen Wesens ungeahnte Kräfte fließen und euch dazu befähigen, in jedem Tätigkeitsbereich Schöpferisches zu leisten.

❖ ❖ ❖

Fragt euch einmal: »Habe ich je versucht, etwas zu tun, was noch keiner vor mir getan hat?« Das ist nämlich der Ausgangspunkt der Initiative. Wenn ihr noch nicht einmal so weit gedacht habt, gehört ihr zu den Hunderten von Menschen, die irrtümlicherweise glauben, sie könnten nichts anderes tun als das, was sie gewohnt sind. Sie gleichen Schlafwandlern, die von ihrem Unterbewusstsein gelenkt werden und deren Bewusstsein nur der Kraft von 1 PS entspricht.

Wenn ihr bis jetzt in diesem somnambulen Zustand gelebt habt, rüttelt euch mit folgenden Gedanken wach: »Ich besitze als Mensch die höchste Fähigkeit der Initiative. Jedes menschliche Wesen ist mit einem Kraftfunken begabt, der es befähigt, etwas zu erschaffen, was noch keiner vorher zustande gebracht hat. Doch weiß ich auch, wie leicht ich mich vom Bewusstsein irdischer Begrenzungen, unter dem die ganze Welt leidet, täuschen lassen kann – wenn ich mich nämlich von meiner Umgebung hypnotisieren lasse!«

❖ ❖ ❖

Was ist Initiative? Es ist die schöpferische Kraft

in euch – ein Funke des Unendlichen Schöpfers. Initiative verleiht euch die Kraft, irgendetwas zu vollbringen, was noch niemand vor euch vollbracht hat. Sie spornt euch an, neue Wege zu beschreiten. Die Leistungen eines Menschen mit Initiative gleichen leuchtenden Sternschnuppen – denn er erschafft Dinge aus dem Nichts und beweist damit, dass das scheinbar Unmögliche möglich gemacht werden kann, wenn man von der großen, erfinderischen Kraft des GEISTES Gebrauch macht.

❖ ❖ ❖

Wer kreativ veranlagt ist, wartet nicht erst auf eine Gelegenheit und klagt nicht die Umstände, das Schicksal und die Götter an. Er packt Gelegenheiten beim Schopf oder erschafft sie selbst mit dem Zauberstab seines Willens, seiner forschenden Bemühungen und seiner Unterscheidungskraft.

❖ ❖ ❖

Bevor ihr irgendetwas Wichtiges unternehmt, setzt euch still hin, beruhigt eure Sinne und Gedanken und meditiert tief. Dann wird euch die große, schöpferische Kraft des GEISTES richtig leiten.

❖ ❖ ❖

Denkt über alles, was ihr vorhabt, zuerst gründlich nach – und zwar so lange, bis ihr ganz in diesem Gedanken aufgeht. Denkt immer und immer wieder nach; dann macht eure Pläne! Nehmt euch genug Zeit; stürzt euch nicht gleich in etwas hinein. Tut den ersten Schritt und denkt dann wieder nach. Eine innere Stimme wird euch sagen, was ihr tun sollt. Folgt dieser Stimme und denkt wieder nach. Dann werdet ihr immer richtig geführt. Wenn ihr lernt, tief nach innen zu tauchen, könnt ihr euer Bewusstsein mit dem Überbewusstsein der Seele verbinden. Dann werdet ihr die Gedankensaat des Erfolges mit endloser Willenskraft, Geduld und Intuition zum Sprießen bringen.

❖ ❖ ❖

Sobald euch der richtige Gedanke kommt, handelt entsprechend. Viele Menschen haben gute Ideen, aber nicht die Beharrlichkeit, alles richtig zu durchdenken und auszuarbeiten. Ihr braucht Mut und Ausdauer und müsst euch ständig sagen: »Ich werde diesen Plan weiter verfolgen. Vielleicht lässt er sich in diesem Leben noch nicht verwirklichen, aber ich werde mich auf jeden Fall darum bemühen.« Denkt und handelt, denkt und handelt! Auf diese Weise entwickelt ihr geistige Kräfte. Jeder Gedanke gleicht einem Samenkorn; aber ihr müsst dafür sorgen, dass es gedeiht.

❖ ❖ ❖

Viele Leute versuchen etwas in Gedanken zu erschaffen, aber wenn sich Schwierigkeiten einstellen, geben sie es auf. Nur solche Menschen, die sich ihre

Gedanken sehr stark vergegenwärtigt haben, sind in der Lage gewesen, sie auch in die Tat umzusetzen.

❖ ❖ ❖

Vorstellungskraft [die Kraft, sich etwas vorzustellen oder zu vergegenwärtigen] ist ein äußerst wichtiger Faktor für das kreative Denken. Doch diese Vorstellungskraft muss zu einer festen Überzeugung heranreifen. Das könnt ihr nur durch einen starken Willen erreichen. Denn wenn ihr euch etwas mit der ganzen Kraft eures Willens vorstellt, wird aus der Vorstellung eine feste Überzeugung. Und wenn ihr trotz aller Widerstände an dieser Überzeugung festhaltet, wird sich das Vorgestellte verwirklichen.

❖ ❖ ❖

Plant eure kleinen Vorhaben richtig und führt sie dann entsprechend aus. Auf diese Weise werden sich schließlich auch eure großen Träume verwirklichen.

❖ ❖ ❖

Erfolgsmenschen haben genug Voraussicht, ihrem Geist eine unauslöschliche Matrize von dem einzuprägen, was sie hier auf der Erde bauen oder zustande bringen wollen. Mit Hilfe ihres Finanziers – der kreativen Fähigkeit – machen sie ihre Willenskraft zum Unternehmer, ihre präzise Aufmerksamkeit zu Handwerkern und ihre Geduld zu den nötigen Arbeitern, um so die gewünschten Ergebnisse oder Dinge im realen Leben zu verwirklichen.

❖ ❖ ❖

Immer, wenn ihr etwas erschaffen wollt, verlasst euch nicht auf äußere Quellen; taucht tief in euer Inneres und sucht nach der Unendlichen Quelle. Alle erfolgreichen Geschäftsmethoden, alle Erfindungen, alle Melodien und alle inspirierenden Gedanken und Werke sind in den Annalen Gottes aufgezeichnet.

❖ ❖ ❖

Bemüht euch mit Gottes Hilfe um geistigen Fortschritt. Das ist der wichtigste Faktor allen schöpferischen Denkens.

Wie man bei allem Erfolg haben kann

Am weisesten ist, wer Gott sucht. Am erfolgreichsten ist, wer Gott gefunden hat.

❖ ❖ ❖

Es ist nicht so einfach, Erfolg zu haben; denn das hängt nicht allein davon ab, über wie viel Geld und materiellen Besitz ihr verfügt. Erfolg hat eine viel tiefere Bedeutung. Er lässt sich nur daran messen, ob ihr an eurem inneren Frieden festhalten und Selbstbeherrschung bewahren könnt, sodass ihr in allen Lebenslagen glücklich seid. Das ist wahrer Erfolg!

❖ ❖ ❖

Große Lehrer werden euch nie dazu raten, nachlässig zu sein; sie werden euch zu einem ausgeglichenen Leben anhalten. Zweifellos müsst ihr arbeiten, um essen und euch kleiden zu können. Wenn ihr aber zulasst, dass eine bestimmte Pflicht einer anderen widerspricht, dann handelt es sich nicht um eine echte Pflicht. Tausende von Geschäftsleuten sind ständig damit beschäftigt, Reichtümer anzusammeln; und sie vergessen, dass sie sich dadurch auch einen Herzfehler zuziehen. Wenn euch die Pflicht, Wohlstand zu erwerben, die Pflicht gegenüber eurer Gesundheit vergessen lässt, dann ist sie keine richtige Pflicht. Man muss sich auf harmonische Weise entwickeln. Es hat keinen Sinn, sich hauptsächlich um einen wunderschönen Körper zu bemühen, wenn dieser nur ein Zwergengehirn beherbergt. Auch der Geist muss entwickelt werden. Und wenn ihr strahlende Gesundheit und Wohlstand und Intelligenz besitzt, aber nicht glücklich seid, dann ist euer Leben immer noch nicht erfolgreich. Doch wenn ihr ehrlich sagen könnt: »Ich bin glücklich, und keiner kann mir mein Glück nehmen«, dann seid ihr zu Königen geworden – dann habt ihr das Ebenbild Gottes in euch entdeckt.

❖ ❖ ❖

Eine andere Voraussetzung für den Erfolg ist, dass wir nicht nur Harmonie und Erfolg in unser eigenes Leben bringen, sondern auch andere Menschen daran teilhaben lassen.

❖ ❖ ❖

Das Leben sollte vor allem Dienst sein. Ohne dieses Ideal erfüllt die euch von Gott verliehene Intelligenz nicht ihren Zweck. Wenn ihr im Dienst an anderen euer eigenes kleines Ich vergesst, werdet ihr den Geist – das große Selbst – fühlen. So wie die belebenden Strahlen der Sonne allen Wesen zum Wachstum verhelfen, so sollt auch ihr die Strahlen der Hoffnung in die Herzen der Armen und Verlassenen senden, sollt den Herzen der Verzweifelten Mut einflößen und in den Herzen derer, die sich für erfolglos halten, ein neues Licht der Hoffnung anzünden. Wenn ihr erkannt habt, dass das Leben ein freudiger Kampf der Pflicht und gleichzeitig ein vorübergehender Traum ist, und wenn ihr bestrebt seid, andere glücklich zu machen und ihnen Liebe und Frieden zu schenken, dann ist euer Leben in Gottes Augen ein Erfolg.

Was Begeisterung bewirken kann

Jede Art von Arbeit ist eine Gelegenheit, über euch selbst zu siegen. … Worauf es vor allem ankommt, ist die innere Haltung. Geistige Trägheit und unwilliges Arbeiten schwächen den Charakter. Oft werde ich gefragt: »Wie können Sie so viel zustande bringen?« Ich kann es, weil ich alles mit der größten Freude tue und anderen dadurch einen

Dienst erweisen will. Innerlich bin ich stets bei Gott. Und obgleich ich sehr wenig schlafe, fühle ich mich immer frisch; denn ich erfülle meine Aufgaben mit der richtigen Einstellung. Für mich ist es ein Vorrecht, dienen zu dürfen.

❖ ❖ ❖

Wenn man unwillig an eine Arbeit herangeht, hat man kein Interesse und keine Energie. Begeisterung und Willigkeit aber verleihen einem immer neue Kraft. Aus diesen Tatsachen ersehen wir die geheime Beziehung zwischen Willen und Energie. Je größer der Wille, umso unerschöpflicher die Energie.

❖ ❖ ❖

Auch wenn eure Aufgabe im Leben nur bescheiden ist, braucht ihr euch deshalb nicht zu schämen. Seid vielmehr stolz darauf, dass ihr die Aufgabe, die der Vater euch übertragen hat, erfüllt. Er braucht euch gerade dort, wo ihr seid; alle Menschen können nicht dieselbe Rolle spielen. Solange ihr arbeitet, um Gott Freude zu bereiten, werden euch alle kosmischen Kräfte harmonisch unterstützen.

❖ ❖ ❖

In Gottes Augen ist nichts groß oder klein. Hätte Er das Atom nicht mit solcher Genauigkeit konstruiert, wie könnte der Himmel die königliche Wega und den stolzen Arkturus tragen? Unterscheidungen von »wichtig« und »unwichtig« sind dem Herrn gewiss unbekannt, denn wenn nur eine Stecknadel fehlte, bräche der ganze Kosmos zusammen.

❖ ❖ ❖

Versucht kleine Angelegenheiten auf außerordentliche Art zu erledigen.

❖ ❖ ❖

Ihr solltet immer größere Fortschritte machen und versuchen, zu den Besten in eurem Beruf zu zählen. Bringt in allem, was ihr unternehmt, die grenzenlose Kraft der Seele zum Ausdruck. … Ihr müsst ständig neue Erfolge erringen und dürft nicht zu einem Automaten werden. Alle Arbeit ist läuternd, wenn der Beweggrund richtig ist.

❖ ❖ ❖

Konzentration bedeutet, dass ihr eure Aufmerksamkeit sammelt und auf eine bestimmte Sache richtet. … Wendet diese konzentrierte Aufmerksamkeit dann dazu an, etwas schnell zu erledigen, was sonst viel Zeit in Anspruch nehmen würde.

❖ ❖ ❖

Die meisten Menschen tun alles nur halbherzig. Sie gebrauchen nur etwa ein Zehntel ihrer Aufmerksamkeit. Darum gelingt ihnen auch nichts richtig.

❖ ❖ ❖

Wenn ihr beharrlich seid, schöpferische Fähigkeiten entwickelt und euch stets von der unbegrenzten Kraft Gottes leiten lasst, indem ihr jeden Tag tief meditiert und euch mit Ihm in Verbindung setzt; wenn ihr ehrliche Methoden im Geschäftsleben anwendet und eurem Arbeitgeber treu bleibt; wenn ihr an der Firma, für die ihr arbeitet, ein persönliches Interesse zeigt und euch intuitiv auf euren unmittelbaren Vorgesetzten oder den Inhaber des Betriebes und vor allem auf euren Kosmischen Arbeitgeber – Gott – einstellt, werdet ihr euren irdischen Arbeitgeber und gleichzeitig euren Göttlichen Arbeitgeber zweifellos zufriedenstellen.

❖ ❖ ❖

Man wird leicht träge oder mutlos und bemüht sich nicht mehr um finanzielle Erfolge im Leben. Man ist leicht geneigt, auf unehrliche Weise Geld zu verdienen, wenn sich die Gelegenheit dazu bietet. Es ist aber unrecht, sich nicht um einen ehrlichen Lebensunterhalt zu bemühen. … Ein außergewöhnlicher Mensch bringt es fertig, auf selbstlose, ehrliche und schnelle Weise viel Geld zu verdienen, nur weil er Gott und Seinem Werk Gutes tun und andere glücklich machen will. Eine solche Tätigkeit entwickelt viele lautere Charaktereigenschaften, die einem sowohl auf dem geistigen Weg als auch im praktischen Leben weiterhelfen. Sich durch Fleiß und Ehrlichkeit Geld zu verdienen, um Gottes Werk zu unterstützen, ist – nach der Kunst, Gott zu verwirklichen – die größte Kunst. Um geschäftliche Erfolge zu erlangen, muss man Verantwortungsgefühl, Organisationsgabe, Ordnungssinn, Führungseigenschaften sowie praktische Fähigkeiten entwickeln, und diese sind auch für das allgemeine Wachstum des Menschen erforderlich.

Wohlstand und Fülle

Wer nur nach eigenem Wohlstand trachtet, wird schließlich unweigerlich in Armut geraten oder unter geistigem Zwiespalt zu leiden haben. Wer jedoch die ganze Welt als seine Heimat betrachtet und aufrichtig für das Wohl aller Menschen und der ganzen Welt arbeitet, findet schließlich den ihm zustehenden Wohlstand. Das ist ein geheimes, unfehlbares Gesetz.

❖ ❖ ❖

Das Gesetz des Wohlstands wird von Selbstlosigkeit regiert.

❖ ❖ ❖

Ich besitze nichts, doch weiß ich, dass es Tausende in der Welt geben würde, die mir zu essen gäben, wenn ich hungrig wäre, weil ich selbst Tausende beschenkt habe. Dasselbe Gesetz ist für alle wirksam, die nicht an sich selbst denken und an das, was sie entbehren, sondern an das, was der andere braucht.

❖ ❖ ❖

Tut jeden Tag etwas Gutes, um anderen zu helfen, selbst wenn es sich nur um Kleinigkeiten handelt. Wenn ihr Gott lieben wollt, müsst ihr auch die Menschen lieben. Sie sind Seine Kinder. Ihr könnt den Bedürftigen auf materielle Weise helfen und den Traurigen auf geistige Weise, indem ihr ihnen Trost spendet; ihr könnt den Furchtsamen eure göttliche Freundschaft schenken und die Schwachen moralisch unterstützen. Ihr sät auch viel Gutes, wenn ihr andere Menschen zu Gott hinführt und größere Liebe zu Gott und tieferen Glauben in ihnen erweckt. Wenn ihr aus dieser Welt scheidet, müsst ihr allen irdischen Besitz zurücklassen, doch all das Gute, das ihr getan habt, folgt euch nach. Reiche Leute, die sehr geizig gewesen sind, und Egoisten, die anderen nie geholfen haben, erlangen in ihrem nächsten Leben keinen Wohlstand. Doch solche, die gern schenken und ihren Reichtum mit anderen teilen, werden Wohlstand anziehen, auch wenn sie anfangs nur wenig haben. Das ist Gottes Gesetz.

❖ ❖ ❖

Stellt euch den göttlichen Überfluss wie einen starken, erfrischenden Regen vor; ein beliebiges Gefäß, das ihr gerade zur Hand habt, wird ihn auffangen. Wenn ihr einen Blechnapf hinhaltet, erhaltet ihr nur so viel, wie er fassen kann. Wenn ihr eine Schüssel hinhaltet, wird diese ganz gefüllt. Welches Gefäß haltet ihr nun der Göttlichen Fülle hin?

Vielleicht hat euer Gefäß ein Loch. Sollte das der Fall sein, müsst ihr es reparieren, indem ihr alle Angst, allen Hass, Zweifel und Neid ausräumt und es mit den reinigenden Wassern des Friedens, der Heiterkeit, Hingabe und Liebe säubert. Göttlicher Überfluss entspricht dem Gesetz des Dienens und der Großzügigkeit. Gebt, und dann empfangt. Gebt der Welt das Beste, was ihr habt, und das Beste wird zu euch zurückkehren.

❖ ❖ ❖

Dankbarkeit und Lobpreis machen euer Bewusstsein empfänglich, sodass ihr euch geistig höherentwickelt und mit allem Nötigen versorgt werdet. Sobald ein Kanal entsteht, durch den der GEIST fließen kann, strömt Er nach außen und gewinnt sichtbaren Ausdruck.

❖ ❖ ❖

»Wer über Mich meditiert und Mich für sein Eigen erklärt, wer sich durch unaufhörliche Anbetung mit Mir vereint, dessen Mängel behebe Ich, und dessen Verdienste mache Ich dauerhaft.«[3] Wer seinem Schöpfer treu ist und dessen Wirken in den verschiedenen Lebensphasen erkennt, wird feststellen, dass Er während des ganzen Lebens – und selbst in den kleinsten Dingen – für ihn sorgt und seinen Weg mit göttlicher Voraussicht ebnet. …

Dieser Vers der Gita erinnert an Christi Worte:

[3] Bhagavad-Gita IX, 22.

»Trachtet am ersten nach dem Reich Gottes und nach seiner Gerechtigkeit, so wird euch solches alles zufallen.«[4]

Affirmationen für den Erfolg

Ich will vorwärtsschreiten im festen Vertrauen, dass die Macht des allgegenwärtigen Guten mir das, was ich brauche, zur rechten Zeit beschaffen wird.

❖ ❖ ❖

In mir liegt genug verborgene Kraft, alle Hindernisse und Versuchungen zu überwinden. Ich will diese unbezwingbare Kraft und Energie zum Ausdruck bringen.

❖ ❖ ❖

Ich will Gott danken, dass Er mir immer wieder die Kraft gibt, von Neuem zu beginnen, bis ich mit Seiner Hilfe Erfolg habe. Und wenn ich erfolgreich gewesen bin, will ich Ihm danken, dass es mir gelungen ist, die edlen Wünsche meines Herzens zu befriedigen.

[4] *Matthäus* 6, 33.

Affirmationen für den Empfang göttlicher Fülle

O Vater, ich wünsche mir Reichtum, Gesundheit und Weisheit in Hülle und Fülle – doch nicht aus irdischen Quellen! Lass mich alles aus Deinen allbesitzenden, allmächtigen, allgütigen Händen empfangen.
Ich will kein Bettler sein und um begrenzte irdische Besitztümer, Gesundheit und Wissen bitten. Ich bin Dein Kind und fordere als solches meinen Anteil an Deinem grenzenlosen Reichtum.

❖ ❖ ❖

Göttlicher Vater, dies ist mein Gebet: Es soll mir gleich sein, was ich an bleibendem Besitz erwerbe; ich bitte Dich nur um Kraft, damit ich mir das, was ich täglich brauche, nach Wunsch beschaffen kann.

KAPITEL 8

Innerer Friede als Gegenmittel für Stress, Sorge und Angst

Ruhe ist der ideale Zustand, in dem wir alle Erfahrungen des Lebens entgegennehmen sollten. Nervosität ist das Gegenteil von Ruhe, und ihre weite Verbreitung in der heutigen Zeit macht sie beinahe zu einer Weltkrankheit.

❖ ❖ ❖

Menschen, die disharmonische Gedanken hegen, sehen überall Disharmonie. Diese Geisteshaltung hängt vor allem von inneren Wahrnehmungen ab und nicht so sehr von äußeren Bedingungen. … Ganz gleich, wo euch das Leben dann auch hinstellt, ihr werdet überall – selbst in den schwierigsten Situationen – die allem zugrunde liegende Harmonie finden und fördern.

❖ ❖ ❖

Sobald ihr euch Sorgen macht, ist euer geistiges Radio gestört. Gottes Lied ist das Lied der Stille. Nervosität ist eine Störung im Radio der Seele; Ruhe aber ist die Stimme Gottes, die durch das Radio eurer Seele zu euch spricht.

❖ ❖ ❖

Ruhe ist Gottes lebendiger Atem, der von eurer Unsterblichkeit zeugt.

❖ ❖ ❖

Bei allem, was ihr tut, solltet ihr inneren Frieden bewahren. Das ist die beste Arznei für euren Körper, euren Geist und eure Seele. Es ist die wunderbarste Art zu leben.

❖ ❖ ❖

Friede ist der Altar Gottes, die Voraussetzung für wahres Glück.

❖ ❖ ❖

Wenn ihr euch fest vornehmt, niemals euren inneren Frieden zu verlieren, könnt ihr Göttlichkeit erlangen. Bewahrt euch im eigenen Herzen eine geheime Kammer des Schweigens, in die ihr keine Launen, Versuchungen, Kämpfe oder Unstimmigkeiten einlasst. Verwehrt allem Hass, allen Rachegedanken und Wünschen den Eintritt. In dieser Kammer des Friedens wird Gott euch besuchen.

❖ ❖ ❖

Der Friede ist nicht käuflich; ihr müsst wissen, wie ihr ihn im eigenen Innern herstellen könnt – in der Stille eurer täglichen Meditationen.

❖ ❖ ❖

Wir sollten unser Leben auf folgender Dreiecksbeziehung aufbauen: Ruhe und Liebenswürdigkeit sind die beiden Schenkel, und Frohsinn ist die Basis. Jeden Tag sollten wir uns sagen: »Ich bin ein Friedensfürst, der auf dem Thron innerer Ausgeglichenheit sitzt und das Reich seiner Handlungen regiert.« Ob man etwas schnell oder langsam erledigt, ob man allein ist oder sich in einer Menschenmenge befindet, man sollte innerlich immer friedlich und ausgeglichen sein.

Nervosität

Ein ruhiger Mensch verliert nicht so leicht sein Urteilsvermögen, seinen Gerechtigkeitssinn und seinen Humor, ganz gleich, in welcher Lage er sich befindet. ... Er vergiftet seine Körperzellen nicht durch Ärger oder Angst, was zu Kreislaufstörungen führt. Es ist bewiesen worden, dass die Milch einer von Ärger erfüllten Mutter sich schädlich auf ihr Kind auswirken kann. Gibt es einen sprechenderen Beweis dafür, dass heftige Emotionen den Körper schließlich zu einem Wrack machen?

❖ ❖ ❖

Wer ständig negative Gedanken und Gefühle hegt – Furcht, Zorn, Trübsinn, Gewissensbisse, Neid, Kummer, Hass, Unzufriedenheit und Sorgen – und wem es an den Voraussetzungen für ein glückliches Leben mangelt – an richtiger Nahrung, körperlicher Bewegung, frischer Luft, Sonnenschein, einer befriedigenden Arbeit und einem Ziel im Leben – kann leicht nervenkrank werden.

❖ ❖ ❖

Wenn wir eine 120-Volt-Birne an eine Stromquelle von 2000 Volt anschließen, brennt die Birne durch. In ähnlicher Weise ist unser Nervensystem nicht fähig, die zerstörerische Kraft heftiger Gemütsbewegungen oder ständiger negativer Gedanken und Gefühle auszuhalten.

❖ ❖ ❖

Doch Nervosität lässt sich heilen. Wer darunter leidet, muss bereit sein, seine Lage zu untersuchen und die zerstörerischen Emotionen und negativen Gedanken, die ihn allmählich zerrütten, zu beseitigen. Wenn man seine eigenen Probleme objektiv untersucht[1] und in jeder Lebenslage Ruhe bewahrt, kann man auch den hartnäckigsten Fall von Nervosität heilen. ... Ein Mensch, der Opfer der Nervosität geworden ist, muss lernen, seinen Zustand zu erkennen, und sich darüber klar werden, welche Denkgewohnheiten dafür verantwortlich sind, dass er mit dem Leben nicht zurechtkommt.

❖ ❖ ❖

Anstatt in großer Aufregung irgendwohin zu eilen und, wenn ihr dort angekommen seid, euch doch

[1] Siehe Kapitel 5.

nicht freuen zu können, weil ihr so nervös seid, solltet ihr euch bemühen, ruhiger zu werden. ... Sobald ihr merkt, dass ihr innerlich unruhig werdet, gebt euch einen energischen Ruck und befehlt euren Gedanken, ruhig zu sein.

❖ ❖ ❖

Aufregungen stören das Gleichgewicht der Nerven, weil sie zu viel Energie in gewisse Teile senden, während andere ihres normalen Anteils beraubt werden. Diese ungleichmäßige Verteilung der Nervenkraft ist die einzige Ursache der Nervosität.

❖ ❖ ❖

Ein Körper, der ruhig und entspannt ist, zieht den geistigen Frieden an.

❖ ❖ ❖

[Technik[2] zum Entspannen des Körpers:]

Spannt willentlich an: Lenkt die Lebenskraft durch euren Willen in einen beliebigen Körperteil (indem ihr ihn anspannt). Fühlt dort ein erfrischendes Vibrieren, das euch mit Kraft auflädt. *Entspannt*

[2] Ein vereinfachter Hinweis auf die 1916 von Paramahansa Yogananda entwickelte Technik zur Aufladung des Körpers, durch die er gekräftigt wird und vollkommene Entspannung erlangt. Die Technik ist in den *Lehrbriefen der Self-Realization Fellowship* beschrieben. Das allgemeine Prinzip der Anspannung und Entspannung haben in den letzten Jahren zunehmend Ärzte bei der Behandlung vieler Krankheiten angewandt, u.a. auch beim Bekämpfen von Nervosität und hohem Blutdruck.

und fühlt: Entspannt euch und fühlt das sanfte Prickeln in dem betreffenden Körperteil, der mit neuem Leben und neuer Kraft erfüllt wird. *Fühlt,* dass ihr nicht der Körper seid; ihr seid das Leben, das den Körper erhält. *Fühlt* den Frieden, die Freiheit und die erhöhte Wahrnehmung, die sich durch das Üben dieser Technik und die dadurch gewonnene Ruhe einstellen.

❖ ❖ ❖

Wenn ihr in jeder körperlichen Bewegung, in jedem Gedanken, in jeder Willensäußerung, in eurer Liebe und in eurem göttlichen Bestreben Frieden ausdrückt, seid ihr wahrhaft mit Gott verbunden.

Sorge und Angst

Wenn auch das Leben scheinbar launisch, unzuverlässig und voller Schwierigkeiten ist, stehen wir doch unter der Führung und dem liebevollen Schutz Gottes.

❖ ❖ ❖

Regt euch nicht wegen jeder Kleinigkeit auf. Merkt euch Folgendes: Jedes Mal, wenn ihr euch aufregt, gewinnt die kosmische Täuschung mehr Gewalt über euch.[3]

[3] Weil der Mensch die wahre Allmacht seiner Seele und seine Verbindung mit Gott vergessen hat, leidet er unter so vielen Begrenzungen. Yoga lehrt, dass diese Vergesslichkeit oder Unwissenheit durch *Maya,* die kosmische Täuschung, verursacht wird.

❖ ❖ ❖

Die Angst vor Misserfolgen oder Krankheit wird dadurch genährt, dass man ständig daran denkt, bis sich diese Vorstellungen im Unterbewusstsein und schließlich im Überbewusstsein festsetzen.[4] Dann beginnt die im Über- und Unterbewusstsein verwurzelte Saat der Angst aufzugehen und lässt die Pflanzen der Furcht wachsen, die nicht so leicht zu vernichten sind, wie es die ursprünglichen Gedanken gewesen wären; und diese tragen schließlich ihre giftigen, tödlichen Früchte. …

Reißt sie von innen her aus, indem ihr euch intensiv auf ermutigende Gedanken konzentriert und euer Bewusstsein auf den vollkommenen Frieden Gottes im Innern richtet.

❖ ❖ ❖

Ganz gleich, worin eure Befürchtungen bestehen, denkt nicht weiter daran, sondern übergebt sie Gott. Habt Vertrauen in Ihn. Viel Leid wird allein durch Sorgen verursacht. Warum sich jetzt schon sorgen, ehe man überhaupt krank geworden ist? Da die meisten unserer Leiden durch Angst entstehen, könnt ihr euch sofort frei davon machen, wenn ihr jegliche Furcht beseitigt. Dann kann die Heilung sogar augenblicklich eintreten. Sagt euch jede Nacht, ehe ihr einschlaft: »Der Himmlische Vater ist bei mir, ich bin beschützt.« Stellt euch in Gedanken vor, dass der GEIST

[4] Die höhere Bewusstseinsebene, von der das Unterbewusstsein und Wachbewusstsein ihre Kraft erhalten.

und Seine kosmische Energie euch ganz einhüllen. … Das wird euch beschützen, sodass ihr euch wunderbar geborgen fühlt.

❖ ❖ ❖

Wenn euer Bewusstsein auf Gott gerichtet ist, werdet ihr keine Furcht mehr kennen. Dann wird euer Glaube mutig alle Hindernisse überwinden.

❖ ❖ ❖

Angst entsteht im Herzen. Jedes Mal, wenn ihr große Angst vor Krankheiten oder Unfällen habt, solltet ihr mehrmals tief, langsam und rhythmisch ein- und ausatmen und euch bei jeder Ausatmung entspannen. Das normalisiert den Kreislauf. Wenn euer Herz völlig ruhig geworden ist, fühlt ihr keine Angst mehr.

❖ ❖ ❖

Wer mental entspannt ist, kann seine Aufmerksamkeit willentlich befreien – er befreit sie von quälenden Sorgen über vergangene und gegenwärtige Schwierigkeiten, von dem ständigen Gedanken an seine Pflichten, von der Furcht vor Unfällen und anderen bedrückenden Ängsten und von Gier, Leidenschaft oder anderen störenden oder negativen Gedanken und Bindungen. Die mentale Entspannung kann man nur durch beständiges Üben meistern. Sie wird erlangt, wenn man den Geist willentlich von allen ruhelosen Gedanken befreit und die

Aufmerksamkeit ganz und gar auf die innere Ruhe und Zufriedenheit richtet.

❖ ❖ ❖

Vergesst die Vergangenheit, denn sie gehört nicht mehr zu euch! Vergesst die Zukunft, denn sie befindet sich außerhalb eurer Reichweite! Meistert die Gegenwart! Lebt jetzt nach den höchsten Grundsätzen! Das wird die dunkle Vergangenheit reinwaschen und die Zukunft dazu zwingen, strahlend hell zu werden. Nach diesem Grundsatz leben die Weisen.

❖ ❖ ❖

Wenn wir zu viel auf einmal zu tun haben, lassen wir uns entmutigen. Anstatt sich um das zu sorgen, was getan werden müsste, sagt ganz einfach: »Diese Stunde gehört mir. Ich werde mein Möglichstes tun.« Die Uhr kann nicht 24 Stunden in einer Minute austicken; und ihr könnt in einer Stunde nicht das tun, was ihr in 24 Stunden tun könnt. Lebt jeden Augenblick ganz in der Gegenwart, dann wird die Zukunft für sich selber sorgen. Kostet das Wunder und die Schönheit jedes Augenblickes aus. Übt euch darin, den Frieden zu fühlen. Je mehr ihr das tut, umso machtvoller werdet ihr die Wirkung dieser Kraft in eurem Leben spüren.

❖ ❖ ❖

Der heutige Mensch findet sein Vergnügen darin,

immer mehr besitzen zu wollen, und es ist ihm gleich, was mit anderen Menschen geschieht. Ist es aber nicht besser, einfach zu leben – ohne so viele Luxusgüter, aber mit viel weniger Sorgen? Ihr habt gewiss keinen Gewinn davon, euch derart aufzureiben, dass ihr euch an dem, was ihr habt, gar nicht mehr freuen könnt. ... Die Zeit wird kommen, da der Mensch es nicht mehr für nötig hält, so viele materielle Dinge zu besitzen. Ein einfaches Leben bietet mehr Sicherheit und Frieden.

❖ ❖ ❖

Wer wie besessen sieben Tage die Woche arbeitet, lässt zu, dass seine Seele ein Opfer mechanischen Handelns wird. Ein solcher Mensch verliert die Fähigkeit, seine Tätigkeit durch freien Willen, Unterscheidungsvermögen und Frieden zu lenken. Er, der um sein spirituelles Glück betrogen wurde, wird zu einem körperlichen und mentalen Wrack. Sowohl Tätigkeit als auch Ruhe müssen entwickelt, gepflegt und in Ausgleich gebracht werden, um sowohl in aktiven Phasen als auch in Zeiten der Stille Frieden und Glück entstehen zu lassen.

❖ ❖ ❖

Die Einhaltung des Sabbats[5] als eines Tages, der ganz Gott und dem geistigen Streben geweiht ist,

[5] Das Wort leitet sich vom hebräischen *Shabath* ab, »mit Tätigkeit aufhören, ausruhen«. Um sich am »Sabbattag« geistig zu erneuern, ist kein bestimmter Wochentag notwendig; ein beliebiger Tag kann

bedeutet, dass man bereitwillig alle Aktivitäten aufgibt, die den Geist zerstreuen und auf materielle Interessen lenken. ... Verbringt den Tag mit Tätigkeiten, die euch an Gott erinnern und euch geistige Erholung verschaffen. Da es auch am Sabbattag so viele materielle Verlockungen gibt, werden die Menschen geistig aufgeputscht. Wo bleibt da die Zeit für erholsame Ruhe, Innenschau und kreatives Nachsinnen darüber, wie man sich am angemessensten verhält, um in der kommenden Woche ein ausgeglichenes Leben führen zu können? Ein Sabbat, der auf sinnvolle Weise in Schweigen, Meditation und kreativem Denken verbracht wird (bei »kreativem Denken« geht es um keine hektische Verstandesarbeit, sondern um die Beruhigung der Gedanken, damit an ihre Stelle die intuitive Wahrnehmung treten kann), stärkt die Seele durch Harmonie, Frieden und mentale und physische Kraft. Dann kann sie sich mit Hilfe ihrer Unterscheidungskraft physisch, mental und spirituell auf bestmögliche Weise fortentwickeln.

❖ ❖ ❖

Wenn ihr ständig Schecks ausstellt, ohne etwas auf euer Konto einzuzahlen, geht euch schließlich das Geld aus. So ist es auch mit dem Leben. Wenn ihr nicht regelmäßig Einzahlungen des Friedens auf das Konto eures Lebens macht, werdet ihr bald

---

dazu von Nutzen sein, je nachdem, wie es die Umstände oder die Tradition erfordern.

keine Kraft, keine Ruhe und kein Glück mehr haben. Schließlich erlebt ihr dann den geistigen, körperlichen und seelischen Bankrott. Tägliche Verbindung mit Gott jedoch wird euer inneres Bankkonto immer wieder auffüllen.

❖ ❖ ❖

Ganz gleich, wie beschäftigt wir sind, wir sollten nicht versäumen, unseren Geist hin und wieder völlig frei von Sorgen und allen Pflichten zu machen. … Dann solltet ihr versuchen, eine Minute lang an nichts Negatives zu denken und euren Geist auf den inneren Frieden einzustellen, ganz besonders, wenn ihr Sorgen habt. Daraufhin solltet ihr versuchen, den Geist mehrere Minuten lang ruhig zu halten. Nachher denkt an irgendein glückliches Erlebnis; vertieft euch darin und stellt es euch bildhaft vor. Erlebt es in Gedanken immer wieder, bis ihr eure Sorgen gänzlich vergessen habt.

❖ ❖ ❖

Sobald wir von übergroßen Prüfungen oder Sorgen heimgesucht werden, sollten wir versuchen einzuschlafen. Wer das tun kann, wird beim Erwachen feststellen, dass sich alle inneren Spannungen gelöst haben.[6] In solchen Zeiten sollten wir uns

[6] Wie auf Seite 23 (Fußnote) erklärt, erhebt sich die Seele, wenn sie in den unterbewussten Zustand des Schlafs eingeht, vorübergehend über alle Sorgen, die mit dem Körper und seinen Erlebnissen zusammenhängen. Eine noch bessere Methode ist es, in tiefer Meditation

klarmachen, dass selbst, wenn wir sterben, die Erde weiter ihrer Bahn folgen und das geschäftliche Leben seinen gewohnten Gang gehen wird. Warum sich also Sorgen machen?

❖ ❖ ❖

Das Leben ist sehr unterhaltsam, wenn wir es nicht zu ernst nehmen. Ein herzliches Lachen ist ein ausgezeichnetes Heilmittel gegen menschliche Leiden. Eine der besten Eigenschaften der Amerikaner ist ihre Fähigkeit zu lachen. Es ist wunderbar, wenn man über das Leben lachen kann. Ich lernte das bei meinem Meister [Swami Sri Yukteswar]. Als ich meine Schulung in seiner Einsiedelei begann, ging ich die ersten Tage mit ernstem Gesicht umher und lächelte nie. Eines Tages machte mein Meister die spöttische Bemerkung: »Was soll das? Bist du zu einem Begräbnis gekommen? Weißt du nicht, dass Gott zu finden das Begräbnis allen Kummers bedeutet? Warum also dieses finstere Gesicht? Nimm das Leben nicht zu ernst.«

❖ ❖ ❖

Da ihr wisst, dass ihr Kinder Gottes seid, entschließt euch, unter allen Umständen ruhig zu bleiben. Wenn ihr mit euren Gedanken ganz und gar in eurer Arbeit aufgeht, könnt ihr euch Gottes nicht bewusst sein; wenn ihr aber ruhig bleibt und euch

---

den überbewussten Zustand der Gottverbundenheit zu erreichen.

für Ihn empfänglich macht, während ihr arbeitet, seid ihr auf richtige Weise tätig.

❖ ❖ ❖

Durch Meditation kann man einen dauerhaften inneren Frieden erwerben, der einem bei allen harmonischen oder schwierigen Situationen, die uns das Leben mit seiner Verantwortung bringt, Beruhigung und Linderung verschafft. Bleibendes Glück besteht in einem stets friedlichen Geisteszustand, der auch dann anhält, wenn die innere Ruhe durch Sorgen angefochten wird oder wenn Erfolge den Geist in einen übermäßigen Freudentaumel versetzen wollen.

Ein Klumpen Sand kann der Erosion der Meereswellen nicht widerstehen; und ein Mensch, der keinen unerschütterlichen inneren Frieden besitzt, kann während eines geistigen Konflikts nicht ruhig bleiben. Ein Diamant jedoch bleibt immer unverändert, ganz gleich, wie viele Wellen um ihn herumwirbeln; und ähnlich bleibt ein Mensch, der kristallenen Frieden besitzt, auch dann strahlend heiter, wenn von allen Seiten Prüfungen auf ihn einstürmen. Lasst uns durch Meditation aus den wechselvollen Wassern des Lebens den Diamanten unveränderlichen Seelenbewusstseins retten, der die ewig währende Freude des Geistes ausstrahlt.[7]

[7] »Der Zustand völliger Ruhe des Gefühls (*Chitta*), den man durch Yoga-Meditation erreicht und in welchem das Selbst (Ego) sich als das Selbst (die Seele) wahrnimmt und zufrieden im Selbst ruht (verankert ist);

❖ ❖ ❖

Die Erkenntnis, dass alle Kraft des Denkens, Sprechens, Fühlens und Handelns von Gott kommt und dass Er immer bei uns ist, dass Er uns inspiriert und leitet, kann uns augenblicklich von aller Nervosität befreien. Dann flammt göttliche Freude in uns auf; und zuweilen wird uns eine größere Erleuchtung zuteil, sodass wir uns so etwas wie Furcht gar nicht mehr vorstellen können. Wie ein gewaltiges Meer ergießt sich Gottes machtvolle, reinigende Flut in unser Herz und schwemmt alle Hindernisse weg: irreführende Zweifel, Nervosität und Furcht. Die Täuschung der Materie – das Bewusstsein, nichts als ein sterblicher Körper zu sein – verliert sich, wenn man mit der seligen Abgeklärtheit des GEISTES in Berührung kommt, und das lässt sich durch tägliche Meditation erreichen. Dann wisst ihr, dass der Körper eine kleine Energiewelle in Seinem Kosmischen Meer ist.

---

der Zustand, in welchem die erwachte, intuitive Intelligenz die unermessliche, alle Sinnenfreuden übertreffende Glückseligkeit wahrnimmt, in welcher der Yogi verankert bleibt und die er nie wieder verliert;
der Zustand, den der Yogi, wenn er ihn einmal erreicht hat, für den höchsten aller Schätze hält – denn ist er erst darin verankert, kann ihm selbst der größte Kummer nichts mehr anhaben;
dieser Zustand ist als Yoga – der schmerzfreie Zustand – bekannt. Deshalb soll man mit fest entschlossenem Herzen Yoga üben.« (Bhagavad-Gita VI, 20–23)

Affirmationen für Frieden und Ruhe

Ich bin ein Friedensfürst, der auf dem Thron innerer Ausgeglichenheit sitzt und das Reich seines Handelns regiert.

❖ ❖ ❖

Sobald ich aufgeregt bin oder meine Gedanken ruhelos werden, will ich mich still zurückziehen und meditieren, bis ich meine innere Ruhe wiedergewonnen habe.

❖ ❖ ❖

Ich will weder träge noch fieberhaft tätig sein. Bei allen Herausforderungen des Lebens will ich mein Bestes tun, ohne mich um die Zukunft zu sorgen.

KAPITEL 9

Wie ihr das Beste aus euch machen könnt

Wir sind das, wofür wir uns *halten*. Die gewohnheitsmäßige Richtung unserer Gedanken bestimmt unsere Talente und Fähigkeiten und unsere Persönlichkeit. So *denken* einige, dass sie Schriftsteller oder Künstler, dass sie fleißig oder träge sind usw. Was aber, wenn ihr anders sein wollt, als ihr jetzt zu sein glaubt? Ihr mögt einwenden, dass andere mit einem besonderen Talent geboren wurden, das euch fehlt und das ihr gern hättet. Das stimmt nicht. Denn auch jene mussten diese Fähigkeit irgendwann einmal entwickeln und sich zur Gewohnheit machen – wenn nicht in diesem Leben, dann in einem früheren.[1] Wenn ihr also etwas Bestimmtes sein möchtet, beginnt jetzt damit, das entsprechende Denkmuster zu entwickeln. Ihr könnt eurem Bewusstsein sofort jede beliebige Neigung einprägen, wenn ihr eurem Geist einen entsprechenden Gedanken einimpft; dann werden eure Handlungen und euer ganzes Wesen diesem Gedanken gehorchen.

❖ ❖ ❖

Man darf nie die Hoffnung aufgeben, sich zu bessern. Ein Mensch ist erst dann alt, wenn er sich

[1] Siehe *Reinkarnation* im Glossar.

nicht mehr ändern will. Dieser Zustand der Trägheit ist das einzige »Alter«, das ich gelten lasse. Wenn jemand immer wieder sagt: »Ich kann mich nicht ändern; so bin ich nun einmal«, dann erwidere ich: »Nun gut, dann bleib so, weil du dich selbst dazu entschlossen hast.«

❖ ❖ ❖

Ganz gleich, in welcher Lage sich ein Mensch befindet, er kann sich immer durch Selbstbeherrschung, Disziplin, richtige Ernährung und eine gesunde Lebensweise bessern. Warum glaubt ihr, dass ihr euch nicht ändern könnt? Geistige Trägheit ist die geheime Ursache aller Schwächen.

❖ ❖ ❖

Jeder Mensch begrenzt sich selbst durch seine Eigenheiten. Diese sind euch nicht von Gott eingegeben worden; ihr selbst habt sie erschaffen. Und diese müsst ihr ändern, indem ihr euch klarmacht, dass diese Eigenheiten nichts als Erzeugnisse eurer eigenen Gedanken sind.

❖ ❖ ❖

Im Grunde genommen bestehen alle Dinge aus purem Bewusstsein; ihre äußere Erscheinung ist das Ergebnis der Relativität des Bewusstseins.[2] Wenn ihr

[2] Der Yoga lehrt, dass Gottes Gedanken das eigentliche Fundament der Schöpfung sind. So wie der Dampf durch Verdichtung zu Wasser wird und durch weitere Verdichtung zu Eis, so sind alle Strukturen

daher etwas in euch selbst ändern wollt, müsst ihr den Lauf eurer Gedanken ändern, denn diese sind es, die das Bewusstsein beeinflussen, sodass es euch entsprechende Gegenstände zuführt und euch zu einem gewissen Handeln veranlasst. Das ist wirklich die einzige Methode, euer Leben neu zu gestalten.

❖ ❖ ❖

Schaut in euer Inneres hinein und stellt fest, welches eure vorherrschenden charakteristischen Merkmale sind. … Versucht nicht, das in euch zu ändern, was gut ist. Aber was ihr gegen euren Willen tut und was euch hinterher unglücklich macht, davon müsst ihr euch befreien. Doch wie? Bevor ihr zu Bett geht und sobald ihr morgens aufsteht, sagt euch voller Überzeugung: »Ich kann mich ändern. Ich will mich ändern. Ich *werde* mich ändern!« Haltet den ganzen Tag lang an diesem Gedanken fest und nehmt ihn mit euch in das unterbewusste Traumland und den überbewussten Bereich der Meditation.

❖ ❖ ❖

---

und Formen der Energie und Materie Verdichtungen des Bewusstseins. Die Pioniere unter den Physikern des 20. Jahrhunderts entdeckten von Neuem, was die Yogis seit alten Zeiten gewusst haben. Der britische Astronom Sir James Jeans schrieb: »Das Universum mutet immer mehr wie ein großer Gedanke, nicht mehr wie ein großer Mechanismus an.« Und Einstein sagte: »Ich möchte wissen, wie Gott die Welt erschaffen hat. Ich bin nicht an diesem oder jenem Phänomen interessiert, nicht am Spektrum dieses oder jenes Elementes. Ich möchte Seine Gedanken kennenlernen; alles andere sind nur Einzelheiten.«

Ganz einfach gesagt, ihr braucht die Gedanken, die ihr loswerden wollt, nur wegzudenken und sie durch konstruktive Gedanken zu ersetzen. Das ist der Schlüssel zum Himmelreich. Ihr haltet ihn bereits in Händen.

Innenschau – das Geheimnis des Fortschritts

Vor allem solltet ihr Innenschau betreiben. Legt euch Rechenschaft über euch selbst und eure Gewohnheiten ab und stellt fest, was euch im Wege steht. Oft ist es Trägheit, es fehlt euch an Zielstrebigkeit und ungeteilter Aufmerksamkeit. Manchmal müssen bestimmte Gewohnheiten im Garten eures Lebens gejätet werden, sodass das wahre Glück besser Wurzeln schlagen kann.

❖ ❖ ❖

Ein weiteres Geheimnis des Fortschritts liegt in der Selbsterforschung. Im Spiegel der Selbstbetrachtung schaut ihr tief in eure Seele hinein – in Bereiche, die euch sonst verborgen bleiben. Nehmt eure Misserfolge unter die Lupe und stellt fest, was eure guten und schlechten Neigungen sind. Fragt euch, was ihr seid und was ihr werden wollt und welche Hindernisse euch dabei im Wege stehen.

❖ ❖ ❖

Millionen von Menschen erforschen nie sich selbst. Geistig gesehen sind sie nur maschinelle Erzeugnisse ihrer Umgebung, die nichts anderes kennen, als das Frühstück, Mittag- und Abendessen einzunehmen, zu arbeiten, zu schlafen und hierhin und dorthin zu gehen, um sich zu amüsieren. Keiner von ihnen weiß, was er sucht und warum er suchen soll, noch warum er nie echtes Glück und volle Zufriedenheit findet. Eben weil er der Selbsterforschung ausweicht, bleibt er weiterhin ein von seiner Umgebung abhängiger Roboter. Aufrichtige Selbstprüfung ist die beste Methode, Fortschritte zu machen.

Jeder sollte lernen, sich selbst unvoreingenommen zu betrachten. Macht euch täglich Aufzeichnungen über eure Gedanken und Hoffnungen. Stellt fest, was ihr wirklich seid, und nicht, was ihr euch zu sein einbildet; denn ihr wollt ja das werden, was ihr sein sollt. Die meisten Menschen ändern sich nicht, weil sie ihre eigenen Fehler nicht erkennen.

❖ ❖ ❖

Wem es Ernst damit ist, sich zu ändern, der muss ehrlich mit sich selbst sein. Er sollte ein geistiges Tagebuch führen. Sobald er erkennt, wie oft und auf welche Weise er im Leben versagt, spornt ihn dies an, größere Anstrengungen zu machen und das zu tun, was er tun sollte. Wenn wir ein solches Tagebuch führen und unsere Unterscheidungskraft gebrauchen, um schlechte Gewohnheiten auszumerzen, die uns und anderen Kummer und Schmerz verursachen, wird uns das auch gelingen. Jeden Abend sollten wir uns fragen: »Wie oft waren meine Gedanken heute bei Gott?« Wir sollten auch feststellen, wie lange wir tief nachgedacht, welche Aufgaben wir erfüllt, was wir für andere getan und wie wir uns in verschiedenen Situationen verhalten haben.

❖ ❖ ❖

Wenn ihr eine graphische Darstellung von euren Gedanken anfertigt, könnt ihr feststellen, ob ihr jeden Tag Fortschritte macht. Ihr dürft euch nicht vor euch selbst verstecken. Ihr müsst euch als das erkennen, was ihr seid. Wenn ihr ein Tagebuch über das Ergebnis eurer Innenschau führt und auf eure schlechten Gewohnheiten achtet, seid ihr besser in der Lage, sie auszumerzen.

Überwindung von Versuchungen

Manchmal fällt es einem schwer, gut zu sein, und leicht, schlecht zu sein; und man meint, wenn man den schlechten Dingen entsage, gehe einem etwas verloren. Ich aber sage euch, dass euch nichts anderes verloren gehen wird als Kummer.

❖ ❖ ❖

Alles, wovor die großen Meister uns gewarnt haben, gleicht vergiftetem Honig. Ich rate euch, ihn nicht zu kosten. Ihr mögt einwenden: »Aber er schmeckt so süß!« Ich jedoch weiß, dass er euch töten wird, nachdem ihr ihn gekostet habt. Das Böse ist süß gemacht worden, um euch zu täuschen. Ihr müsst eure Unterscheidungskraft gebrauchen, um zwischen vergiftetem Honig und dem, was zu eurem Besten dient, zu unterscheiden. Vermeidet alles, was euch letztendlich Schmerzen bereiten wird, und wählt das, was euch Freiheit und Glück verschafft.

❖ ❖ ❖

Wenn man Gottes Gesetze übertritt, sind Kummer, Krankheit und Fehlschläge die natürlichen Folgen. Weisheit besteht darin, dass man solche Übertretungen vermeidet und im eigenen Innern Frieden und Glück findet, indem man in seinem ganzen Denken und Handeln immer im Einklang mit seinem wahren SELBST bleibt.

❖ ❖ ❖

Immer, wenn euch ein überwältigender Wunsch bedrängt ..., gebraucht eure Unterscheidungskraft! Fragt euch: »Ist dies ein guter oder schlechter Wunsch?«

❖ ❖ ❖

Materielle Wünsche verhärten unsere schlechten Gewohnheiten, weil sie uns falsche Hoffnungen auf Erfüllung und Glück vorspiegeln. Zu solchen Zeiten sollte man seine ganze Unterscheidungskraft aufbieten, um zu erkennen, dass einem schlechte Gewohnheiten letzten Endes nur Unglück bringen. Sind die Gewohnheiten auf diese Weise entlarvt, werden sie machtlos und können dem Menschen nicht länger mit ihrem unheilvollen Einfluss schaden.

❖ ❖ ❖

Wenn man der Versuchung Widerstand leistet, bedeutet das nicht, dass man alle Freuden des Lebens verneint; es bedeutet, absolute Herrschaft über sein eigenes Tun zu haben. Ich zeige euch den Weg, der zu wahrer Freiheit führt – nicht zu jenem trügerischen Freiheitsgefühl, das euch zwingt, euren Gewohnheiten nachzugeben.

❖ ❖ ❖

Die alte orthodoxe Methode besteht darin, die Versuchung abzuleugnen, sie zu verdrängen. Doch ihr müsst lernen, über diese Versuchungen zu *siegen*. Selbst wenn die Versuchung euch zu überwältigen scheint, seid ihr deshalb nicht böse; doch wenn ihr der Versuchung nachgebt, geratet ihr vorübergehend unter die Gewalt des Bösen. Ihr müsst um euch herum schützende Palisaden der Weisheit errichten. Es gibt kein machtvolleres Mittel gegen die Versuchung als Weisheit. Volles Verständnis wird euch so weit bringen, dass euch niemand mehr zu Handlungen verführen kann, die Vergnügen versprechen, euch aber schließlich nur schaden.

❖ ❖ ❖

Solange ihr diese Weisheit noch nicht besitzt,

müsst ihr jeder Versuchung sofort den Rücken kehren und erst *danach* eure Vernunft sprechen lassen. Wenn ihr zuerst eure Vernunft befragt, werdet ihr trotz aller guten Absichten das tun, was ihr zu vermeiden sucht, denn die Versuchung ist stärker als die Vernunft. Ihr müsst entschlossen nein sagen und einfach auf und davon gehen. Das ist der sicherste Weg, dem Teufel[3] zu entrinnen. Je mehr ihr diese Art Widerstandskraft entwickelt, umso glücklicher werdet ihr; denn echte Freude hängt vor allem davon ab, ob ihr der Stimme des Gewissens folgt.

❖ ❖ ❖

Wenn ihr »nein« zur Versuchung sagt, müsst ihr auch »nein« meinen. Der Schwächling, der kein Rückgrat besitzt, sagt immer nur »ja«. Große Geister aber sagen sehr oft »nein«.

❖ ❖ ❖

Wenn ihr euch einmal zu etwas entschlossen habt, z.B. nicht zu rauchen, euch nicht falsch zu ernähren, nicht zu lügen und zu betrügen, dann haltet an eurem guten Entschluss fest. Werdet nicht wieder wankend! Schlechter Umgang schwächt euren Willen und führt dazu, dass ihr euch das Falsche wünscht. Wenn ihr stets mit Dieben Umgang habt, denkt ihr, dass dies die einzig richtige Lebensweise

[3] Satan, die bewusste Kraft der Täuschung, die bemüht ist, den Menschen in Unwissenheit zu halten, damit er seine göttliche Natur vergisst. Siehe *Maya* im Glossar.

sei. Doch wenn ihr mit göttlichen Personen zusammenlebt und die Verbindung mit Gott hergestellt habt, können euch keine anderen Wünsche mehr in Versuchung führen.

❖ ❖ ❖

Wenn ihr eine bestimmte schlechte Gewohnheit oder karmische Neigung habt, verkehrt nicht mit solchen Menschen, die dieselbe schlechte Gewohnheit haben. Wenn ihr zur Gier neigt, meidet die Gesellschaft anderer, die ebenfalls gierig sind. Wenn ihr trunksüchtig seid, haltet euch von Menschen fern, die trinken. Leute, die euch in euren schlechten Gewohnheiten bestärken, sind nicht eure Freunde. Sie sind der Anlass dazu, dass ihr das Glück eurer Seele verspielt. Meidet die Gesellschaft von Übeltätern und pflegt Umgang mit guten Menschen.

❖ ❖ ❖

Der stärkste Einfluss in eurem Leben – stärker noch als eure Willenskraft – ist die Umgebung. Wenn nötig, müsst ihr diese wechseln.

❖ ❖ ❖

Auf beide Arten von Umgebung müsst ihr sorgfältig achten: auf die äußere und auf die innere.

❖ ❖ ❖

Achtet auf eure Gedanken. All eure Erfahrungen

beeinflussen eure Gedanken. Die Qualität eurer Gedanken erhebt oder erniedrigt euch.

❖ ❖ ❖

Ihr müsst stärker sein als die Gedanken und Suggestionen, die ständig von anderen Menschen ausgehen. Auf diese Weise könnt ihr die schlechten Schwingungen, von denen ihr umgeben seid, abwehren.

❖ ❖ ❖

Fühlt euch ganz und gar von Gott umgeben. Seid eins mit Gott, dann kann euch nichts verletzen.

❖ ❖ ❖

Jede Handlung hat ein geistiges Gegenstück. Wir führen eine Handlung aus, bei der wir körperliche Kraft anwenden, doch diese Tat hat ihren Ursprung im Geist und wird vom Steuermann des menschlichen Geistes gelenkt. Stehlen ist eine böse Tat; doch noch schlechter ist der geistige Vorsatz zu stehlen, der den physischen Diebstahl verursacht; denn der Geist ist der wahre Täter. Wenn ihr eine schlechte Tat vermeiden wollt, verbannt sie zuerst aus euren Gedanken. Wenn ihr euch nur auf die körperliche Handlung konzentriert, ist es schwer, Herrschaft über sie zu gewinnen. Konzentriert euch auf den geistigen Vorgang; ändert eure Gedanken, dann ändern sich die Handlungen ganz von selbst.

❖ ❖ ❖

Jedes Mal, wenn sich ein böser Gedanke bei euch einschleichen will, weist ihn energisch ab. Dann kann Satan euch nichts anhaben. Sobald ihr etwas Unrechtes denkt, nähert ihr euch Satan. Ihr bewegt euch ständig zwischen Gut und Böse hin und her, deshalb müsst ihr mehr in die Tiefe gehen, wo Satan euch nicht erreichen kann – ganz tief ins Herz Gottes.

❖ ❖ ❖

Tugend und Reinheit wurzeln nicht in Schwäche. Sie sind vielmehr hervorragende Eigenschaften, die gegen die Kräfte des Bösen ankämpfen. Ihr habt die Macht zu entscheiden, wie viel Reinheit, Liebe, Schönheit und seelische Freude ihr zum Ausdruck bringen wollt – nicht nur in eurem Handeln, sondern auch in euren Gedanken, Gefühlen und Wünschen. ... Haltet eure Gedanken rein, dann werdet ihr Gott immer nahe sein. Er wird in der Sprache eures Herzens zu euch sprechen; ihr werdet Ihn in jeder Blume und jedem Strauch, in jedem Grashalm und jedem aufkeimenden Gedanken wahrnehmen. »Selig sind, die reines Herzens sind; denn sie werden Gott schauen.«[4]

❖ ❖ ❖

Die beste Methode, eine Versuchung zu überwinden, besteht darin, dass man sie mit etwas anderem

[4] *Matthäus* 5, 8.

vergleicht. Meditiert mehr und seht, ob euch die Meditation nicht größeres Glück bringt.

❖ ❖ ❖

Wenn ihr euer Bewusstsein [in der Meditation] nach innen lenkt, werdet ihr allmählich feststellen, dass es im eigenen Innern viel wunderbarere Dinge gibt als in der Außenwelt.

❖ ❖ ❖

Wenn ihr nur einmal in eure Seele – die vollkommene Widerspiegelung Gottes in euch – *hineinschauen* könntet, wären all eure Wünsche sofort erfüllt!

❖ ❖ ❖

Die Menschen verfallen dem Bösen, weil sie keine innere Freude kennen. Wer über Gott, den Inbegriff der Seligkeit meditiert, wird von Seiner Güte durchdrungen.

❖ ❖ ❖

Das Ich versucht, das ständige, unersättliche Verlangen der Seele nach Gott durch materielle Mittel zu befriedigen. Doch weit davon entfernt, sein Ziel zu erreichen, verschlimmert es das Elend des Menschen nur noch. Der Hunger der Seele kann niemals durch Befriedigung der Sinne gestillt werden. Sobald der Mensch dies erkennt und über sein Ich siegt, das heißt, sobald er Selbstbeherrschung erlangt hat, kann er, noch während er in diesem Körper lebt, die göttliche Glückseligkeit erfahren. Anstatt ein Sklave irdischer Begierden zu bleiben, richtet er seine Aufmerksamkeit auf den Kern der Allgegenwart und wird eins mit jener Freude, die in allen Dingen verborgen liegt.

Die richtige Einstellung zu früher begangenen Fehlern

Denkt nicht ständig über all das nach, was ihr falsch gemacht habt. Das gehört jetzt nicht mehr zu euch. Vergesst es. Konzentrierte Aufmerksamkeit ruft Gewohnheiten und Erinnerungen wieder wach. Sobald ihr die Nadel auf eine Grammophonplatte setzt, beginnt diese zu spielen. Die Aufmerksamkeit ist die Nadel, welche die Platte vergangener Handlungen abspielt. Ihr solltet eure Aufmerksamkeit deshalb nicht auf die schlechten Taten richten. Warum wollt ihr wegen eurer früheren dummen Handlungen immer noch leiden? Verbannt sie aus eurem Geist und achtet darauf, dass ihr solche Handlungen nicht wiederholt.

❖ ❖ ❖

Ihr mögt euch um die Fehler, die ihr begangen habt, Sorgen machen, Gott aber nicht. Was vorbei ist, das ist vorbei. Ihr seid Seine Kinder, und alles, was ihr falsch gemacht habt, geschah nur, weil ihr Ihn nicht kanntet. Er nimmt euch das Böse, das ihr unter dem Einfluss der Unwissenheit begangen habt, nicht übel. Alles, was Er verlangt, ist, dass ihr diese schlechten Handlungen nicht wiederholt. Er verlangt nur, dass ihr den aufrichtigen Wunsch habt, euch zu bessern.

❖ ❖ ❖

»Vergesst die Vergangenheit«, pflegte Sri Yukteswar zu sagen. »Die früheren Leben aller Menschen weisen manche Schandflecke auf. Solange der Mensch noch nicht fest im Göttlichen verankert ist, wird sein Verhalten immer unberechenbar sein. Alles wird sich in Zukunft zum Besten wenden, wenn ihr jetzt die nötigen geistigen Anstrengungen macht.«

❖ ❖ ❖

Betrachtet euch nie als Sünder. Ihr alle seid Kinder des Himmlischen Vaters. Selbst wenn ihr zu den größten Sündern gehört habt – vergesst es jetzt! In dem Augenblick, da ihr euch entschließt, ein besseres Leben zu führen, seid ihr keine Sünder[5] mehr. … Ihr müsst eine neue Seite im Buch eures Lebens aufschlagen und euch sagen: »Ich bin schon immer rein gewesen und habe nur geträumt, dass ich gesündigt habe.« Und das stimmt. Das Böse ist nichts als ein Albtraum und kein Bestandteil der Seele.

[5] »Selbst ein schlimmer Übeltäter, der sich von allem anderen abwendet und Mich allein anbetet, kann unter die Guten gezählt werden, weil er die richtige Entscheidung getroffen hat. Er wird schnell zu einem tugendhaften Menschen werden und endlosen Frieden erfahren. Versichere es allen, o Arjuna, dass Meine Anhänger nie zugrunde gehen!« (Bhagavad-Gita IX, 30, 31)

❖ ❖ ❖

Auch wenn eure Irrtümer so tief wie das Meer sind, kann eure Seele darin nicht ertrinken. Seid fest entschlossen, euch nicht durch ehemalige Fehler auf eurem Weg aufhalten zu lassen.

❖ ❖ ❖

Ihr seid ein Teil der Ewigen Flamme. Ihr könnt den Funken verbergen, aber nie zerstören.

❖ ❖ ❖

Eine Höhle mag Tausende von Jahren in Dunkelheit liegen, doch sobald man ein Licht hineinbringt, verschwindet die Dunkelheit, als wäre sie nie gewesen. Ähnlich ist es mit euren Schwächen. Worin diese auch bestehen mögen, wenn ihr das Licht der Güte hineinbringt, sind sie augenblicklich verschwunden. Das Licht der Seele ist so machtvoll, dass die sündigen Inkarnationen es nie auslöschen können.

❖ ❖ ❖

Wir danken Dir dafür, dass keine Sünde unverzeihlich und kein Übel unbezwingbar ist, denn die Welt der Relativität kennt keine absoluten Werte.

❖ ❖ ❖

Gott verlässt niemanden. Wenn ihr gesündigt habt und glaubt, eure Sündenlast sei so groß, dass ihr nie erlöst werden könntet, und wenn die Welt euch aufgibt und behauptet, aus euch würde nie etwas werden, dann haltet einen Augenblick inne und erinnert euch der Göttlichen Mutter[6]. Sagt ihr: »Göttliche Mutter, ich bin Dein Kind, Dein unfolgsames Kind. Bitte, vergib mir!« Wenn ihr euch an die mütterliche Ausdrucksform Gottes wendet, werdet ihr nie zurückgewiesen – dann werdet ihr Gottes Herz erweichen. Gott wird euch aber nicht unterstützen, wenn ihr weiterhin Unrecht tut. Wenn ihr betet, müsst ihr entschlossen sein, mit euren schlechten Gewohnheiten zu brechen.

❖ ❖ ❖

Heilige sind Sünder, die nie aufgegeben haben. Ganz gleich, worin eure Schwierigkeiten bestehen, wenn ihr nie aufgebt, macht ihr Fortschritte in euren Bemühungen, gegen den Strom zu schwimmen. Wer sich bemüht, zieht Gottes Gnade an.

❖ ❖ ❖

Ist ein Diamant etwa weniger wert, wenn er mit einer Schmutzschicht bedeckt ist? Gott sieht die unwandelbare Schönheit unserer Seele. Er weiß, dass wir nicht mit unseren Fehlern identisch sind.

❖ ❖ ❖

Während einiger Inkarnationen seid ihr Men-

[6] Siehe Glossar.

schen gewesen, doch in alle Ewigkeit wart ihr Gottes Kinder. Betrachtet euch nie als Sünder, denn Sünde und Unwissenheit sind nichts als irdische Albträume. Wenn wir in Gott erwachen, werden wir feststellen, dass wir – die Seelen, das reine Bewusstsein – niemals etwas Schlechtes getan haben. Unbeeinflusst von menschlichen Erfahrungen, waren und sind wir immer Kinder Gottes gewesen.

❖ ❖ ❖

Jeder von uns ist Gottes Kind. Wir sind aus Seinem GEIST geboren – in aller Reinheit, Herrlichkeit und Freude. Niemand kann uns dieses Erbe streitig machen. Die größte aller Sünden ist, sich selbst als Sünder zu verdammen und zu glauben, dass man sich auf dem Weg des Irrtums festgefahren habe. In der Bibel heißt es: »Wisset ihr nicht, dass ihr Gottes Tempel seid und der Geist Gottes in euch wohnt?«[7]

Gute Gewohnheiten annehmen und schlechte ausmerzen

Wendet euch Gott zu, dann werdet ihr sehen, wie ihr die Fesseln der Gewohnheit und der Umgebung abschütteln könnt. … Betrachtet man sich als

[7] *1. Korinther* 3, 16. Vgl. Bhagavad-Gita XIII, 22, 32: »Der Höchste GEIST, der jenseits und innerhalb des Körpers besteht, ist der objektive Beobachter, der Zustimmende, der Erhalter, der Erlebende, der Oberste Herr und auch das Höchste SELBST. … Obgleich das SELBST überall im Körper wohnt, ist es ewig makellos.«

das Ich, ist man gebunden; erkennt man sich als die Seele, ist man frei.«

❖ ❖ ❖

Innerlich mögt ihr denken, dass ihr euch nicht von einer bestimmten Gewohnheit lösen könnt; Gewohnheiten sind jedoch nichts anderes als die Wiederholung eurer eigenen Gedanken, und diese könnt ihr ändern.

❖ ❖ ❖

Die meisten Menschen, die sich entschließen, nicht mehr zu rauchen oder nicht mehr so viel Süßes zu essen, fahren dennoch gegen ihren Willen damit fort. Sie ändern sich nicht, weil ihre Gedanken, wie Löschpapier, bestimmte gedankliche Gewohnheiten aufgesogen haben. Gewohnheit bedeutet, dass man denkt, man könne sich von einem bestimmten Gedanken nicht lösen. Gewohnheiten sind tatsächlich hartnäckig. Wenn man einmal eine Handlung begangen hat, hinterlässt sie eine Wirkung oder einen Eindruck im Bewusstsein. Und als Ergebnis dieses Einflusses neigt ihr dazu, diese Handlung zu wiederholen.

❖ ❖ ❖

Wer ständig bestimmte Handlungen wiederholt, hinterlässt damit eine mentale Spur. Jede Handlung hat nicht nur einen körperlichen, sondern auch einen geistigen Aspekt; und durch das Wiederholen bestimmter Handlungen und der sie begleitenden Gedanken bilden sich im physiologischen Gehirn feine elektrische Kanäle, die mit den Rillen einer Schallplatte zu vergleichen sind. Nach einiger Zeit geschieht dann Folgendes: Sobald ihr die Nadel eurer Aufmerksamkeit in eine dieser »Rillen« setzt, läuft die »Platte« mit der Originalspur ab. Und jedes Mal, wenn ihr eine bestimmte Handlung wiederholt, vertiefen sich diese elektrischen Kanäle. Schließlich lässt der geringste Gedanke an eine Handlung diese immer wieder automatisch »ablaufen«.

❖ ❖ ❖

Diese Verhaltensmuster lassen euch auf eine ganz bestimmten Weise handeln – oft gegen euren eigenen Willen. Euer Leben verläuft gemäß diesen »Rillen«, die ihr selbst in euer Gehirn eingegraben habt. In diesem Sinne seid ihr keine freien Menschen; ihr seid mehr oder weniger Opfer der Gewohnheiten, die ihr euch angeeignet habt. Je nachdem, wie starr diese Verhaltensmuster sind, seid ihr bis zu einem gewissen Grade Marionetten. Doch ihr könnt euch dem Zwang dieser schlechten Gewohnheiten *entziehen.* Wie aber? Indem ihr im Gehirn »Rillen« von Verhaltensmustern bildet, welche die entgegengesetzten, guten Gewohnheiten fördern. Und durch Meditation könnt ihr die Rillen der schlechten Gewohnheiten völlig *auslöschen.*

❖ ❖ ❖

Ihr könnt von euren schlechten Gewohnheiten geheilt werden, wenn ihr sie mit den entgegengesetzten guten Gewohnheiten abtötet. Wenn ihr z.B. die schlechte Gewohnheit habt, die Unwahrheit zu sagen und dadurch viele Freunde verloren habt, beginnt mit der entgegengesetzten guten Gewohnheit, die Wahrheit zu sagen.

❖ ❖ ❖

Schwächt eure schlechten Gewohnheiten dadurch, dass ihr alles vermeidet, was sie hervorrufen oder anregen könnte; doch dürft ihr euch beim eifrigen Vermeiden dieser Gewohnheiten nicht besonders auf sie konzentrieren. Lenkt euren Geist vielmehr auf irgendeine gute Gewohnheit und übt euch so lange darin, bis ihr sie euch völlig zu eigen gemacht habt.

❖ ❖ ❖

Selbst eine schlechte Gewohnheit braucht Zeit, bis sie die Oberhand gewinnt. Warum also ungeduldig werden, wenn es darum geht, die rivalisierende gute Gewohnheit zu entwickeln? Lasst euch nicht durch unerwünschte Gewohnheiten entmutigen. Gebt ihnen einfach keine Nahrung mehr; denn wenn ihr sie nicht wiederholt, verlieren sie an Kraft. Die Zeit, die man zum Bilden von Gewohnheiten benötigt, hängt ganz vom Nervensystem und Gehirn des Einzelnen und vor allem vom Grad der Aufmerksamkeit ab.

❖ ❖ ❖

Durch die Kraft tiefer, konzentrierter Aufmerksamkeit kann man jede Gewohnheit annehmen – das heißt, es bilden sich fast augenblicklich und nach Wunsch neue Verhaltensmuster im Gehirn.

❖ ❖ ❖

Wenn ihr euch eine gute Gewohnheit aneignen oder eine schlechte ausmerzen wollt, konzentriert euch auf die Gehirnzellen – den Speicher der mechanisch ablaufenden Gewohnheiten. Wenn ihr euch eine gute Gewohnheit zu eigen machen wollt, müsst ihr meditieren. Konzentriert euch auf das Christuszentrum – das Zentrum des Willens zwischen den Augenbrauen – und stellt euch immer wieder die gute Gewohnheit vor, die ihr erwerben wollt. Und wenn ihr schlechte Gewohnheiten ausmerzen wollt, konzentriert euch auf das Christuszentrum und sagt euch mit Überzeugung, dass all die Rillen schlechter Gewohnheiten gelöscht werden.

❖ ❖ ❖

Durch Konzentration und Willenskraft könnt ihr sogar tiefe Rillen, die von alteingesessenen Gewohnheiten eingegraben worden sind, wieder beseitigen. Wenn ihr z.B. ein Gewohnheitsraucher seid, müsst ihr euch sagen: »Die Gewohnheit des Rauchens ist seit langem in meinem Gehirn verankert. Jetzt richte ich meine ganze Aufmerksamkeit und

Konzentration auf das Gehirn und *will*, dass diese Gewohnheit verschwindet!« Befehlt dies eurem Geist immer und immer wieder. Die beste Zeit dafür ist der Morgen, wenn Wille und Aufmerksamkeit noch frisch sind. Sagt euch ständig, dass ihr frei seid, und bringt eure ganze Willenskraft zum Einsatz. Eines Tages werdet ihr plötzlich fühlen, dass diese Gewohnheit von euch abgefallen ist.

❖ ❖ ❖

Wenn ihr wirklich eure schlechten Gewohnheiten ablegen wollt, dann gibt es keine bessere Zuflucht für euch als die Meditation. Jedes Mal, wenn ihr tief über Gott meditiert, werden die Verhaltensmuster in eurem Gehirn positiv verändert.

❖ ❖ ❖

Meditiert zuerst über den Gedanken »Ich und mein Vater sind eins«, und versucht, großen Frieden und danach große Freude im Herzen zu fühlen. Wenn ihr von dieser Freude erfüllt seid, sagt: »Vater, Du bist bei mir. Ich gebiete Deiner Kraft, die in mir ist, die schlechten Gewohnheiten und die von meiner Vergangenheit herrührenden Neigungen in meinem Gehirn auszumerzen.« Die Kraft Gottes in der Meditation wird das zustande bringen. Macht euch von der begrenzten Vorstellung frei, dass ihr Mann oder Frau seid; *wisst*, dass ihr Kinder Gottes seid. Dann betet zu Gott und sagt euch innerlich Folgendes: »Ich befehle meinen Hirnzellen, sich zu wandeln und die Rillen schlechter Gewohnheiten, die eine Marionette aus mir gemacht haben, zu beseitigen. Herr, verbrenne sie in Deinem Göttlichen Licht.«

❖ ❖ ❖

Nehmen wir einmal an, euer Problem bestehe darin, dass ihr oft ärgerlich werdet und es danach bereut, die Beherrschung verloren zu haben. Seid jeden Abend und jeden Morgen fest entschlossen, euch jeglichen Ärger zu ersparen, und dann beobachtet euch genau. Am ersten Tag mag es euch schwerfallen, doch am zweiten Tag ist es schon etwas leichter. Am dritten Tag fällt es euch noch leichter. Und nach einigen Tagen werdet ihr sehen, dass ihr siegen könnt. Wenn ihr euch immer weiter bemüht, werdet ihr nach einem Jahr ein ganz anderer Mensch sein.

Gebet zum Erwerb von Weisheit und Unterscheidungskraft

Verleihe mir Weisheit, damit ich freudig dem Weg der Rechtschaffenheit folge. Und gib meiner Seele die nötige Unterscheidungskraft, die das Böse auch in seiner feinsten Form entdeckt und mich auf den Weg der Demut und Güte führt.

Affirmation zum Ausmerzen schlechter Gewohnheiten

[Paramahansa Yogananda beendete einen seiner öffentlichen Vorträge über das Ausmerzen schlechter Gewohnheiten, indem er seine Zuhörer aufforderte:]

Schließt die Augen und denkt an eine schlechte Gewohnheit, die ihr überwinden wollt. … Sprecht mir nach: »Ich bin augenblicklich von dieser Gewohnheit befreit. Ich bin frei!« Haltet an diesem Gedanken der Freiheit fest; vergesst die schlechte Gewohnheit.

Sprecht mir nach: »Ich will mein Bewusstsein erneuern. In diesem neuen Jahr bin ich ein neuer Mensch. Und ich will mein Bewusstsein immer wieder ändern, bis ich das ganze Dunkel der Unwissenheit vertrieben habe und das helle Licht des GEISTES offenbare, als dessen Ebenbild ich geschaffen bin.«

Gebet

O göttlicher Lehrer, auch wenn die Nacht meiner Unwissenheit so alt sein mag wie die Welt, lass mich immer erkennen, dass mit dem Morgenrot Deines Lichts die Finsternis weichen wird, als wäre sie nie gewesen.

KAPITEL 10

Glück

Wenn du die Hoffnung aufgegeben hast, je wieder glücklich zu werden, so fasse neuen Mut! Verliere nie die Hoffnung! Denn deine Seele – eine Widerspiegelung des ewig freudigen Geistes – ist ihrem innersten Wesen nach das Glück selbst.

❖ ❖ ❖

Wenn ihr glücklich werden wollt, so packt das Glück beim Schopf! Nichts kann euch daran hindern.

Positive geistige Einstellung

Euer Glück hängt zwar in gewissem Grade von äußeren Umständen ab, hauptsächlich aber von eurer geistigen Einstellung.

❖ ❖ ❖

Der geistigen Wissenschaft zufolge hängt alles von der Einstellung des menschlichen Geistes ab. … Übt euch geistig darin, alle Umstände gleichmütig zu ertragen. Der menschliche Geist gleicht dem Löschpapier, das sofort jede Farbe annimmt, die man ihm aufdrückt. Die meisten Menschen lassen ihren Geist von der Farbe ihrer Umgebung prägen. Doch es gibt keine Entschuldigung für den menschlichen

Geist, sich von äußeren Umständen unterjochen zu lassen. Wenn eure geistige Haltung unter dem Druck von Prüfungen immer wieder ins Wanken gerät, unterliegt ihr im Kampf des Lebens.

❖ ❖ ❖

Wenn ihr den festen Entschluss fasst, glücklich zu sein, ist schon viel gewonnen. Wartet nicht darauf, dass sich die Umstände ändern, und denkt nicht, dass hierin der Grund allen Übels liege.

❖ ❖ ❖

Wenn ihr eure Lage ändern wollt, dann ändert euer Denken. Da nur ihr für eure Gedanken verantwortlich seid, könnt auch nur ihr sie ändern. Und ihr werdet sie ändern wollen, wenn ihr feststellt, dass jeder Gedanke etwas ihm Entsprechendes nach sich zieht. Vergesst nicht, dass alles nach Gesetzen abläuft und dass alles, was ihr nach außen hin zeigt, eurem gewohnheitsmäßigen Denken entspricht. Beginnt also jetzt damit, nur solche Gedanken zu hegen, die euch Gesundheit und Glück bringen.

❖ ❖ ❖

Der Mensch muss begreifen, dass seine eigene Intelligenz Herrschaft über die Atome seines Körpers hat. Er darf sich nicht in die Kammer geistiger Engstirnigkeit einschließen. Atmet die frische Luft lebensfroher Gedanken und Anschauungen anderer

Menschen ein. Atmet die verderblichen Gedanken der Entmutigung, Unzufriedenheit und Hoffnungslosigkeit aus. Trinkt Lebenskraft und empfangt geistige Nahrung aus dem materiell und geistig fortschrittlichen Denken anderer Menschen. Labt euch uneingeschränkt an den schöpferischen Gedanken, die in euch selbst und anderen aufsteigen. Unternehmt lange geistige Spaziergänge auf den Wegen des Selbstvertrauens. Gebraucht die Werkzeuge der Urteilskraft, Innenschau und Initiative.

❖ ❖ ❖

Der menschliche Geist, der aus dem Verstand, den Gefühlen und den Wahrnehmungen aller lebenden Zellen besteht, kann den menschlichen Körper hellwach oder deprimiert machen. Der Geist ist der König, und alle Zellen sind die Untertanen; sie verhalten sich genau so, wie es der Laune ihres königlichen Herrn entspricht. Ebenso wie wir uns Gedanken über den Nährwert unserer täglichen Mahlzeiten machen, so sollten wir auch den Nährwert der psychologischen Menüs untersuchen, die wir unserem Geist täglich anbieten.

❖ ❖ ❖

Das Wesen der Seele ist Seligkeit: ein bleibender innerer Zustand ewig neuer, ewig sich wandelnder Freude. … Verankert euer widerspenstiges Bewusstsein in der wandellosen Ruhe im eigenen Innern, dem Thron Gottes, und erlaubt eurer Seele dann, Tag und Nacht Seligkeit zu verbreiten.

❖ ❖ ❖

Wenn ihr selbst euch nicht dazu entschließt, glücklich zu sein, kann kein anderer euch glücklich machen. Gebt Gott nicht die Schuld daran! Und wenn ihr euch vornehmt, glücklich zu sein, kann kein anderer euch unglücklich machen. Wir selbst bestimmen den Lauf unseres Lebens.

❖ ❖ ❖

Manchmal fahren wir lieber fort zu leiden, als dass wir versuchen, uns zu ändern; darum finden wir keinen bleibenden Frieden und keine Zufriedenheit. Wenn wir Ausdauer genug hätten, könnten wir mit allen Schwierigkeiten fertig werden. Wir müssen uns bemühen, unser Unglück in Glück, unsere Verzweiflung in Zuversicht zu verwandeln.

❖ ❖ ❖

In eurem Lächeln muss das Lachen des unendlichen Gottes mitschwingen. Lasst den Hauch Seiner Liebe durch euer Lächeln in die Herzen der Menschen dringen. Steckt andere mit eurem göttlichen Lächeln an – sein helles Licht wird die Dunkelheit aus ihren Herzen vertreiben.

❖ ❖ ❖

Menschen, die einen festen Charakter haben, sind meist am glücklichsten. Sie geben anderen nicht die Schuld an den Schwierigkeiten, die gewöhnlich ihrem eigenen Handeln und ihrem mangelnden Verständnis zuzuschreiben sind. Sie wissen, dass keiner die Macht hat, etwas zu ihrem Glück hinzuzufügen, noch es zu schmälern – es sei denn, sie selbst sind so labil, dass sie sich von den verderblichen Gedanken und bösen Handlungen anderer Menschen beeinflussen lassen.

❖ ❖ ❖

Merkt euch: Ganz gleich, wie viel euch missglückt ist, ihr habt kein Recht, launisch zu sein. In geistiger Hinsicht könnt ihr zu einem Eroberer werden. Wenn der launische Mensch in Bedrängnis gerät, gibt er sich geschlagen. Doch wer den Mut nie sinken lässt, bleibt Sieger, selbst wenn die Welt in Scherben fällt.

❖ ❖ ❖

Euer höchstes Glück liegt darin, dass ihr ständig bereit seid, zu lernen und euch richtig zu betragen. Je mehr ihr euch selbst vervollkommnet, umso mehr werdet ihr auch andere um euch herum aufrichten können. Wer sich selbst vervollkommnet, wird immer glücklicher. Und je glücklicher ihr werdet, um so glücklicher werden auch die Menschen in eurer Umgebung.

❖ ❖ ❖

Vermeidet eine negative Einstellung zum Leben. Warum auf die Gosse hinunterblicken, wenn wir von so viel Schönheit umgeben sind? Man kann selbst an den größten Meisterwerken der Kunst, Musik und Literatur noch etwas auszusetzen finden. Ist es aber nicht besser, sich an ihrer Pracht und Schönheit zu freuen?

❖ ❖ ❖

Fast jeder kennt die drei kleinen Affenfiguren, die folgende Lebensregel veranschaulichen: »Sieh nichts Böses, hör nichts Böses, sprich nichts Böses.« Ich ziehe die positive Version vor: »Sieh nur, was gut ist; höre nur, was gut ist; sprich nur, was gut ist.«

❖ ❖ ❖

In dieser Welt existiert beides: das Gute und das Böse, das Positive und das Negative. Viele Menschen, die sich bemühen, positiv zu denken, haben dennoch eine übermäßige Angst vor negativen Gedanken. Es hat keinen Zweck, negative Gedanken zu verleugnen, aber man sollte sie auch nicht fürchten. Macht von eurer Unterscheidungskraft Gebrauch, um den falschen Gedanken auf die Spur zu kommen; und dann lasst sie fallen.

❖ ❖ ❖

Das Leben hat eine helle und eine dunkle Seite, denn die Welt der Relativität setzt sich aus Licht und Schatten zusammen. Wenn ihr euren Gedanken erlaubt, sich auf das Hässliche zu konzentrieren, werdet ihr selbst hässlich. Sucht überall nur nach dem Guten, damit ihr das Schöne in euch aufnehmt.

❖ ❖ ❖

Wenn ihr Worte der Wahrheit mit tiefer Aufmerksamkeit lest, darüber nachdenkt und sie innerlich wiederholt, wird euch das helfen, eure negative Einstellung zu überwinden und eine positive Geisteshaltung zu entwickeln. Wiederholt eure Gebete und Affirmationen mit tiefer Konzentration, bis sich daraus eine geistige Gewohnheit bildet – bis es ganz natürlich für euch wird, richtig zu denken, so wie es früher natürlich für euch war, negativ zu denken.

Überwindung schlechter Laune

Die ewig neue Freude Gottes, die der Seele innewohnt, ist unvergänglich. Deshalb kann sie sich durch den menschlichen Geist ständig Ausdruck verschaffen. Allerdings muss der Mensch sie festzuhalten verstehen und darf sich nicht absichtlich anders besinnen und traurigen Stimmungen hingeben.

❖ ❖ ❖

Ihr seid Ebenbilder Gottes und solltet euch verhalten wie Götter. Was aber geschieht? Schon früh am Morgen verliert ihr die Beherrschung und beschwert euch: »Der Kaffee ist ja ganz kalt!« Was macht das schon? Warum sich über solche Dinge aufregen? Ihr müsst so viel Gleichmut besitzen, dass ihr ruhig und völlig frei von allem Ärger bleiben könnt. Und danach strebt ihr auch. Lasst euch von niemandem »auf die Palme bringen«. Eure »Palme« sollte euer Frieden sein. Lasst euch den nicht rauben.

❖ ❖ ❖

Erhebt euch über die Enge eures Lebens, über die kleinen Dinge, die euch stören.

❖ ❖ ❖

Niemand ist *gern* unglücklich. Das nächste Mal, wenn ihr schlechter Laune seid, solltet ihr euch genau prüfen. Dann werdet ihr feststellen, dass ihr euch willig und willentlich unglücklich gemacht habt. Und gleichzeitig fühlen alle Menschen, mit denen ihr zusammenkommt, wie miserabel euch zumute ist. ... Ihr müsst eure schlechte Laune zuerst aus eurem Geist entfernen.

❖ ❖ ❖

Betrachtet euren Geist immer als einen Garten. Pflegt ihn, damit er schön bleibt und den Duft göttlicher Gedanken verbreitet; lasst ihn nicht zu einem Sumpf werden, in dem übelriechende, gehässige Launen wuchern. Wenn ihr die himmlisch duftenden Blumen des Friedens und der Liebe züchtet, werdet ihr die Biene des Christusbewusstseins[1]

[1] Gottes allgegenwärtige Intelligenz und die Anziehungskraft Seiner Liebe, die sich in der Schöpfung offenbart.

in euren Garten locken. So wie die Biene nur honigsüße Blumen aufsucht, so kommt Gott nur dann zu euch, wenn euer Leben vom Honig süßer Gedanken erfüllt ist.

❖ ❖ ❖

Jede Stimmung hat eine bestimmte Ursache, und die liegt in euren eigenen Gedanken.

❖ ❖ ❖

Jeden Tag solltet ihr euch innerlich prüfen, um festzustellen, ob ihr schlechter Laune seid und wie ihr diese überwinden könnt. Vielleicht seid ihr zu gleichgültig. Was man euch auch vorschlägt, es interessiert euch nicht. Dann müsst ihr euch ganz bewusst anstrengen, ein lebendiges Interesse in euch wachzurufen. Hütet euch vor Gleichgültigkeit, denn sie lähmt eure Willenskraft und verhindert jeden weiteren Fortschritt im Leben.

Vielleicht seid ihr trübseliger Stimmung, weil ihr dauernd krank seid und das Gefühl habt, ihr würdet nie wieder gesund. Dann müsst ihr versuchen, die Gesetze zu befolgen, die zu einem gesunden, arbeitsamen und sittlichen Leben führen, und darum beten, dass euer Glaube an die göttliche Heilkraft stärker werde.

Vielleicht aber beruht eure schlechte Laune auf der Überzeugung, dass ihr Versager seid und überhaupt keinen Erfolg haben könnt. In diesem Fall beschäftigt euch eingehend mit dem Problem und fragt euch, ob ihr wirklich alles getan habt, was in euren Kräften steht.

❖ ❖ ❖

Wie schlimm eure Launen auch sein mögen, ihr könnt über sie siegen. Nehmt euch fest vor, nie mehr launisch zu sein; und wenn euch trotz dieses Vorsatzes eine Laune befällt, stellt die Ursache fest und tut energisch etwas dagegen.

❖ ❖ ❖

Schöpferisches Denken[2] ist das beste Gegenmittel gegen schlechte Launen. Launen können schnell von eurem Bewusstsein Besitz ergreifen, wenn ihr euch in einem negativen oder passiven Zustand befindet. Wenn der Geist leer ist, wird man sehr leicht launisch; und wenn ihr launisch seid, hat der Teufel leichtes Spiel mit euch. Entwickelt deshalb kreatives Denken. Immer, wenn ihr euch körperlich ausruhen könnt, sollte der Geist schöpferisch tätig sein. Haltet ihn beschäftigt, sodass ihr gar keine Zeit habt, launisch zu werden.

❖ ❖ ❖

Wenn ihr kreativ denkt, vergesst ihr den Körper und eure Launen; dann seid ihr auf den Geist eingestellt. Unsere menschliche Intelligenz ist ein Ebenbild der schöpferischen göttlichen Intelligenz,

[2] Siehe auch Seiten 91–96.

die alle Dinge möglich machen kann. Wenn wir aber nicht in diesem Bewusstsein leben, sind wir ständig Launen unterworfen. Schöpferisches Denken macht diese Launen zunichte.

❖ ❖ ❖

Wenn ihr unglücklich seid, liegt es in der Regel nur daran, dass ihr die hohen Ziele, die ihr euch fürs Leben gesetzt habt, nicht intensiv genug verfolgt und eure Willenskraft, eure schöpferischen Fähigkeiten und eure Geduld nicht konsequent genug gebraucht, bis sich eure Träume verwirklichen.

❖ ❖ ❖

Beschäftigt euch mit konstruktiven Dingen, die eurer Weiterentwicklung und dem Wohl anderer Menschen dienen; denn wer in das Reich Gottes eingehen will, muss anderen jeden Tag Gutes tun. Wenn ihr dies befolgt, werdet ihr bald die freudige Gewissheit haben, dass ihr körperlich, geistig und seelisch Fortschritte macht, und keine Launen mehr kennen.

Anderen dienen

Wahres Glück findet man dadurch, dass man andere glücklich macht, dass man auf seine eigenen Interessen verzichtet, um anderen Freude zu bereiten.

❖ ❖ ❖

Anderen Glück zu schenken, ist unbedingt wichtig für unser eigenes Glück; es bringt uns höchste Erfüllung. Einige denken bloß an ihre eigene Familie; »Wir vier – und sonst keiner hier.« Andere denken nur an sich selbst: »Wie kann *ich* glücklich werden?« Aber gerade diese Menschen werden nie glücklich!

❖ ❖ ❖

Nur für sich selbst zu leben, ist die Quelle allen Unglücks.

❖ ❖ ❖

Dadurch, dass ihr anderen seelische, geistige und materielle Hilfe zukommen lasst, werden auch eure eigenen Bedürfnisse befriedigt. Wenn ihr euer eigenes *Ich* vergesst, um anderen zu helfen, werdet ihr feststellen, dass auch der Kelch eures eigenen Glücks gefüllt wird, ohne dass ihr euch darum zu bemühen braucht.

❖ ❖ ❖

Als ihr auf die Welt gekommen seid, habt ihr geweint, und alle anderen haben gelächelt. Ihr solltet so leben, dass alle anderen bei eurem Tode weinen, ihr aber lächeln könnt.

❖ ❖ ❖

Je tiefer ihr meditiert und je williger ihr dient, umso glücklicher werdet ihr.

Die inneren Voraussetzungen für ein glückliches Leben

Schafft euch selbst alle Voraussetzungen für ein glückliches Leben, indem ihr meditiert und euer Bewusstsein auf die ewig bestehende, ewig bewusste, ewig neue Freude Gottes richtet. Euer Glück darf nie von äußeren Umständen abhängen. Ganz gleich, wo ihr euch befindet: Lasst euren inneren Frieden durch nichts beeinträchtigen.

❖ ❖ ❖

Wenn ihr eure Gefühle beherrschen könnt, ruht ihr in eurem wahren SELBST. Der wahre Zustand des SELBST, der Seele, ist Glückseligkeit, Weisheit, Liebe und Frieden. In diesem Zustand ist man so glücklich, dass einem einfach alles Freude macht. Ist das nicht besser, als wie ein ruheloser Geist durch die Welt zu irren und nirgendwo Befriedigung zu finden? Wenn ihr in eurem wahren SELBST ruht, fühlt ihr Gottes Freude bei jeder Aufgabe, die ihr erfüllt; ihr fühlt sie im Genuss aller guten Dinge. Dann seid ihr von Seiner Seligkeit berauscht und habt an jeder Tätigkeit Freude.

❖ ❖ ❖

Auf dem geistigen Weg wird man wieder ganz zum Kind – ohne Groll, ohne Bindungen und voller Lebenslust.

❖ ❖ ❖

Wahres Glück trotzt allen äußeren Erfahrungen.

Wenn ihr durch die Ungerechtigkeiten anderer »gekreuzigt« werdet und wenn ihr ihnen gegenüber dennoch Liebe und Vergebung zeigt, wenn ihr trotz aller äußeren Schicksalsschläge an eurem inneren göttlichen Frieden festhalten könnt, werdet ihr wissen, was wahres Glück ist.

❖ ❖ ❖

Setzt euch jeden Abend, ehe ihr euch zur Ruhe begebt, mindestens eine halbe Stunde lang [in der Meditation] still hin – wenn möglich, sogar viel länger; tut dasselbe morgens, ehe ihr an die tägliche Arbeit geht. Dadurch erwerbt ihr euch eine furchtlose, unerschütterlich freudige Einstellung, sodass ihr mit allen Prüfungen, die das tägliche Leben bringt, fertig werdet. Mit dieser ständigen Freude im Herzen bemüht euch, alles, was ihr täglich zum Leben braucht, zu erwerben.

❖ ❖ ❖

Wenn ihr die Augen der Konzentration geschlossen haltet, könnt ihr die Sonne des Glücks, die in euren Herzen leuchtet, nicht sehen. Aber wie sehr ihr die Augen eurer Aufmerksamkeit auch zudrücken mögt, die Strahlen des Glücks versuchen immer wieder, durch die verschlossenen Türen eures Geistes zu dringen. Öffnet die Fenster der Stille, und ihr werdet plötzlich in eurem Innern eine helle Freudensonne aufleuchten sehen.

❖ ❖ ❖

Um die freudigen Strahlen eurer Seele wahrnehmen zu können, müsst ihr die Aufmerksamkeit nach innen lenken. Schult euren Geist, sodass er sich an dem wunderbaren Panorama der Gedanken erfreut, das sich im unsichtbaren, verborgenen Reich eures Innern entfaltet. Sucht euer Glück nicht nur in schönen Kleidern, gepflegter Wohnung, schmackhaften Mahlzeiten, einem weichen Lager und in Luxusdingen; denn diese halten euer Glück hinter den Gittern der Äußerlichkeit gefangen.

❖ ❖ ❖

Ich bin dankbar für alles, was Gott mir gibt, aber ich vermisse es nicht, wenn es mir wieder genommen wird. Einmal schenkte mir jemand einen schönen Mantel mit Hut – eine teure Ausrüstung. Damit begannen meine Sorgen. Ich musste achtgeben, nichts zu zerreißen oder zu beschmutzen. Ich fühlte mich unbehaglich. Und so sagte ich: »Herr, warum gibst Du mir etwas, mit dem ich mich nur herumplagen muss?« Eines Tages sollte ich hier in Los Angeles in der Trinity Hall einen Vortrag halten. Als ich dort eintraf und gerade meinen Mantel ausziehen wollte, hörte ich Gott zu mir sprechen: »Nimm alles, was dir gehört, aus den Taschen heraus.« Das tat ich. Als ich nach dem Vortrag in die Garderobe zurückkehrte, war der Mantel verschwunden. Ich war ärgerlich, und jemand sagte: »Das macht nichts, wir kaufen Ihnen einen neuen.« Doch ich erwiderte: »Ich ärgere mich nicht darüber, dass ich den Mantel verloren habe, aber derjenige, der ihn gestohlen hat, hätte auch den Hut, der dazu gehört, mitnehmen sollen!«

Lasst euch nicht von euren Gefühlen beherrschen. Wie könnt ihr glücklich sein, wenn ihr die ganze Zeit so viel Aufhebens um eure Kleidung oder anderen Besitz macht? Kleidet euch ordentlich und sauber und vergesst es dann; reinigt euer Haus und denkt dann nicht mehr daran.

❖ ❖ ❖

Je mehr ihr euer Glück von äußeren Bedingungen abhängig macht, umso unwahrscheinlicher ist es, dass ihr es findet.

❖ ❖ ❖

Falls ihr glaubt, dass ihr im Leben glücklich werden könnt, wenn ihr Gott vergesst, dann irrt ihr euch. Immer wieder werdet ihr in eurer Einsamkeit aufschreien, bis ihr erkennt, dass Gott alles in allem ist – die einzige Wirklichkeit im Universum. Ihr seid Ihm zum Bilde geschaffen. Ihr könnt nie in irgendwelchen *Dingen* bleibendes Glück finden, denn außer Gott ist nichts vollkommen.

❖ ❖ ❖

In meiner Vereinigung mit Gott finde ich ein solch ungetrübtes Glück, dass ich es mit Worten nicht beschreiben könnte. Ich lebe Tag und Nacht in einem Zustand der Freude. Und diese Freude ist

Gott. Ihn zu erkennen, bedeutet das Begräbnis aller Sorgen. Er verlangt von euch nicht, dass ihr stoisch oder griesgrämig werdet. Das ist nicht die richtige Vorstellung von Gott, noch tun wir Ihm damit einen Gefallen. Ohne glücklich zu sein, werdet ihr Ihn nicht einmal finden können. ... Je glücklicher ihr seid, umso mehr werdet ihr euch im Einklang mit Ihm fühlen. Wer Ihn kennt, ist allezeit glücklich, denn Gott ist die Freude selbst.

Affirmationen

Beginnend mit der frühen Morgendämmerung will ich meinen Frohsinn auf alle ausstrahlen, die mir heute begegnen. Ich will der geistige Sonnenschein für alle sein, die meinen Weg kreuzen.

❖ ❖ ❖

Ich will mir neue Denkgewohnheiten zu eigen machen, indem ich überall nur das Gute sehe und in allen Dingen die vollkommene Idee Gottes erkenne, die sich in ihnen offenbart.

❖ ❖ ❖

Ich will mir vornehmen, in diesem Augenblick und dort, wo ich mich gerade befinde, innerlich glücklich zu sein.

KAPITEL 11

Wie man mit anderen gut auskommt

Das größte Glück – mit Ausnahme des göttlichen Glücks – besteht darin, mit seiner unmittelbaren Umgebung, mit den Menschen, die man tagaus, tagein um sich hat, in Frieden zu leben. Wenn die Menschen den äußerst komplizierten Mechanismus menschlicher Gefühle zu meistern versuchen, ohne irgendwelche Schulung darin erhalten zu haben, scheitern sie oft. Nur wenige erkennen, dass ihr Glück zum größten Teil von der Kunst menschlichen Betragens abhängt. Viele befinden sich deshalb auf »Kriegsfuß« mit ihren Freunden oder – was noch schlimmer ist – zu Hause mit ihren eigenen Angehörigen.

Wie man sich bei gespannten Beziehungen verhalten soll

Richtiges menschliches Betragen beruht vor allem auf Selbstvervollkommnung. ... Immer, wenn wir Schwierigkeiten mit unseren Freunden und Angehörigen haben, sollten wir zuerst die Schuld bei uns selbst suchen: weil wir es zugelassen haben, in eine solch unangenehme Situation hineinzugeraten. Auch sollten wir versuchen, so schnell und so geschickt wie möglich wieder aus ihr herauszugelangen. Es ist jedoch zwecklos, anderen mit lauten, unfreundlichen und groben Worten Vorwürfe zu machen und die Lage dadurch noch zu verschlimmern – auch wenn wir der Ansicht sind, dass die Schuld bei den anderen liegt. Wir können leicht erregbare Angehörige hundertmal besser zur Einsicht bringen, wenn wir keine schroffen und zurechtweisenden Worte gebrauchen, sondern ihnen stillschweigend mit gutem Beispiel vorangehen.

❖ ❖ ❖

Jeder Streit braucht zumindest zwei Beteiligte. Es kann also kein Streit mit euch stattfinden, wenn ihr eure Teilnahme verweigert.

❖ ❖ ❖

Wenn jemand verletzende Worte an euch richtet, antwortet nichts darauf; oder sagt nur: »Es tut mir leid, wenn ich dir durch irgendetwas weh getan habe«, und hüllt euch danach in Schweigen.

❖ ❖ ❖

Der geistig gesinnte Mensch besiegt Zorn durch Ruhe, Streitigkeiten durch Schweigen, Disharmonie durch freundliche Worte und Unhöflichkeit durch die Aufmerksamkeiten, die er anderen erweist.

❖ ❖ ❖

Es gibt keine befreiendere Handlung, als Unfreundlichkeit mit Güte zu vergelten.

❖ ❖ ❖

Seid nie boshaft. Tragt niemandem etwas nach. Ich ziehe manche Sünder, die ein gutes Herz haben, den sogenannten guten Menschen vor, die scheinheilig sind und kein Mitleid kennen. Ein geistiger Mensch ist großzügig, er versteht und verzeiht, er ist allen ein Freund.

❖ ❖ ❖

Das ganze Römische Reich hätte Christus nicht dazu bewegen können, lieblos zu werden. Er betete sogar für diejenigen, die ihn kreuzigten: »Vater, vergib ihnen, denn sie wissen nicht, was sie tun.«[1]

❖ ❖ ❖

Innere Ausgeglichenheit, von Herzen kommende Liebenswürdigkeit und fortwährender guter Wille sind die besten Allheilmittel für schlechtes Betragen.

❖ ❖ ❖

Die meisten Menschen beharren bei allem, was sie tun und sagen, auf ihrem eigenen Standpunkt. Nur selten verstehen sie die Lage anderer, ja, sie versuchen es nicht einmal. Wenn ihr euch aufgrund mangelnden Verständnisses mit jemandem streitet, denkt immer daran, dass ihr beide schuld seid, ganz gleich, wer den Streit angefangen hat. »Narren streiten, Weise diskutieren!«

[1] *Lukas* 23, 34.

❖ ❖ ❖

Seine Gefühle zu beherrschen, bedeutet nicht, dass ihr dauernd lächeln und mit allen übereinstimmen müsst, ganz gleich, was sie sagen – dass ihr zwar die Wahrheit schätzt, aber andere damit nicht belästigen wollt. Ein solches Verhalten wäre extrem. Wer auf diese Weise versucht, es allen recht zu machen, um für sein wohlwollendes Wesen gelobt zu werden, ist nicht unbedingt Herr seiner Gefühle. ... Wer seine Gefühle in der Gewalt hat, folgt der Wahrheit und spricht, wenn möglich, auch mit anderen darüber; er vermeidet aber, anderen, die nicht dafür empfänglich sind, unnötig lästig zu fallen. Er weiß, wann er sprechen und wann er schweigen muss, doch er gibt nie seine eigenen Ideale und seinen inneren Frieden preis. Ein solcher Mensch sorgt dafür, dass die Kraft des Guten in der Welt zunimmt.

❖ ❖ ❖

Wir sollten uns dadurch anziehend machen, dass wir unsere Worte in das Gewand der Höflichkeit kleiden. Zuerst müssen wir versuchen, unseren nächsten Angehörigen gegenüber höflich zu sein. Wenn uns das gelingt, werden wir auch zu allen anderen Menschen freundlich sein können. Echtes Familienglück basiert auf tiefem gegenseitigem Verstehen und liebevollen Worten. Freundlich sein bedeutet nicht, dass man immer mit anderen übereinstimmen muss. Ein Mensch, der sich zu betragen weiß, ist stets ruhig, aufrichtig und höflich, ganz gleich, ob er mit anderen übereinstimmt oder nicht.

❖ ❖ ❖

Wenn ihr geliebt werden wollt, so beginnt damit, andere zu lieben, die eure Liebe brauchen. ... Wenn ihr Mitgefühl von anderen erwartet, so beginnt damit, auch anderen gegenüber Mitgefühl zu zeigen. Wenn ihr geachtet werden wollt, so lernt zunächst, alle anderen Menschen, ob jung oder alt, zu achten. ... Vergesst nie, dass ihr selbst zuerst jene Eigenschaften besitzen müsst, die ihr von anderen erwartet; dann werdet ihr feststellen, dass sich andere euch gegenüber in gleicher Weise verhalten.

Wie man zu einem ausgeglichenen Menschen wird

Seid anderen gegenüber von aufrichtiger Herzlichkeit. Setzt nie eine saure Miene auf. Ihr braucht nicht laut zu lachen wie eine Hyäne, solltet aber auch kein langes Gesicht ziehen. Lächelt freundlich und zuvorkommend. Setzt man jedoch nur ein Lächeln auf, während man innerlich ärgerlich oder beleidigt ist, so ist das Heuchelei. Wenn ihr liebenswürdiger werden wollt, dann seid aufrichtig. Aufrichtigkeit ist eine seelische Eigenschaft, die Gott jedem menschlichen Wesen verliehen hat, doch nicht alle bringen sie zum Ausdruck. Vor allem seid bescheiden. Auch wenn ihr über bewundernswerte innere Kräfte verfügt, überwältigt andere nicht mit eurer starken

Persönlichkeit. Verhaltet euch ihnen gegenüber ruhig und nehmt Rücksicht auf sie. Auf diese Weise entwickelt man einen anziehenden Magnetismus.

❖ ❖ ❖

Versucht nicht dadurch gut mit anderen auszukommen, dass ihr ein gekünsteltes Benehmen an den Tag legt. Seid ganz einfach liebenswürdig und immer bereit zu helfen. Lebt ständig im Zustand der Gottverbundenheit; dann werdet ihr sehen, dass ihr mit allen Menschen eurer Umgebung gut auskommt.

❖ ❖ ❖

Beim Umgang mit anderen Menschen ist es ungeheuer wichtig, dass ihr die Charaktereigenschaften, die sie entwickelt haben, erkennt und akzeptiert. Wenn ihr die Menschen aufgeschlossenen Geistes beobachtet, werdet ihr sie besser verstehen und auch gut mit ihnen auskommen. Ihr werdet sofort beurteilen können, wen ihr vor euch habt und wie ihr mit ihm umgehen müsst. Sprecht mit keinem Philosophen über Pferderennen und mit keinem Wissenschaftler darüber, wie man einen Haushalt führt. Stellt fest, was den Betreffenden interessiert, und unterhaltet euch dann mit ihm darüber – nicht immer nur über Dinge, die *euch* interessieren.

❖ ❖ ❖

Wenn ihr euch unterhaltet, dann redet nicht so viel über euch selbst. Versucht über Dinge zu sprechen, die den anderen interessieren. Und seid gute Zuhörer. Auf diese Weise macht man sich beliebt. Dann werdet ihr feststellen, dass andere eure Gegenwart suchen.

❖ ❖ ❖

Minderwertigkeitskomplexe entstehen, wenn man sich innerlich gewisser Schwächen bewusst wird, seien sie nun wirklich oder nur eingebildet. Um diese Schwächen zu verbergen, legt sich der Mensch oft den Panzer falschen Stolzes an und wirkt überheblich. Und wer die wirkliche Ursache eines solchen Verhaltens nicht erkennt, wird behaupten, dass dieser Mensch einen Überheblichkeitskomplex habe. Sowohl das eine wie auch das andere sind Anzeichen einer inneren Unausgeglichenheit, wodurch die geistige Entwicklung wesentlich behindert wird. Denn beide beruhen auf Einbildung und einer Verkennung der wahren Tatsachen; das heißt, sie haben nichts mit der wahren, allmächtigen Natur unserer Seele zu tun. Euer Selbstbewusstsein muss auf tatsächlichen Errungenschaften beruhen – auf der Erkenntnis, dass euer wahres SELBST (die Seele) in keiner Weise »unterlegen« sein kann. Dann werdet ihr euch von allen Komplexen befreien können.

❖ ❖ ❖

Wenn die meisten Menschen euch für unsympathisch halten, dann prüft euch einmal selbst. Vielleicht habt ihr irgendwelche Wesenszüge, die andere abstoßen. Vielleicht redet ihr zu viel, oder ihr mischt euch immer in die Angelegenheiten anderer ein, oder ihr habt die Gewohnheit, anderen zu sagen, was bei ihnen nicht stimmt und wie sie ihr Leben ändern sollten, während ihr selber keine Vorschläge akzeptiert, wenn es darum geht, euch selbst zu bessern. Dies sind einige Eigenheiten, die euch bei anderen unsympathisch machen können.

❖ ❖ ❖

Rücksichtnahme auf andere ist eine wunderbare Eigenschaft. Es ist die größte Anziehungskraft, die ihr haben könnt. Übt euch darin! Ein aufmerksamer Mensch merkt sofort, wenn ein anderer durstig ist, und bietet ihm etwas zu trinken an. Rücksichtnahme bedeutet, dass man andere wahrnimmt und sich ihnen gegenüber aufmerksam zeigt. Wenn sich ein rücksichtsvoller Mensch in Gesellschaft anderer befindet, fühlt er intuitiv, was sie brauchen.

❖ ❖ ❖

Nehmt euch vor, immer rücksichtsvoll und gütig zu sein, bis ihr einer wunderbaren Blume gleicht, die jeder gern sieht. Seid innerlich so schön wie eine Blume und zieht andere durch euer reines Gemüt an. Wenn ihr euch auf diese Weise anziehend macht, werdet ihr immer Freunde haben. Dann werden euch sowohl die Menschen als auch Gott lieben.

Wie man negative Gefühle überwindet

Was von euch ausgeht, kehrt zu euch zurück. Wenn ihr andere hasst, werdet ihr auch Hass ernten. Wenn ihr es zulasst, dass sich disharmonische Gedanken und Gefühle in euch anstauen, ruiniert ihr euch selbst. Warum andere hassen oder sich über sie ärgern? Liebt eure Feinde! Warum vor Wut kochen? Wenn euch etwas wurmt, schüttelt es sofort ab. Macht einen kleinen Spaziergang, zählt bis zehn oder fünfzehn und lenkt euch durch irgendetwas Schönes ab. Befreit euch von dem Wunsch nach Vergeltung. Sobald ihr zornig seid, überhitzt sich das Gehirn; ihr könnt Herzklappenfehler bekommen, und euer ganzer Körper wird geschwächt. Strahlt Frieden und Güte aus, denn das entspricht dem Ebenbild Gottes in euch – eurem wahren Wesen. Dann kann euch nichts mehr aus dem Gleichgewicht bringen.

❖ ❖ ❖

Immer, wenn ihr eifersüchtig seid, steht ihr unter dem Einfluss der kosmischen Täuschung Satans.[2] Immer, wenn ihr zornig seid, werdet ihr vom Satan geleitet. … Jederzeit, wenn sich die Stimme der Eifersucht, der Furcht oder des Ärgers erhebt, denkt daran, dass es nicht eure eigene Stimme ist, und befehlt ihr zu schweigen. Doch ihr könnt dieses Übel nicht ausrotten, ganz gleich, was ihr versucht, solange ihr diesem negativen Gefühl einen Platz in eurem Bewusstsein gewährt. Merzt Eifersucht, Furcht

[2] Siehe *Maya* im Glossar.

und Ärger von innen her aus; dann wird jedes Mal, wenn ein böser Impuls euch dazu drängt, zu hassen oder zu verletzen, eine machtvollere innere Stimme euch befehlen, zu lieben und zu vergeben. Hört auf *diese* Stimme.

❖ ❖ ❖

Eifersucht rührt von einem Minderwertigkeitskomplex her und führt zu Misstrauen und Furcht. Dann hat man Angst, seine Beziehung zu anderen nicht aufrechterhalten zu können – ob es sich nun um den Ehepartner, die Kinder oder Freunde handelt. Wenn ihr meint, ihr hättet Grund, eifersüchtig auf jemanden zu sein – wenn ihr z. B. befürchtet, dass der Mensch, den ihr liebt, seine Aufmerksamkeit einem anderen zuwendet –, fragt euch erst einmal, ob es euch an irgendetwas mangelt. Ändert euch selbst; vervollkommnet euch. Die einzige Methode, sich die Zuneigung und Achtung anderer zu erhalten, besteht darin, entsprechend dem Gesetz der Liebe zu handeln und sich die Anerkennung durch Selbstvervollkommnung zu verdienen. … Wahre Erfüllung findet ihr dadurch, dass ihr euch ständig bessert. Dann braucht ihr anderen nicht mehr nachzulaufen; sie werden euch aus eigenem Antrieb aufsuchen.

❖ ❖ ❖

Während ihr euch zu bessern versucht, lernt auch, auf eigenen Füßen zu stehen – unterstützt von euren eigenen Tugenden und eurem Selbstwertgefühl.

Wenn ihr wollt, dass andere an euch glauben, denkt immer daran, dass nicht nur eure Worte eine Wirkung haben, sondern dass ihr vor allem durch das wirkt, was ihr seid und was ihr innerlich fühlt – was durch eure Seele zum Ausdruck kommt. Bemüht euch immer, innerlich ein Engel zu sein, ganz gleich, wie andere sich benehmen. Seid aufrichtig, freundlich, liebenswürdig und verständnisvoll.

❖ ❖ ❖

Wenn jemand ärgerlich auf euch zukommt, bewahrt eure Haltung. »Ich werde nicht die Beherrschung verlieren. Ich werde Ruhe ausströmen, bis sein Zorn sich gelegt hat.«

❖ ❖ ❖

Wenn ein Angehöriger eure Geduld auf eine Zerreißprobe stellt, zieht euch an einen stillen Platz zurück, schließt die Tür hinter euch zu und macht einige körperliche Übungen. Dann beruhigt euch auf folgende Weise:

Setzt euch auf einen geraden Stuhl und haltet die Wirbelsäule aufrecht. Atmet langsam zwölfmal ein und zwölfmal aus. Dann sagt euch innerlich zehnmal oder auch öfter: »Vater, Du bist Harmonie. Lass mich Deine Harmonie widerspiegeln. Beruhige meinen aufgeregten Angehörigen!«

Wiederholt dies so oft, bis ihr tiefen inneren Frieden fühlt und wisst, dass Gott eure Bitte erhört hat.

❖ ❖ ❖

»Ist Ihre Lehre von der Beherrschung der Gefühle nicht gefährlich?« fragte ein Schüler. »Viele Psychologen behaupten, dass Verdrängungen zu Kontaktschwäche, ja sogar zu körperlicher Krankheit führen.«

Paramahansa Yogananda erwiderte: »Verdrängung ist schädlich – wenn man sich z. B. etwas wünscht, aber nichts Konkretes unternimmt, um es sich zu beschaffen. Selbstbeherrschung jedoch ist förderlich – wenn man sein falsches Denken geduldig durch richtiges Denken und seine tadelnswerten Handlungen durch nützliche ersetzt.

Wer sich auf das Böse konzentriert, schadet sich selbst. Wer dagegen seinen Geist mit weisen Gedanken beschäftigt und sein Leben mit nützlicher Tätigkeit ausfüllt, erspart sich manch unwürdiges Leiden.«

❖ ❖ ❖

»Ärger entspringt nur unerfüllten Wünschen« [sagte Sri Yukteswar]. »Da ich aber nie etwas von anderen erwarte, kann auch niemand meinen Wünschen zuwiderhandeln.«

❖ ❖ ❖

Wenn jemand euch tief verletzt hat, so vergesst ihr das nicht. Anstatt euch aber darauf zu konzentrieren, solltet ihr an all die guten Eigenschaften der Person denken, die euch verletzt hat, und an all das

Gute, was ihr im Leben genießt. Schenkt den Beleidigungen anderer keine Beachtung.

❖ ❖ ❖

Versucht immer, Gott in eurem Feinde zu sehen. Dadurch könnt ihr euch von allen bösen, rachsüchtigen Wünschen befreien, die euren geistigen Frieden stören. Wenn ihr Hass mit Hass vergeltet und mehr Hass in euch anhäuft, reizt ihr nicht nur euren Feind immer mehr; ihr vergiftet euch auch selbst – körperlich und geistig.

❖ ❖ ❖

Fühlt im Herzen nur Liebe für andere. Je mehr ihr das Gute in ihnen seht, umso mehr werdet ihr euch selbst zum Guten ändern. Haltet am Bewusstsein des Guten fest. Wenn man Menschen bessern will, muss man das Gute in ihnen erkennen. Mäkelt nicht an ihnen herum. Bleibt ruhig und heiter, und verliert nie die Selbstbeherrschung. Dann werdet ihr sehen, wie einfach es ist, mit anderen auszukommen.

❖ ❖ ❖

Werft alle kritischen Gedanken ab, die ihr anderen gegenüber hegt. Weist einen empfänglichen Menschen mit einem Blick oder einem liebevollen Hinweis zurecht, aber zwingt euch nicht zu einem ausdrücklichen Tadel; und wenn ihr nichts sagt, dann haltet auch nicht an euren kritischen Gedanken fest.

❖ ❖ ❖

Gedanken können manchmal wirkungsvoller sein als Worte. Der menschliche Geist ist der machtvollste Rundfunksender, den es gibt. Wenn ihr ständig positive Gedanken der Liebe aussendet, werden diese Gedanken ihre Wirkung auf andere haben. (Ähnlich ist es, wenn ihr Eifersucht oder Hass aussendet; dann empfangen andere diese Gedanken und reagieren entsprechend.) Bittet Gott darum, dass Er eure Bemühungen mit Seiner Kraft unterstützt. Wenn z. B. der Ehemann auf Abwege gerät, sollte die Frau zu Gott beten: »Herr, hilf mir, dass ich meinem Mann beistehen kann. Halte mein Herz frei von allen Spuren der Eifersucht und des Grolls. Ich bete nur darum, dass er seinen Irrtum einsieht und sich ändert. Herr, sei mit ihm; und segne mich, damit ich meinen Teil dazu beitragen kann.« Wenn ihr diese tiefe Verbundenheit mit Gott habt, werdet ihr sehen, dass der Betreffende sich ändert.

❖ ❖ ❖

Es ist so leicht zurückzuschlagen; wenn man aber stattdessen mit Liebe reagiert, wendet man die höchste Methode an, den Verfolger zu entwaffnen. Selbst wenn das nicht sofort wirkt, wird er nie vergessen, dass ihr ihm seine Schläge mit Liebe vergolten habt. Diese Liebe muss jedoch aufrichtig sein. Wenn sie von Herzen kommt, ist sie eine Zauberkraft. Ihr solltet allerdings nicht an das Ergebnis denken; selbst wenn eure Liebe zurückgewiesen wird, solltet ihr das nicht beachten. Verschenkt eure Liebe ganz einfach. Erwartet nichts als Gegengabe; dann werdet ihr sehen, welch magische Wirkung das hat.

Vergebung

In manchen heiligen Schriften ist Gott der Rächer, immer darauf bedacht, uns zu strafen. Jesus jedoch zeigte uns das wahre Wesen Gottes. ... Er vernichtete seine Feinde nicht durch »zwölf Legionen Engel«[3], sondern überwand das Böse mit der Kraft göttlicher Liebe. Sein Handeln bewies die höchste Liebe Gottes und zeigte, wie sich jene verhalten, die eins mit Ihm sind.

❖ ❖ ❖

»Man muss bereit sein, jede Kränkung zu vergeben«, heißt es im *Mahabharata.*[4] »Es steht geschrieben, dass das Fortbestehen des Menschengeschlechts auf Vergebung beruht. Vergebung ist Heiligkeit. Vergebung hält das Universum zusammen. Vergebung ist die Macht der Mächtigen; Vergebung ist Opfer; Vergebung ist Ruhe des Geistes. Vergebung und Sanftmut sind die Eigenschaften derer, die Selbstbeherrschung üben. Sie verkörpern die ewige Tugend.«

❖ ❖ ❖

[3] »Oder meinst du, dass ich nicht könnte meinen Vater bitten, dass er mir zuschickte mehr denn zwölf Legionen Engel?« (*Matthäus* 26, 53)

[4] Ein bedeutendes indisches Epos, in dem auch die Bhagavad-Gita enthalten ist.

»Da trat Petrus zu ihm und sprach: Herr, wie oft muss ich denn meinem Bruder, der an mir sündigt, vergeben? Ist's genug siebenmal? Jesus sprach zu ihm: Ich sage dir: Nicht siebenmal, sondern siebzig mal siebenmal.«[5] Einst bat ich Gott, mir diesen kompromisslosen Rat genauer zu erklären. »Herr«, fragte ich zweifelnd, »kann man das wirklich?« Als die Göttliche Stimme mir schließlich antwortete, gab sie mir diese demütigende und zugleich erleuchtende Botschaft: »Wie viele Male, o Mensch, vergebe ich einem jeden von euch täglich?«

❖ ❖ ❖

Euer Herz muss von solchem Mitgefühl überfließen, dass es allen Schmerz in den Herzen anderer lindert – von demselben Mitgefühl, das Jesus befähigte zu sagen: »Vater, vergib ihnen; denn sie wissen nicht, was sie tun!«[6] Seine Liebe war so groß, dass sie alle Menschen einschloss. Er hätte seine Feinde mit einem Blick vernichten können; aber genauso, wie Gott uns ständig vergibt, obwohl Er all unsere bösen Gedanken kennt, schenken uns auch die großen Seelen, die im Einklang mit Ihm sind, solche Liebe.

❖ ❖ ❖

Wer das Christusbewusstsein[7] erlangen will, muss

[5] *Matthäus* 18, 21–22.

[6] *Lukas* 23, 34.

[7] Das allumfassende Bewusstsein; Einssein mit der Allgegenwart Gottes. Siehe Glossar.

lernen, mit anderen mitzufühlen. Wenn euer Herz echtes Mitgefühl empfindet, beginnt sich jenes große Bewusstsein in euch zu entfalten. … Sri Krishna sprach: »Ein hochentwickelter Yogi betrachtet alle Menschen voller Gleichmut …«[8]

❖ ❖ ❖

Mit Zorn und Hass erreicht man gar nichts. Die Liebe dagegen ist wirkungsvoll. Ihr könnt jemanden einschüchtern, doch sobald er sich davon erholt hat, wird er versuchen, euch zu ruinieren. Wie könnt ihr ihn also besiegt haben? Es ist euch nicht gelungen. Nur ein Weg führt zum Sieg – die Liebe. Und wenn ihr nicht siegen könnt, verhaltet euch ruhig, oder zieht euch zurück und betet für ihn. Das ist die Art, wie ihr lieben müsst. Wenn ihr euch darin übt, werdet ihr einen Frieden erlangen, der höher ist als alle Vernunft.

Affirmationen

Ich will mich bemühen, jedem durch freundliche, aufmerksame Handlungen gefällig zu sein, und immer versuchen, alle Missverständnisse zu beseitigen, die ich bewusst oder unbewusst verursacht habe.

[8] Bhagavad-Gita VI, 9.

❖ ❖ ❖

Heute will ich allen vergeben, die mich je gekränkt haben. Ich will allen dürstenden Herzen meine Liebe schenken – solchen, die mich lieben, und solchen, die mich nicht lieben.

KAPITEL 12

Bedingungslose Liebe: Wie man menschliche Beziehungen vervollkommnet

Die Welt hat im großen und ganzen die wirkliche Bedeutung des Wortes *Liebe* vergessen. Die Liebe ist von den Menschen so sehr missbraucht und gekreuzigt worden, dass nur noch wenige wissen, was wahre Liebe ist. Genauso wie das Öl überall in der Olive vorhanden ist, so ist auch die Liebe in jedem Teil der Schöpfung vorhanden. Doch es ist sehr schwer, diese Liebe zu erklären, ganz ähnlich, wie man mit Worten den Geschmack einer Orange nicht richtig beschreiben kann. Man muss die Frucht selbst kosten, wenn man wissen will, wie sie schmeckt. Ebenso verhält es sich mit der Liebe.

❖ ❖ ❖

Im allumfassenden Sinn ist Liebe die göttliche Anziehungskraft in der Schöpfung; sie harmonisiert, vereinigt und verbindet. … Wer mit der Anziehungskraft der Liebe im Einklang lebt, der lebt auch im Einklang mit der Natur und mit seinem Nächsten und strebt nach der beseligenden Vereinigung mit Gott.

❖ ❖ ❖

»Gewöhnliche Liebe ist selbstsüchtig und haftet an Begierde und Genuss« [sagte Sri Yukteswar].

»Göttliche Liebe aber ist bedingungslos, grenzenlos und unvergänglich. Die verwandelnde Kraft reiner Liebe hebt alle Unruhe des menschlichen Herzens für immer auf.«

❖ ❖ ❖

Viele Menschen sagen heute: »Ich liebe dich«, und am nächsten Tag kehren sie euch den Rücken zu. Das ist keine Liebe. Wessen Herz von Liebe zu Gott erfüllt ist, der kann niemandem absichtlich wehtun. Wenn ihr Gott rückhaltlos liebt, wird Er euer Herz mit bedingungsloser Liebe zu allen Menschen erfüllen. Eine solche Liebe lässt sich mit Worten nicht beschreiben. … Der durchschnittliche Mensch ist nicht fähig, andere auf diese Weise zu lieben. Er konzentriert sich nur auf sein eigenes Ich und hat den allgegenwärtigen Gott, der ihm selbst und allen anderen Wesen innewohnt, noch nicht entdeckt. Für mich gibt es keinen Unterschied zwischen diesem oder jenem Menschen; für mich sind alle Seelen Widerspiegelungen des einen Gottes. Ich kann niemanden als einen Fremden ansehen, denn ich weiß, jeder ist ein Teil des einen GEISTES. Wenn ihr erkannt habt, dass die wahre Bedeutung der Religion darin besteht, Gott zu erleben, werdet ihr auch wissen, dass Er zu eurem SELBST geworden ist und dass Er in gleichem Maße und ohne Unterschied in allen Wesen existiert. Und dann wird es euch möglich sein, andere wie euch selbst zu lieben.[1]

[1] »Du sollst Gott, deinen Herrn, lieben von ganzem Herzen, von ganzer Seele, von allen Kräften und von ganzem Gemüte, und deinen Nächsten wie dich selbst.« *(Lukas* 10, 27)

❖ ❖ ❖

Im Bewusstsein eines Menschen, der von göttlicher Liebe durchdrungen ist, gibt es keine Trugbilder, keine Schranken der Kaste oder des Glaubens, keine Grenzen irgendwelcher Art. Wenn ihr diese göttliche Liebe erlebt, seht ihr keinen Unterschied mehr zwischen Blumen und Tieren, zwischen diesen und jenen Menschen. Dann seid ihr mit der ganzen Natur verbunden und liebt alle Menschen gleich.

❖ ❖ ❖

Um göttliche Verwirklichung zu erreichen, muss man mit allen Wesen mitfühlen können, denn Gott selbst ist übervoll von Mitgefühl. Wer ein gutes Herz hat, kann sich in die Lage anderer hineinversetzen und versucht, deren Leid zu lindern.[2]

Ausgleich zwischen weiblichen und männlichen Eigenschaften

Es scheint, dass Mann und Frau seit je in Rivalität miteinander gestanden haben. Sie sind jedoch einander ebenbürtig; keiner von beiden ist dem anderen überlegen. Seid stolz auf das, was ihr in diesem Leben seid.

❖ ❖ ❖

[2] »O Arjuna, von allen Yogis ist Mir derjenige am liebsten, der die Freude und das Leid anderer so fühlt, als sei es sein eigenes.« (Bhagavad-Gita VI, 32)

»Im Schlaf wisst ihr nicht, ob ihr Mann oder Frau seid« [sagte Sri Yukteswar]. »Ebenso wie ein Mann, der auf der Bühne die Rolle einer Frau spielt, dadurch nicht selbst zur Frau wird, so bleibt auch die Seele, die sich als Mann oder Frau verkörpert, unverändert. Die Seele ist das unwandelbare, vollkommene Ebenbild Gottes.«

❖ ❖ ❖

Begrenzt euer Bewusstsein nicht durch die Vorstellung, dass ihr ein Mann oder eine Frau seid. Ihr seid Seelen, die Gott zum Bilde geschaffen sind. … Weise ist derjenige, der sich ständig sagt: »Ich bin weder Mann noch Frau; ich bin GEIST.« Dann könnt ihr euch von beiden begrenzenden Vorstellungen befreien; und dann werdet ihr das Höchste auf dem geistigen Weg erreichen können, ob ihr nun als Mann oder Frau inkarniert seid.

❖ ❖ ❖

Gott ist sowohl unendliche Weisheit als auch unendliches Gefühl. Als Gott sich in der Schöpfung manifestierte, gab Er Seiner Weisheit die Gestalt des Vaters und Seinem Gefühl die der Mutter. … Jeder Vater und jede Mutter wurde sowohl mit der väterlichen Weisheit als auch mit der mütterlichen Zärtlichkeit Gottes begabt. Doch diese Gaben müssen vervollkommnet werden. … Der göttliche Mensch entwickelt sowohl die väterlichen als auch die mütterlichen Eigenschaften in sich.

❖ ❖ ❖

Der Mann behauptet, dass die Frau emotional sei und nicht richtig denken könne; und die Frau beklagt sich darüber, dass der Mann nicht fühlen könne. Beide haben unrecht. Die Frau kann richtig denken, doch bei ihr überwiegt das Gefühl; und der Mann kann richtig fühlen, aber in ihm herrscht die Vernunft vor.

❖ ❖ ❖

Gott hat diese verschiedenen körperlichen und geistigen Merkmale erdacht, um einen Unterschied zwischen Mann und Frau zu schaffen. Die ideale geistige Vereinigung beider Geschlechter sollte im Mann das verborgene Gefühl zum Vorschein bringen und in der Frau die verborgene Vernunft. Sie waren dazu bestimmt, einander zu helfen, um die reinen göttlichen Eigenschaften vollkommener Vernunft und vollkommenen Gefühls zu entwickeln.

❖ ❖ ❖

Beide Geschlechter sollten sich bemühen, den richtigen Ausgleich zu finden, indem sie durch Freundschaft und Verständnis voneinander lernen.

❖ ❖ ❖

Solange Mann und Frau das Wesen des anderen nicht verstehen lernen, werden sie einander – aufgrund ihrer Unwissenheit – zur Qual. … Beide sollten sich um den richtigen Ausgleich zwischen Vernunft und Gefühl bemühen und auf diese Weise eine »einheitliche Persönlichkeit«, ein vollendeter Mensch werden.

❖ ❖ ❖

Durch Gottverbundenheit erreicht ihr die Harmonie oder den Ausgleich zwischen diesen beiden Eigenschaften.

❖ ❖ ❖

In den großen Heiligen sehen wir die idealen männlichen und weiblichen Eigenschaften verkörpert. Jesus und alle anderen Meister waren Beispiele dafür. Wenn ihr diesen vollkommenen Ausgleich zwischen Vernunft und Gefühl erreicht, habt ihr eine der wichtigsten Lektionen gelernt, um derentwillen ihr hierhergesandt worden seid.

❖ ❖ ❖

Die Menschen müssen zu der Einsicht gelangen, dass die Seele ein Geistwesen ist. Wenn Mann und Frau einander bloß als Lustobjekt betrachten, beschwören sie großes Unglück herauf. Sie verlieren nach und nach ihren inneren Frieden.

❖ ❖ ❖

Der Mann sollte in der Frau immer Gott zu sehen versuchen und ihr helfen, sich geistig zu entwickeln. Er sollte sie fühlen lassen, dass sie nicht nur dazu da ist, seine sinnlichen Wünsche zu befriedigen, sondern dass sie seine Gefährtin ist, die er achtet und als eine Ausdrucksform des Göttlichen ansieht. Und die Frau sollte die gleiche Einstellung zu ihrem Mann haben.

❖ ❖ ❖

Wenn Mann und Frau einander wahrhaft und rein lieben, besteht zwischen ihnen körperlich, geistig und seelisch vollkommene Harmonie. Wenn ihre Liebe höchste Vollkommenheit erlangt, werden sie miteinander eins.

Die Ehe

Wenn zwei Menschen eine Bindung eingehen, um sich gegenseitig auf dem Weg zu Gott zu helfen, haben sie das richtige Fundament für ihre Ehe – bedingungslose Freundschaft.

❖ ❖ ❖

Wir sind auf diese Erde gekommen, um eine wichtige Lektion zu lernen, nämlich reine und bedingungslose Liebe zu entwickeln: zwischen Mann und Frau, Eltern und Kindern, zwischen Freunden, zwischen dem Ich und allen anderen Lebewesen.

❖ ❖ ❖

Eine wahre Ehe ist ein Laboratorium, in dem die Gifte der Selbstsucht, der schlechten Launen und des unrichtigen Betragens in die Retorte der Geduld gegossen und durch die katalytische Macht der Liebe und der ständigen Bemühungen, großmütig zu sein, neutralisiert und verwandelt werden.

❖ ❖ ❖

Wenn euer Ehepartner eine Eigenschaft hat, die unliebsame Reaktionen in euch hervorruft, müsst ihr verstehen, dass in diesem Umstand ein bestimmter Sinn liegt; die in euch verborgenen Gifte sollen an die Oberfläche gelangen, damit ihr sie beseitigen und euren Charakter läutern könnt.

❖ ❖ ❖

Das Beste, was ein Mann oder eine Frau sich für den Partner wünschen kann, ist Vergeistigung. Denn jede seelische Entwicklung zieht auch göttliche Eigenschaften nach sich: Verständnis, Geduld, Rücksichtnahme und Liebe. Dennoch müssen beide einsehen, dass keines dem anderen den Wunsch nach geistigem Wachstum aufzwingen kann. Bringt in eurem eigenen Leben immer mehr Liebe zum Ausdruck, dann werdet ihr durch euer gütiges Verhalten auch eure Angehörigen inspirieren.

❖ ❖ ❖

Wenn sich ein Ehepaar nicht den wahren und höchsten Sinn der Ehe vergegenwärtigt, kann es niemals ein glückliches Leben führen. In einer idealen

Ehe sollte es weder sexuelle Ausschweifungen geben noch zu viel Vertraulichkeit; man sollte Unhöflichkeit, Misstrauen, beleidigende Worte oder Handlungen, Streit in Gegenwart der Kinder oder Gäste und Gereiztheit vermeiden und die eigenen Sorgen und ärgerlichen Gefühle nicht auf den Ehepartner abladen.

❖ ❖ ❖

Die *erste* und wichtigste Bedingung für eine glückliche Ehe ist seelische Übereinstimmung, ähnliche geistige Ziele und Ideale sowie der feste Wille, diese Ziele durch fleißiges Studium, innere Bemühungen und Selbstdisziplin zu verwirklichen. Ehepaare, die seelisch aufeinander abgestimmt sind, können ihre Ehe auch dann zu einem Erfolg machen, wenn andere gewünschte Bedingungen nicht gegeben sind.

Die *zweite* Bedingung für eine glückliche Ehe ist Übereinstimmung der Interessen auf geistiger und sozialer Ebene, im Hinblick auf das Milieu usw.

Die *dritte* und am wenigsten wichtige Bedingung (obgleich sie von unwissenden Menschen oft als die wichtigste angesehen wird) ist die körperliche Anziehung. Diese verliert bald an Reiz, wenn die beiden zuvor genannten Bedingungen nicht ebenfalls vorhanden sind.

❖ ❖ ❖

Wer vorhat zu heiraten, sollte zuerst lernen, Herr über seine Gefühle zu werden.[3] Zwei Menschen, die

[3] Siehe auch Seite 174 ff.

sich ohne eine solche Schulung in die Arena der Ehe begeben, bekämpfen sich schlimmer als die Gegner in Weltkriegen! Kriege gehen irgendwann einmal zu Ende; manche Ehepartner jedoch bekämpfen sich das ganze Leben lang. Man müsste annehmen, dass sich Menschen in einer zivilisierten Gesellschaft gut miteinander vertragen können, doch nur wenige haben diese Kunst gelernt. Eine Ehe sollte von hohen Idealen beseelt sein, von dem Wein göttlicher Inspiration; dann ist es eine glückliche Verbindung, aus der beide Teile Gewinn ziehen.

❖ ❖ ❖

Wenn Eheleute, die sich gewöhnlich mit einem Kugelregen zorniger und beleidigender Worte beschießen, stattdessen versuchten, den seelenerquickenden Zauber liebevoller Worte anzuwenden, könnten sie ein neues Glück in ihr Familienleben bringen.

❖ ❖ ❖

Sexualität hat in der ehelichen Beziehung ihren berechtigten Platz. Doch wenn sie zum wichtigsten Faktor in der Beziehung wird, verflüchtigt sich die Liebe und verschwindet schließlich ganz. An ihre Stelle treten Besitzgier, übermäßige Vertraulichkeit, Missbrauch und Verlust von Freundschaft und gegenseitigem Verständnis. Obschon die sexuelle Anziehung eine der Bedingungen ist, unter denen Liebe entstehen kann, ist sie, für sich allein betrachtet, noch nicht Liebe. Sexualität und Liebe sind so weit voneinander entfernt wie Mond und Sonne. Erst wenn die verwandelnde Kraft wahrer Liebe in einer Beziehung vorherrscht, wird auch die Sexualität zu einem Ausdrucksmittel der Liebe. Ehepartner, die zu sehr auf sexueller Ebene leben, verlieren sich darin und finden kein wahres Glück in der Ehe. Nur wenn sie sich in Selbstbeherrschung üben und die Sexualität keine übermäßige, sondern eine untergeordnete Rolle spielt, kann zwischen Mann und Frau echte Liebe bestehen. In unserem heutigen Zeitalter wird das Sexuelle leider oft überbetont, und das bedeutet den Untergang der Liebe.

❖ ❖ ❖

Eheleute, die in ihren sexuellen Beziehungen Maß halten – und zwar auf natürliche und nicht auf gezwungene Weise –, entwickeln in ihrem Eheleben auch andere dauerhafte Eigenschaften: Freundschaft, Kameradschaft, Verständnis, gegenseitige Liebe. Ich halte Amelita Galli-Curci[4] und ihren Mann Homer Samuels für die größten Liebenden, denen ich im Westen begegnet bin. Ihre Liebe ist wunderbar, weil sie die Ideale verkörpert, von denen ich spreche. Auch wenn sie nur für kurze Zeit voneinander getrennt sind, freuen sie sich schon auf ihr Wiedersehen, freuen sich darauf, zusammenzusein, ihre

[4] Weltberühmte Sopranistin (1889–1963), der Paramahansa Yogananda während seiner ersten Jahre in Amerika begegnete. Sie und ihr Ehemann wurden treue Mitglieder der Self-Realization Fellowship, und sie schrieb das Vorwort zu Paramahansajis Buch *Flüstern aus der Ewigkeit.*

Gedanken auszutauschen und sich ihrer Liebe zu versichern.

❖ ❖ ❖

Jeder Mensch braucht Zeiten, wo er allein sein kann, um mit den zunehmenden Anforderungen des Lebens zurechtzukommen. ... Gönnt dem anderen seine Unabhängigkeit.

❖ ❖ ❖

Wenn der Ehemann seiner Frau dient und sie ihm und wenn beide von dem Wunsch beseelt sind, den anderen glücklich zu machen, beginnt sich das Christusbewusstsein – Gottes liebende Kosmische Intelligenz, die jedes Atom der Schöpfung durchdringt – durch ihr menschliches Bewusstsein auszudrücken.

❖ ❖ ❖

Wenn zwei Menschen bedingungslose gegenseitige Zuneigung fühlen und bereit sind, füreinander Opfer zu bringen, lieben sie sich wirklich.

❖ ❖ ❖

Dem geliebten Menschen Vollkommenheit zu wünschen und mit großer Freude an ihn zu denken ist göttliche Liebe; und das ist die Liebe zwischen wahren Freunden.

❖ ❖ ❖

Meditiert jeden Morgen und besonders am Abend zusammen. … Errichtet euch einen kleinen Hausaltar, wo sich Eltern und Kinder versammeln können, um Gott ihre Hingabe zu schenken und sich in tiefster Seele mit dem ewig freudigen Kosmischen Bewusstsein[5] eins zu fühlen. … Je mehr ihr zusammen meditiert, umso tiefer wird eure Liebe zueinander.

Freundschaft

Freundschaft ist der Posaunenruf Gottes, der die Seele auffordert, die Mauern des Egoismus, der sie von Gott und allen anderen Seelen trennt, niederzureißen.

❖ ❖ ❖

Freundschaft ist die reinste Art der göttlichen Liebe, weil sie spontan aus dem Herzen kommt und uns nicht durch den Instinkt der Familienbande auferlegt wird. Ideale Freunde sind unzertrennlich; nichts kann ihre brüderliche Beziehung auflösen.

❖ ❖ ❖

Freundschaft ist euer höchster Schatz, weil sie den Tod überdauert. Alle treuen Freunde, die ihr euch erworben habt, werdet ihr im Haus des Vaters wiederfinden, denn wahre Liebe vergeht nie.

❖ ❖ ❖

[5] Siehe Glossar.

Wenn zwischen zwei oder mehreren Herzen eine geistige Verwandtschaft und vollkommene Freundschaft besteht, dann vervollkommnet sich dadurch jeder Einzelne.

❖ ❖ ❖

In eurem Herzen liegt ein verborgener Magnet, der echte Freunde anziehen kann. Und dieser Magnet ist die Selbstlosigkeit, die zuerst an andere denkt. Nur wenige Menschen sind frei von Selbstsucht. Man kann sich Selbstlosigkeit jedoch leicht zu eigen machen, wenn man sich darin übt, zuerst an andere zu denken.

❖ ❖ ❖

Ihr könnt keine echten Freunde anziehen, solange ihr charakterliche Mängel wie Egoismus oder andere unliebsame Eigenschaften habt. Freundschaften zu schließen, ist eine Kunst, die man am besten lernen kann, wenn man sich selbst edel, rein und selbstlos verhält. … In dem Maße, wie ihr eure menschlichen Schwächen überwindet und göttliche Eigenschaften entwickelt, werdet ihr auch Freunde anziehen.

❖ ❖ ❖

Wahre Freundschaft besteht darin, sich gegenseitig zu helfen, das heißt, seinen Freund in schwierigen Zeiten aufzuheitern, ihm seinen Kummer nachzufühlen, ihm angesichts seiner Probleme guten Rat zu geben und ihn finanziell zu unterstützen, wenn er wirklich in Not ist. Wer echte Freundschaft für jemanden empfindet, wird, wenn es sich um das Glück seines Freundes handelt, gern auf selbstsüchtige Vergnügungen und eigene Vorteile verzichten, ohne es als Opfer zu empfinden oder an die Kosten zu denken.

❖ ❖ ❖

Ganz gleich, was für Meinungsverschiedenheiten es zwischen euch und euren Freunden gibt, ihr habt immer Verständnis füreinander und seid innerlich miteinander verbunden. In einer solchen Beziehung habt ihr stets Achtung voreinander und erfreut euch eurer Freundschaft, auch wenn jeder einen anderen Standpunkt vertritt. Wahre, in Gott gegründete Freundschaft ist die einzig dauerhafte Beziehung.

❖ ❖ ❖

Wenn ihr jemandem eure Freundschaft anbietet, müsst ihr das auch wirklich ehrlich meinen. Ihr dürft nicht äußerlich freundlich sein oder Einverständnis vortäuschen, während ihr innerlich das Gegenteil fühlt. Das geistige Gesetz ist sehr streng. Handelt nie gegen geistige Grundsätze. Betrügt und verratet niemanden. Wenn ihr anderen echte Freunde sein wollt, müsst ihr wissen, wann ihr euch nicht einmischen dürft; ihr müsst wissen, worin eure Aufgabe besteht – wann ihr eine Sache unterstützen sollt und wann ihr genug Willenskraft aufbringen müsst, eure Einwilligung zu verweigern.

❖ ❖ ❖

Es ist nicht richtig, die Wahrheit zu sagen, wenn man dadurch einen anderen Menschen ohne triftigen Grund bloßstellt. Nehmen wir als Beispiel jemanden, der trinkt, das aber vor der übrigen Welt zu verheimlichen sucht. Ihr indessen kennt seine Schwäche und klärt im Namen der Wahrhaftigkeit eure Freunde auf: »Ihr wisst, dass dieser Mann ein Alkoholiker ist, nicht wahr?« Eine solche Bemerkung ist unangebracht; man sollte sich nicht in die Angelegenheiten anderer Leute mischen. Solange die Fehler anderer Menschen niemandem schaden, solltet ihr nicht darüber zu anderen reden. Sprecht lieber unter vier Augen mit dem Betreffenden über seine Schwäche, wenn sich die Gelegenheit dazu bietet oder wenn ihr verantwortlich seid, ihm zu helfen; verletzt ihn aber nicht durch eure Worte unter dem Vorwand, ihm helfen zu wollen. Ihr werdet ihm sonst nur dazu »verhelfen«, euer Feind zu werden. Außerdem erstickt ihr dadurch den Wunsch in ihm, sich zu bessern, den er vielleicht gehabt hat.

❖ ❖ ❖

Helft eurem Freund dadurch, dass ihr ihn intellektuell, künstlerisch und geistig inspiriert und ihm eine seelische Stütze seid. Seid nie sarkastisch zu eurem Freund, schmeichelt ihm andererseits auch nicht, es sei denn, um ihn zu ermutigen. Stimmt ihm nicht zu, wenn er im Unrecht ist.

❖ ❖ ❖

Seid wahrhaftig, seid aufrichtig, dann wird sich die Freundschaft stets vertiefen. Ich denke da an eine Unterhaltung mit Sri Yukteswar über das Thema Aufrichtigkeit. Ich hatte gesagt: »Aufrichtigkeit bedeutet alles.«

»Nein«, antwortete er, »Aufrichtigkeit – zusammen mit Rücksichtnahme – ist alles.« Er fuhr fort: »Nehmen wir einmal an, du sitzt in deinem Wohnzimmer zu Hause, und auf dem Boden liegt ein wunderschöner neuer Teppich. Draußen regnet es. Da stößt ein Freund, den du lange nicht gesehen hast, die Tür auf und eilt auf dich zu, um dich zu begrüßen.«

»Das ist ganz in Ordnung«, sagte ich. Doch mein Guru war noch nicht zu Ende mit seiner Erklärung.

»Ihr habt euch sehr gefreut, euch wiederzusehen«, sagte er; »aber wäre es dir nicht lieber gewesen, wenn er so rücksichtsvoll gewesen wäre, seine schmutzigen Stiefel auszuziehen, bevor er hereinstürzte und den Teppich verdarb?«

Ich musste ihm zustimmen.

Ganz gleich, wie hoch ihr jemanden einschätzt oder wie nahe ihr ihm steht, es ist wichtig, diese Beziehung mit guten Manieren und Rücksichtnahme zu versüßen. Dann wird die Freundschaft wirklich wunderbar und dauerhaft. Familiarität, die zu Gedankenlosigkeit verleitet, schadet der Freundschaft sehr.

❖ ❖ ❖

So wie der Tau der Blume zum Wachstum verhilft, so gedeiht Freundschaft durch innere und äußere Liebenswürdigkeit.

❖ ❖ ❖

Freundschaft ist edel, fruchtbar und heilig –
Wenn zwei Seelen verschiedene Straßen wandern
Und dennoch miteinander harmonieren,
Wenn beide, mit innerem Eifer,
Auf eigene Art sich entwickeln …
O Freundschaft, köstliche Blume des Himmels!
Dich nährt der Boden unermesslicher Liebe,
Wenn zwei Menschen einander die Wege ebnen
Und gemeinsam nach seelischem Fortschritt
streben.[6]

❖ ❖ ❖

Wenn ihr wahre, bedingungslose Freundschaft zum Ausdruck bringen wollt, muss eure Liebe in der Liebe Gottes verankert sein. Euer auf Gott ausgerichtetes Leben ist es, das euch zu wahrer göttlicher Freundschaft mit allen Menschen inspiriert.

❖ ❖ ❖

[6] Aus dem Gedicht »Freundschaft« in Paramahansa Yoganandas Buch *Lieder der Seele.*

Versucht eure Freundschaft mit einigen wenigen Seelen zu vervollkommnen. Wenn ihr in der Lage seid, ihnen bedingungslose Freundschaft zu schenken, ist euer Herz bereit, für alle Menschen vollkommene Freundschaft zu fühlen. Und sobald ihr das tun könnt, seid ihr göttlich geworden – wie Gott und die großen Meister, die ihre Freundschaft jedem menschlichen Wesen schenken, unabhängig von dessen Persönlichkeit. Eine Freundschaft, die sich auf eine oder zwei Seelen beschränkt und alle anderen ausschließt, gleicht einem Fluss, der im Sande versickert und niemals das Meer erreicht. Der Strom göttlicher Freundschaft wird, während er machtvoll und offen dahinfließt, immer breiter und mündet schließlich in den Ozean Gottes.

Affirmation

Während ich Liebe und guten Willen auf andere ausstrahle, öffne ich mir den Zugang zur Liebe Gottes. Die magnetische Kraft göttlicher Liebe zieht alles Gute zu mir heran.

KAPITEL 13

Den Tod verstehen

Wenn auch der Durchschnittsmensch den Tod als etwas Furchtbares und Trauriges betrachtet, wissen diejenigen, die uns vorausgegangen sind, dass er ein wunderbares Erlebnis ist, das uns Frieden und Freiheit schenkt.

❖ ❖ ❖

Vor allem möchten wir wissen, was mit denen geschehen ist, die wir lieben. Wohin sind sie gegangen? Warum wurden sie uns genommen? Ein kurzes Lebewohl, und dann sind sie hinter dem Schleier des Todes verschwunden. Wir fühlen uns so hilflos und traurig und können nichts dagegen tun. ... Wenn jemand stirbt und nicht mehr sprechen kann, dann formt sich in seinem Bewusstsein ein Wunsch. Er denkt: »Ich lasse meine Lieben zurück. Werde ich sie je wiedersehen?« Und diejenigen, die er zurücklässt, denken ebenfalls: »Ich verliere ihn. Wird er sich an mich erinnern? Werden wir uns wieder begegnen?« Als ich meine Mutter verlor, nahm ich mir fest vor, nie wieder an jemandem zu hängen.[1]

[1] Paramahansa Yogananda war erst elf Jahre alt, als seine Mutter starb. In seinem jugendlichen geistigen Eifer stürmte er die Tore des Himmels, bis er eine Antwort von Gott erhielt und verstand, dass es Gottes Liebe ist, die sich in den Gestalten unserer Angehörigen Ausdruck verschafft. Gott zu lieben, bedeutet, keinen aus seiner Liebe

Ich schenkte meine Liebe Gott. Dieses erste Erlebnis mit dem Tod war sehr schwerwiegend für mich. Doch ich habe viel daraus gelernt. Ich suchte unermüdlich, monate- und jahrelang, bis ich das Rätsel des Lebens und Todes gelöst hatte. ... Was ich euch erzähle, habe ich selbst erlebt.

❖ ❖ ❖

Im Tode vergesst ihr all die Begrenzungen des physischen Körpers und erkennt, wie frei ihr seid. Während der ersten paar Sekunden stellt sich ein Gefühl der Angst ein – Angst vor dem Unbekannten, vor etwas, das dem Bewusstsein nicht vertraut ist. Danach aber steigt eine große Erkenntnis in euch auf: Die Seele hat ein freudiges Gefühl der Erlösung und Freiheit. Ihr erkennt, dass ihr getrennt vom sterblichen Körper existiert.

❖ ❖ ❖

Jeder von uns wird irgendwann einmal sterben, deshalb ist es zwecklos, sich vor dem Tod zu fürchten. Ihr leidet ja auch nicht darunter, dass ihr im Schlaf das Körperbewusstsein verliert; ihr heißt den Schlaf als einen angenehmen Zustand der Freiheit willkommen. Ebenso verhält es sich mit dem Tod: Er bedeutet einen Zustand der Ruhe – eine Pensionierung vom Leben. Es gibt also nichts zu fürchten. Wenn der Tod kommt, freut euch! Er ist nichts

---

auszuschließen und nicht mehr den Schmerz erleiden zu müssen, der aus der Anhänglichkeit entsteht. *(Anmerkung des Herausgebers)*

weiter als eine Erfahrung, die euch eine wichtige Lehre erteilt – dass ihr nicht sterben könnt.

❖ ❖ ❖

Unser wahres SELBST, die Seele, ist unsterblich. Wir mögen eine Weile in dem neuen Zustand, den man Tod nennt, schlafen, aber wir können nie zugrunde gehen. Wir existieren, und diese Existenz ist ewig. Die Welle braust an den Strand und fließt dann zurück ins Meer; sie geht nicht verloren. Sie wird eins mit dem Meer, oder sie kehrt in der Gestalt einer anderen Welle zurück.[2] Dieser Körper ist gekommen und wird wieder gehen; doch die Essenz der Seele im Innern hört nie auf zu existieren. Nichts kann diesem ewigen Bewusstsein ein Ende setzen.

❖ ❖ ❖

Es ist wissenschaftlich erwiesen, dass selbst die Partikel der Materie und die elektromagnetischen Wellen unzerstörbar sind; ebenso unzerstörbar ist das innere Wesen der Seele. Alle Materie ist dem Wechsel unterworfen, und auch die Seele hat wechselvolle Erlebnisse. Ein radikaler Wechsel wird Tod genannt; doch weder Tod noch Veränderungen des Körpers können das geistige Wesen verändern oder zerstören.

❖ ❖ ❖

[2] Ein Hinweis auf die Wiedergeburt. Siehe *Reinkarnation* im Glossar.

Der Körper ist nichts als ein Gewand. Wie oft habt ihr in diesem Leben schon eure Kleidung gewechselt, aber deshalb würdet ihr nicht behaupten, dass *ihr* anders geworden seid. So ist es auch, wenn ihr im Tode dieses körperliche Gewand abwerft. Dadurch ändert ihr euch nicht. Ihr seid noch immer die gleichen, unsterbliche Seelen, Kinder Gottes.

❖ ❖ ❖

Das Wort »Tod« ist eine höchst unzutreffende Bezeichnung, denn es gibt gar keinen Tod. Wenn ihr des Lebens müde seid, legt ihr einfach den Mantel des Fleisches ab und kehrt in die Astralwelt[3] zurück.

❖ ❖ ❖

Die Bhagavad-Gita[4] spricht so wunderbar und tröstend über die Unsterblichkeit der Seele:

»Das SELBST wird nie geboren,
noch kann es je vergehen;
noch kann es, da es einmal besteht,
wieder aufhören zu sein.
Es kennt keine Geburt, ist ewig,
unwandelbar und stets das gleiche
(unberührt vom üblichen
Ablauf zeitlicher Vorgänge).
Es wird nicht vernichtet,
wenn der Körper getötet wird.«

[3] Der Himmel, die feinstoffliche Sphäre höherer Kräfte und höheren Bewusstseins. Siehe *Astralwelt* im Glossar.

[4] II, 20.

❖ ❖ ❖

Der Tod ist kein Ende; er bedeutet eine vorläufige Befreiung, die euch vom Karma, dem Gesetz der Gerechtigkeit, gewährt wird. Dieses Gesetz bestimmt, wann euer jetziger Körper und eure jetzige Umgebung ihren Zweck erfüllt haben oder wann ihr eurer Schmerzen müde seid und zu sehr erschöpft, um die Bürde dieses körperlichen Daseins noch länger tragen zu können. Für die Leidenden ist der Tod eine Auferstehung von körperlichen Qualen zu einem Erwachen in Frieden und Ruhe. Für die Älteren ist er eine Pension, die sie sich durch Jahre tapferen Lebenskampfes verdient haben. Für alle ist es eine willkommene Ruhepause.

❖ ❖ ❖

Wenn ihr darüber nachdenkt, wie diese Welt dem Tod unterworfen ist und dass auch ihr euren Körper wieder aufgeben müsst, erscheint Gottes Plan recht grausam. Ihr könnt euch dann kaum vorstellen, dass Er barmherzig ist. Doch wenn ihr den Todesvorgang mit den Augen der Weisheit betrachtet, erkennt ihr, dass er letzten Endes nur ein Gedanke Gottes ist, der durch einen Albtraum der Verwandlung wieder zur seligen Freiheit in Ihm zurückführt. Heilige wie Sünder erhalten im Tode Freiheit – und zwar je nach ihrem Verdienst in größerem oder kleinerem Maße. In der astralen Traumwelt des Herrn – dem Land, das die Seelen im Tode betreten – genießen sie eine Freiheit, wie sie sie in ihrem irdischen Leben nie gekannt haben. Deshalb solltet ihr einen Menschen, der durch die Täuschung des Todes geht, nicht bedauern; denn bald wird er frei sein. Wenn er diese Täuschung einmal überwunden hat, erkennt er, dass der Tod gar nichts Schlimmes war. Er sieht ein, dass seine Sterblichkeit nichts als ein Traum war, und freut sich darüber, dass er jetzt in keinem Feuer mehr verbrennen und in keinem Wasser mehr ertrinken kann; er ist frei und geborgen.[5]

❖ ❖ ❖

Das Bewusstsein eines Sterbenden ist plötzlich vom Gewicht des Körpers, von der Notwendigkeit des Atmens und von allen körperlichen Schmerzen befreit. Die Seele schwebt durch einen Tunnel äußerst friedvollen, nebligen, milden Lichts. Dann versinkt sie in einen Schlaf des Vergessens, der Millionen Male tiefer und erfreulicher ist als der tiefste Schlaf, den sie im Körper erfahren hat. ... Der Zustand nach dem Tode wird von verschiedenen Menschen unterschiedlich erlebt, je nach ihrer Lebensweise auf Erden. So wie auch verschiedene Menschen unterschiedlich lange und tief schlafen, so verschieden

[5] »Keine Waffe kann die Seele durchbohren; kein Feuer kann sie verbrennen; es kann kein Wasser sie nässen; noch kann sie im Winde verdorren. Die Seele ist unteilbar; sie kann nicht verbrannt, durchnässt und ausgetrocknet werden. Die Seele ist unwandelbar, alldurchdringend, ewig ruhig und fest gegründet – sie bleibt sich ewig gleich. Die Seele, so heißt es, ist unwägbar, unmanifestiert und unwandelbar. Da du dies also weißt, solltest du nicht klagen!« (Bhagavad-Gita II, 23–25)

sind auch ihre Erlebnisse nach dem Tode. Der gute Mensch, der schwer in der Fabrik des Lebens gearbeitet hat, versinkt für kurze Zeit in einen tiefen, bewusstlosen, ruhigen Schlaf. Dann erwacht er in irgendeiner Daseinssphäre der Astralwelt: »In meines Vaters Hause sind viele Wohnungen.«[6]

❖ ❖ ❖

»Ich habe nie an den Himmel glauben können, Meister«, bemerkte ein neuer Schüler. »Gibt es wirklich einen solchen Ort?«

»Ja«, antwortete Paramahansaji. »Wer Gott liebt und auf Ihn vertraut, geht nach seinem Tode dorthin. Auf jener Astralebene kann man alles sofort durch die Kraft der Gedanken materialisieren. Der Astralkörper besteht aus schimmerndem Licht. In diesem Bereich gibt es Farben und Klänge, von denen man auf Erden nichts ahnt. Es ist eine wunderschöne und erfreuliche Welt.«

❖ ❖ ❖

Der Tod ist nicht das Ende aller Dinge, sondern ein Übergang von den körperlichen Erfahrungen im grobstofflichen Reich der unbeständigen Materie zu den reineren Freuden des Astralreichs mit seinen vielfarbigen Lichtern.

❖ ❖ ❖

[6] *Johannes* 14, 2.

»Das astrale Universum ist unvorstellbar schön, sauber, rein und geordnet«, [sagte Sri Yukteswar]. »Dort gibt es keine ausgestorbenen Planeten und kein verödetes Land. Auch die irdischen Plagen wie Unkraut, Bakterien, Insekten und Schlangen existieren dort nicht. Während es auf Erden krasse Temperaturunterschiede und den Wechsel der Jahreszeiten gibt, haben die Astralsphären das gleichbleibende Klima eines ewigen Frühlings mit gelegentlichem leuchtend weißem Schneefall und vielfarbigem Lichtregen. Die Astralwelt ist reich an kristallklaren Seen, leuchtenden Meeren und regenbogenfarbenen Flüssen.«

❖ ❖ ❖

Die Seelen im Astralreich sind mit zarten Gewändern des Lichts bekleidet. Sie sind nicht in ein Bündel von Knochen eingeschlossen, das mit Fleisch überzogen ist. Sie tragen keine zerbrechlichen, schweren Gehäuse mit sich herum, die mit anderen groben Stoffen zusammenstoßen und zerbrechen. Daher gibt es im Astralreich keinen Krieg zwischen menschlichen Körpern und festen Stoffen, Meeren, Blitzen und Krankheit. Auch gibt es keine Unfälle, denn alles unterstützt sich gegenseitig und bekämpft sich nicht. Alle Schwingungsarten harmonieren miteinander. Alle Kräfte leben in Frieden und bewusster Hilfsbereitschaft. Die Seelen, die Strahlen, über die sie schreiten, und die orangenfarbigen Strahlen, die sie trinken und essen, bestehen alle aus Licht. Die Seelen haben Achtung voreinander und arbeiten gemeinsam an ihren Aufgaben; sie atmen keinen Sauerstoff, sondern die Freude des GEISTES.

❖ ❖ ❖

»Freunde aus früheren Leben erkennen sich in der Astralwelt leicht wieder«, [sagte Sri Yukteswar]. »Dort erfreuen sie sich jener ewigen Liebe und Freundschaft, an der sie auf Erden – besonders in der Stunde des scheinbar endgültigen Abschieds – so oft zweifelten.«

❖ ❖ ❖

Warum weinen wir, wenn unsere Angehörigen sterben? Weil wir um unseren eigenen Verlust trauern. Wenn unsere Lieben uns verlassen, um in höheren Lebensschulen weiterzulernen, sollten wir uns freuen, anstatt selbstsüchtig zu trauern; denn dadurch können wir sie an die Erde gebunden halten und ihren Fortschritt hindern, indem wir unseren eigenen egoistischen Willen durchsetzen. Der Herr ist ewig neu, und mit Seinem unendlichen Zauberstab, dem regenerierenden Tod, lässt Er jeden erschaffenen Gegenstand und jedes Lebewesen sich ewig neu manifestieren und unaufhörlich in immer besseren Gefäßen Seine unerschöpfliche Ausdruckskraft verkörpern. Der Tod kommt zu pflichtbewussten Menschen als eine Beförderung zu einem höheren Bewusstseinszustand; er kommt zu denen, die versagt haben, um ihnen in einer anderen Umgebung eine neue Chance zu geben.

❖ ❖ ❖

Der Tod ist der Höhepunkt des Lebens. Im Tod sucht das Leben eine Ruhepause. Er ist der Verkündiger größten Glücks – der herrlichen Freiheit von allen Qualen des Fleisches. Im Tod hören alle körperlichen Schmerzen sofort auf, ebenso wie der Schlaf die Müdigkeit und die Schmerzen des schwer arbeitenden Körpers verbannt. Der Tod ist ein Freispruch, der einen aus dem Gefängnis des physischen Körpers entlässt.

❖ ❖ ❖

Der unwissende Mensch sieht nur die unüberwindliche Mauer des Todes, hinter der seine geliebten Freunde scheinbar auf immer verborgen bleiben. Doch wer sich innerlich an niemanden bindet und alles Erschaffene als eine Ausdrucksform Gottes liebt, versteht auch, dass seine Lieben im Tode nur für eine selige Atempause zu Gott zurückkehren.

❖ ❖ ❖

Wie herrlich ist das Leben nach dem Tode! Dann braucht ihr nicht mehr dieses alte Gepäckstück aus Knochen, das euch so viel Beschwerden verursacht, mit euch herumzuschleppen. Im Astralhimmel seid ihr frei – unbehindert durch körperliche Begrenzungen.

❖ ❖ ❖

Einmal beschrieb ich die Vision von einem sterbenden Jüngling, in der Gott mir die richtige Einstellung zum Tode zeigte. Der junge Mensch lag im Bett, und die Ärzte hatten ihm gesagt, dass er nur noch einen Tag zu leben habe. Da antwortete er: »Einen Tag noch, bis ich meinen Geliebten erreiche – bis der Tod die Tore der Unsterblichkeit öffnet und ich aus dem Gefängnis der Schmerzen entlassen werde. Weint nicht um mich – ihr, die ihr an diesem trostlosen Strand zurückbleibt, um zu trauern und zu zagen; ich bin es, der euch bedauert. Ihr weint bittere Tränen um mich, weil ihr mich verliert; ich aber weine Freudentränen um euch, denn ich gehe euch voran, um euch zu helfen, um auf dem ganzen Weg die Kerzen der Weisheit anzuzünden. Und ich will auf euch warten und euch dort willkommen heißen, wo ich mit meinem und eurem einzigen Geliebten weile. O meine Lieben, freut euch mit mir!«[7]

❖ ❖ ❖

Ihr wisst nie, was euch in dieser Welt noch bevorsteht; ihr macht euch Sorgen, solange ihr lebt. Die Verstorbenen haben Mitleid mit uns und segnen uns. Warum sollten wir also um sie trauern? Ich erzählte dies [die Geschichte des sterbenden Jünglings] einer Frau, die ihren Sohn verloren hatte. Sie trocknete sogleich ihre Tränen und sagte: »Nie zuvor habe ich solch tiefen Frieden gefühlt. Ich bin

[7] Paramahansa Yogananda paraphrasiert hier sein Gedicht »Des sterbenden Jünglings göttliche Antwort« aus *Lieder der Seele.*

so froh zu wissen, dass mein Sohn sich seiner Freiheit freut. Ich dachte, ihm sei etwas Furchtbares zugestoßen.«

❖ ❖ ❖

Wenn einer eurer Angehörigen stirbt, solltet ihr nicht übermäßig trauern, sondern erkennen, dass er auf Gottes Geheiß in eine höhere Sphäre hinübergegangen ist und dass Gott weiß, was für ihn am besten ist. Freut euch darüber, dass er frei ist. Betet darum, dass eure Liebe und eure guten Wünsche ihn begleiten und auf seinem weiteren Weg ermutigen. Eine solche Einstellung ist viel förderlicher. Es wäre natürlich kaum menschlich, seine Lieben nicht zu vermissen; doch sollten wir in unserer Trauer nicht selbstsüchtig an ihnen hängen und sie auf diese Weise an die Erde gebunden halten. Unser übermäßiger Schmerz kann die abgeschiedene Seele daran hindern, tieferen Frieden und größere Freiheit zu gewinnen.

❖ ❖ ❖

[Es gibt eine berechtigte Trauer angesichts des Todes, wie Paramahansa Yogananda sie in seiner Gedenkfeier für Sri Gyanamata zum Ausdruck brachte. Sie war eine seiner ersten und engsten Jüngerinnen; und er nannte sie liebevoll und respektvoll »Schwester«[8].]

Jemand sagte mir gestern Abend, als ich Tränen in den Augen hatte, dass ich doch froh sein solle,

[8] Siehe Fußnote auf Seite 58.

weil die Schwester jetzt frei und in die Freude des GEISTES eingegangen sei. Ich erwiderte: »Das weiß ich alles, auch wie glücklich die Schwester ist, wie herrlich dieses Kapitel ihres Lebens abgeschlossen wurde, dass sie keine körperlichen Schmerzen mehr zu erleiden hat. ... Mein Geist ist bei ihr und bei Gott. Doch dies sind Tränen der Liebe, weil ich sie hier auf dieser Ebene vermissen werde ...

Die Schwester glich einem hellen und demütigen Licht, und dieses Licht ist vor mir ausgeblasen worden und hat sich mit dem Großen Licht vereint. Darüber bin ich froh – und auch traurig. Und ich bin froh, traurig zu sein, froh, dass sie bei uns war und in unseren Herzen solche Liebe entfacht hat.«

❖ ❖ ❖

Wenn ihr euren Lieben, die in die andere Welt hinübergegangen sind, eure Gedanken senden wollt, setzt euch still in eurem Zimmer hin und meditiert über Gott. Wenn ihr innerlich Seinen Frieden fühlt, konzentriert euch tief auf das Christuszentrum[9], das Zentrum des Willens zwischen den Augenbrauen, und sendet denen, die hinübergegangen sind, eure Liebe. Vergegenwärtigt euch die Person, mit der ihr in Verbindung treten wollt, im Christuszentrum. Sendet dieser Seele Schwingungen der Liebe, der Kraft und Zuversicht. Wenn ihr das fortwährend tut und euer Interesse an der geliebten Person intensiv wachhaltet, wird diese Seele bestimmt eure

[9] Siehe Glossar.

Schwingungen empfangen. Solche Gedanken geben den lieben Verstorbenen ein Gefühl des Wohlseins, das Gefühl, geliebt zu werden. Sie haben euch ebensowenig vergessen wie ihr sie.

❖ ❖ ❖

Sendet euren Angehörigen Gedanken der Liebe und eure guten Wünsche, sooft ihr das Verlangen danach habt, mindestens aber einmal im Jahr – vielleicht an einem besonderen Gedenktag. Sagt ihnen in Gedanken: »Wir werden uns wieder begegnen und unsere göttliche Liebe und Freundschaft fortsetzen.« Wenn ihr ihnen jetzt oft liebende Gedanken sendet, werdet ihr eines Tages bestimmt wieder mit ihnen zusammenkommen. Ihr werdet wissen, dass dieses Leben nicht das Ende ist, sondern nur ein Glied in der ewigen Kette eurer Beziehungen zu euren Lieben.

Affirmation

Das Meer des Geistes ist zur kleinen Welle meiner Seele geworden. Ob die Welle meines Lebens nach der Geburt auf der Meeresoberfläche schwimmt oder nach dem Tode wieder ins Meer des Kosmos zurückfließt – sie kann nie vergehen. Ich bin unvergängliches Bewusstsein, das geborgen im Schoße des Geistes ruht.

KAPITEL 14

Wie ihr mit Gedanken der Unsterblichkeit euer wahres Selbst erwecken könnt

[Paramahansa Yogananda schrieb:

»Wenn ihr euch auf die Gedanken Gottes einstellt und mit den richtigen Gedanken der Wahrheit auf den Nagel der Täuschung einhämmert, könnt ihr die Täuschung überwinden. Merzt alle Gedanken an die eigene Sterblichkeit aus und ersetzt sie durch Gedanken der Unsterblichkeit.«

In der folgenden Sammlung von Zitaten aus seinen Ansprachen und Schriften sind Affirmationen und seelische Wahrnehmungen – »Gedanken der Unsterblichkeit« – in Schrägschrift hervorgehoben. Sie können diese Gedanken benutzen, um sich die Ewige, Glückselige Wirklichkeit in Ihrem eigenen Innern und in der ganzen Schöpfung immer mehr bewusst zu machen.]

Prägt euch Tag und Nacht ein, was ihr wirklich seid

Wiederholt unentwegt die folgende Wahrheit:

»Ich bin das Unwandelbare, ich bin das Unendliche. Ich bin kein kleines sterbliches Wesen mit zerbrechlichen Knochen, dessen

Körper vergehen muss. Ich bin das unsterbliche, unwandelbare Unendliche.«

❖ ❖ ❖

Wenn sich ein betrunkener Prinz in einem Elendsviertel herumtreibt, wenn er ganz vergessen hat, wer er in Wirklichkeit ist, und sich beklagt: »Wie arm ich doch bin!«, lachen ihn seine Freunde natürlich aus und sagen: »Komm zu dir, Prinz, und erinnere dich, wer du bist!« In einem ganz ähnlichen Wahn lebt auch ihr, wenn ihr euch für hilflose Sterbliche haltet, die es schwer haben und zu bedauern sind. Jeden Tag solltet ihr still in euch gehen und euch mit tiefer Überzeugung sagen:

»Nicht Tod, nicht Geburt, nicht Kaste kenn ich; Vater, Mutter habe ich nicht. Ich bin Geist, ich bin Er. Ich bin unendliche Glückseligkeit!«

Wenn ihr diese Gedanken Tag und Nacht wiederholt, werdet ihr schließlich erkennen, was ihr in Wirklichkeit seid: die unsterbliche Seele!

Verbannt alle begrenzenden Gedanken, die euer wahres Selbst verbergen

Ist es nicht merkwürdig, dass ihr nicht wisst, wer ihr seid – dass ihr euer eigenes Selbst nicht kennt? Euer Selbstverständnis beruht auf den vielen unterschiedlichen Vorstellungen, die ihr von eurem Körper und von den Rollen habt, die ihr als sterbliche

Wesen spielt. ... Ihr müsst diese Vorstellungen, die ihr von euch selbst habt, aus eurer Seele verbannen.

> *»Ich denke, aber ich bin nicht der Gedanke. Ich fühle, aber ich bin nicht das Gefühl. Ich gebrauche meinen Willen, aber ich bin nicht der Wille.«*

Was bleibt dann übrig? Der Teil von euch, der *weiß* und *fühlt*, dass ihr existiert, und der den Beweis dafür durch die Intuition erhält – das absolute Wissen der Seele um ihr eigenes Sein.

❖ ❖ ❖

Tagaus, tagein arbeitet ihr und benutzt dazu euren Körper – deshalb identifiziert ihr euch mit ihm. Nachts jedoch befreit euch Gott aus diesem Kerker der Täuschung. Wart ihr in der vergangenen Nacht – im tiefen, traumlosen Schlaf – Mann oder Frau, Amerikaner oder Hindu, reich oder arm? Nein, nur reiner GEIST. ... Im halb überbewussten Zustand des Tiefschlafes seid ihr frei, und Gott kann alle irdischen Vorstellungen von euch nehmen. Dann gibt Er euch das Gefühl, getrennt vom Körper und all seinen Begrenzungen zu sein – reines Bewusstsein, das im unendlichen Raum ruht. Diese unermessliche Weite ist euer wahres SELBST.

❖ ❖ ❖

Erinnert euch jeden Morgen, wenn ihr aufwacht, an folgende Wahrheit:

> *»Ich kehre gerade aus der inneren Wahrnehmung meines SELBST zurück. Ich bin nicht der Körper; ich bin unsichtbar; ich bin Freude; ich bin Licht; ich bin Weisheit; ich bin Liebe. Ich weile in einem Traumkörper, in dem ich dieses Erdenleben träume, aber ich bin in alle Ewigkeit unsterblicher GEIST.«*

Erkennt, dass euer SELBST untrennbar mit Gott verbunden ist

SELBST-Verwirklichung ist die höchste Weisheit – die Erkenntnis, dass euer SELBST, die Seele, in alle Ewigkeit untrennbar mit Gott verbunden ist. ... Im innersten Kern allen Seins wohnt das Eine Göttliche Wesen. »O Arjuna! Ich bin das SELBST im Herzen aller Lebewesen: Ich bin ihr Ursprung, ihr Dasein und ihr Ende.«

❖ ❖ ❖

Alle großen Lehrer erklären, dass dieser Körper die unsterbliche Seele beherbergt, dass sie ein Funke jener Allmacht ist, die alles am Leben erhält. Wer seine Seele kennt, weiß um diese Wahrheit:

> *»Ich bin jenseits aller Vergänglichkeit. ... Ich bin in den Sternen, ich bin in den Wellen, ich bin das Leben in allem; ich bin das Lachen in allen Herzen, das Lächeln auf dem Antlitz der Blumen und in jeder Seele. Ich bin die Weisheit und die Kraft, welche die ganze Schöpfung aufrechterhalten.«*

Reflektiert, bestätigt und erkennt eure göttliche Natur

Gebt die jahrhundertealte falsche Vorstellung auf, schwache menschliche Wesen zu sein. Wir müssen jeden Tag glauben, erkennen, bestätigen, daran denken und darüber meditieren, dass wir Kinder Gottes sind.

❖ ❖ ❖

Ihr mögt sagen: »Das ist ja nur ein Gedanke.« Aber was ist ein Gedanke? Alles, was ihr seht, ist das Ergebnis von Gedanken. ... Unsichtbare Gedanken verleihen allen Dingen ihre Wirklichkeit. Wenn ihr daher Herrschaft über euren Denkvorgang erlangt, könnt ihr alles sichtbar machen; dann könnt ihr durch die Kraft der Konzentration Gegenstände materialisieren. ...

Wenn ihr mit Hilfe der vom Guru gelehrten wissenschaftlichen Meditationstechniken lernt, eure Gedanken zu beherrschen und den Geist zu verinnerlichen, werdet ihr euch allmählich geistig weiterentwickeln; dann vertiefen sich eure Meditationen, und euer unsichtbares Selbst, das göttliche Bild der Seele in euch, erscheint euch mit einem Male wirklich.

❖ ❖ ❖

Gedanken, die ihr loswerden wollt, braucht ihr nur wegzudenken, indem ihr sie durch konstruktive Gedanken ersetzt. Das ist der Schlüssel zum Himmelreich. Ihr haltet ihn bereits in euren Händen.

Wir sind das, was wir zu sein *glauben*. ... Verändert euer Bewusstsein und erkennt, dass ihr kein sterbliches, sondern ein göttliches Wesen seid.

❖ ❖ ❖

»Ich bin endlos, ich bin jenseits von Raum und Zeit. Ich bin jenseits des Körpers, der Gedanken und der Sprache – jenseits von Geist und Materie. Ich bin unendliche Glückseligkeit.«

Prägt euch unentwegt Gedanken göttlicher Wahrheit ins Gedächtnis

Vermeidet alle Gedanken an menschliche Begrenzungen wie Krankheit, Alter und Tod. Prägt euch stattdessen unentwegt diese Wahrheit ins Gedächtnis:

»Ich bin das Unendliche, das zum Körper geworden ist. Der Körper ist eine Offenbarung des Geistes – er ist der ewig vollkommene, ewig jugendliche Geist.«

❖ ❖ ❖

Begrenzt euch nicht dadurch, dass ihr euch für alt und schwach haltet. Wer sagt, dass ihr alt seid? Ihr seid nicht alt. Als Seelen seid ihr ewig jung. Prägt eurem Bewusstsein diese Überzeugung ein:

»Ich bin die Seele, eine Widerspiegelung des ewig jugendlichen GEISTES. *In mir pulsieren jugendliche Begeisterung, Strebsamkeit und die Kraft, Erfolg zu erringen.*

❖ ❖ ❖

Stellt euch auf die Kosmische Kraft ein; und ganz gleich, ob ihr in einer Fabrik arbeitet oder mit Geschäftsleuten zu tun habt, wiederholt innerlich ständig:

»In mir ist die Unendliche Schöpferische Kraft. Ich will nicht ins Grab sinken, ohne etwas im Leben erreicht zu haben. Ich bin ein Gottmensch, ein Vernunftwesen. Ich bin die Kraft des GEISTES *– der dynamische Quell meiner Seele. Ich will in der Geschäftswelt, im Reich der Gedanken und in der Sphäre der Weisheit neue Entdeckungen machen. Ich und mein Vater sind eins. Ich kann alles erschaffen, was ich mir wünsche – wie mein schöpferischer Vater.«*

❖ ❖ ❖

In den *Lehrbriefen der Self-Realization Fellowship* wird erklärt, wie man mit dem Kosmischen Leben in Verbindung treten kann … mit dem Meer der kosmischen Energie Gottes. Die beste Methode besteht darin, diese Energie direkt aus der inneren Quelle zu schöpfen, anstatt sie durch künstliche

Mittel wie Arzneien, Emotionen usw. anzuregen. Dann könnt ihr sagen:

> *»Gleich hinter meinem Körper fließt ein gewaltiger Strom. Ich hatte ihn vergessen; aber jetzt dringe ich mit der Spitzhacke der* SELBST-*Verwirklichung immer tiefer nach innen und entdecke diese vergessene Lebenskraft von Neuem. ... Ich bin nicht das Fleisch. Ich bin die göttliche Elektrizität, die diesen Körper durchdringt.«*

Prüfungen können eurer Seele nichts anhaben

Erkennt, dass ihr unsterblich seid. Irdische Prüfungen sollen euch nicht zugrunde richten, sondern euch lehren, euer unsterbliches Wesen zu offenbaren und zu *lächeln*. Sagt euch:

> *»Ich bin unsterblich; ich wurde in diese irdische Schule geschickt, um zu lernen, meine Unsterblichkeit wiederzugewinnen. Auch wenn ich hier auf Erden durch läuternde Feuer schreiten muss, bleibe ich dennoch die Seele, die nie zerstört werden kann. Feuer kann mich nicht verbrennen, Wasser kann mich nicht benetzen, Winde können mich nicht austrocknen, Atome können mich nicht zerschmettern; ich bin ein Unsterblicher, der die Lektionen der Unsterblichkeit träumt – nicht um daran zu zerbrechen, sondern um unterhalten zu werden.“*

❖ ❖ ❖

In vielen Inkarnationen habt ihr viele Rollen gespielt. Sie wurden euch jedoch alle nur übertragen, um euch zu unterhalten, nicht um euch Furcht einzujagen. Eure unsterbliche Seele bleibt davon unberührt. Im Spielfilm des Lebens mögt ihr weinen, lachen und mancherlei Rollen übernehmen; doch innerlich solltet ihr euch immer sagen: »Ich bin GEIST.« Aus dieser weisen Erkenntnis erwächst euch großer Trost.

❖ ❖ ❖

»Ich bin das glückliche Kind der seligen Unsterblichkeit. Ich wurde auf die Erde gesandt, um in vielen Dramen von Leben und Tod eine Rolle zu spielen – doch stets in dem Bewusstsein, dass mein wahres SELBST unsterblich ist.
Das Meer des GEISTES ist zur kleinen Welle meiner Seele geworden. Ich bin diese Welle des Lebens – eins mit dem Meer des Kosmischen Bewusstseins. Ich kann niemals sterben. Ganz gleich, ob die Welle meines Lebens nach der Geburt auf der Meeresoberfläche schwimmt oder nach dem Tode im Kosmischen Meer versinkt – ich bin unvergängliches Bewusstsein, das geborgen in der Unsterblichkeit des GEISTES ruht.«

Fürchtet nichts, denn ihr seid Kinder Gottes

Wenn ihr in der Meditation die Augen schließt, fühlt ihr die Unermesslichkeit eures Bewusstseins und wisst, dass ihr im Zentrum der Ewigkeit seid. Konzentriert euch darauf. Nehmt euch morgens und abends etwas Zeit, schließt die Augen und sagt euch:

»Ich bin das Unendliche; ich bin Sein Kind. Die Welle ist eine kleine Wölbung im Meer; mein Bewusstsein ist eine Wölbung im großen Kosmischen Bewusstsein. Ich fürchte mich vor nichts. Ich bin GEIST.«

❖ ❖ ❖

Haltet stets am Bewusstsein der göttlichen Gegenwart fest. Bewahrt euren Gleichmut und sagt euch:

»Ich bin furchtlos. Ich bin aus göttlicher Substanz erschaffen. Ich bin ein Funke im Feuer des GEISTES. Ich bin ein Atom der Kosmischen Flamme. Ich bin eine Zelle im unermesslichen Körper des Vaters. ›Ich und mein Vater sind eins.‹«

❖ ❖ ❖

Fürchtet euch nicht und bewahrt diese Worte in eurem Bewusstsein:

»Ob ich lebe oder sterbe, in Gott habe ich ewiges Leben.«

Dieses Bewusstsein wird Tag für Tag in euch zunehmen, wenn ihr die Techniken übt. Wenn ihr in die tiefe innere Ruhe der Meditation eintaucht, seid ihr frei von der Bindung an den Körper. Was kann der Tod euch dann anhaben? Wo ist die Furcht? Keine Macht der Welt kann euch Angst einjagen. Das ist der Zustand, nach dem ihr verlangt. Konzentriert euch auf das Om, verschmelzt mit dem Om in tiefer Meditation. Wenn ihr Gottes Immanenz in der Kosmischen Schwingung erkennt, »kommt ihr zum Vater« – dem Glückseligkeitsbewusstsein des unendlichen, transzendenten Absoluten. Dann sagt ihr:

> *»Ich und mein Gott der Seligkeit sind eins. Alles in diesem Universum gehört mir. Tod, Krankheit, Jüngstes Gericht, Feuersbrunst – nichts kann mir diese Seligkeit rauben!«*

Ihr seid Geist: Bekräftigt eure geistigen Eigenschaften

Versucht, euch an all die guten und lobenswerten Eigenschaften in eurem Leben zu erinnern, und konzentriert euch darauf. Betont nicht dauernd eure Schwächen.

❖ ❖ ❖

Der strebsame Yogi sollte sich immer sagen, wenn er ärgerlich wird: »Das bin nicht ich!« Immer wenn seine Selbstbeherrschung von Lust oder Gier überwältigt wird, sollte er sich sagen: »Das bin nicht ich!« Immer wenn Hassgefühle sein wahres

Wesen mit der Maske feindseliger Emotionen verdecken wollen, sollte er diese energisch zurückweisen und sich sagen: »Das bin nicht ich!« So lernt er, die Türen seines Bewusstseins gegen alle unerwünschten Besucher, die sich bei ihm einnisten wollen, zu verschließen. Und immer, wenn der Gottsucher von anderen ausgenutzt oder missbraucht worden ist und dennoch ein heiliges Gefühl der Vergebung und Liebe in sich aufsteigen fühlt, kann er mit Überzeugung sagen: »*Das* bin ich! Das ist mein wahres Wesen.«

Die Yoga-Meditation ist ein Vorgang, bei dem man sich durch bestimmte geistige und psychophysische Methoden und Gesetze um Erkenntnis seiner wahren Natur bemüht und diese Erkenntnis festigt, damit das begrenzte Ego – das angeborene entstellte menschliche Bewusstsein – vom Bewusstsein der Seele abgelöst werden kann.

❖ ❖ ❖

Liebe Freunde, erlaubt niemandem, euch als Sünder zu bezeichnen. Ihr seid Kinder Gottes, denn ihr seid Ihm zum Bilde erschaffen worden. ... Sagt euch:

> *»Meine Sünden mögen so tief sein wie das Meer und so hoch wie die Sterne, ich bin dennoch unbesiegt, denn ich bin der Geist selbst.«*

Ihr seid Licht, ihr seid Freude

Wenn ihr Licht in eine Höhle bringt, die Tausende

von Jahren in Dunkelheit getaucht war, ist die Dunkelheit sofort verschwunden, als wäre sie nie gewesen. Ganz so verhält es sich mit euren Schwächen; worin sie auch bestehen mögen, sobald ihr das Licht des Guten anzündet, gehören sie nicht mehr zu euch. Das Licht der Seele ist so machtvoll, dass selbst Inkarnationen der Bosheit es nicht zerstören können. Doch die selbst erzeugte vorübergehende Dunkelheit des Bösen macht die Seele unglücklich, denn in dieser Dunkelheit leidet ihr. Ihr könnt sie aber vertreiben, indem ihr in tiefer Meditation euer geistiges Auge öffnet und euer Bewusstsein in sein alles enthüllendes göttliches Licht taucht.

Niemand anders kann euch erlösen. Ihr seid euer eigener Erlöser, sobald ihr erkennt:

> *»Ich selbst bin das Licht. Ich war nie für die Dunkelheit bestimmt; sie kann das Licht meiner Seele nie verhüllen.«*

❖ ❖ ❖

Wenn euch das Leben Beschränkungen auferlegt, vergesst diesen Albtraum. Wiederholt die folgende Affirmation, bevor ihr abends einschlaft und wenn ihr morgens aufwacht:

> *»Ich bin ein Sohn Gottes, wie Jesus und die Meister. Ich werde mich nicht hinter dem Schleier der Unwissenheit vor Ihm verbergen. Ich werde vor Weisheit sprühen, damit ich durch meinen geläuterten Geist die Fülle Seines vollkommenen Lichtes in mich*

> *aufnehmen kann. Habe ich das göttliche Licht in all seiner Fülle empfangen, werde ich erkennen, dass auch ich ein Sohn Gottes bin – und dass ich es von jeher war, denn ich bin Ihm zum Bilde erschaffen.«*

❖ ❖ ❖

»Ich bin immerdar Gottes Kind. Ich bin machtvoller als all meine Prüfungen. Alles, was ich früher falsch gemacht habe, kann ich jetzt durch mein richtiges Handeln und durch die Meditation wiedergutmachen. Ich will all meine Fehler ausrotten. Ich bin auf immer unsterblich.«

❖ ❖ ❖

Meditiert jeden Abend, bis ihr alle weltlichen Gedanken und Wünsche verbannt habt. ... Zieht euch von allen ruhelosen Gedanken und Gefühlen zurück, und lasst euch im Tempel eurer Seele nieder, wo die unermessliche Freude Gottes sich ausbreitet und die ganze Welt umfasst. Dann erkennt ihr, dass nichts anderes existiert als nur DAS, und ihr könnt sagen:

> *»Ich bin eins mit dem ewigen Licht Gottes, der ewigen Freude Christi. Alle Wellen der Schöpfung wogen in mir. Ich habe die Welle meines Körpers im Meer des GEISTES aufgelöst. Ich bin zum Meer des GEISTES geworden. Ich bin nicht mehr der Körper. Mein Geist schläft in den Steinen. Ich träume in*

den Blumen, und ich singe in den Vögeln. Ich denke im Menschen, und im Übermenschen weiß ich, dass ›Ich bin‹«.

In diesem Zustand erkennt ihr, dass Feuer euch nicht vernichten kann, dass Erde, Gras und Himmel eure Blutsverwandten sind. Dann wandelt ihr wie ein Geistwesen auf dieser Erde und fürchtet euch nicht mehr vor den stürmischen Wellen der Schöpfung.

Ihr seid Liebe

»Mein Himmlischer Vater ist Liebe, und ich bin Ihm zum Bilde erschaffen. Ich bin die Sphäre der Liebe, in der alle Planeten und Sterne, alle Lebewesen und erschaffenen Dinge leuchten. Ich bin die Liebe, die das ganze Universum erfüllt.«

❖ ❖ ❖

Wenn ihr diese göttliche Liebe erlebt, seht ihr keinen Unterschied mehr zwischen Blumen und Tieren, zwischen diesen und jenen Menschen. Dann seid ihr mit der ganzen Natur verbunden und liebt alle Menschen gleich. Da ihr nur noch eine Rasse kennt - nämlich die Kinder Gottes, die eure Brüder und Schwestern in Ihm sind –, könnt ihr sagen:

»Gott ist mein Vater. Ich gehöre zu Seiner großen Menschenfamilie. Ich liebe alle Menschen, denn sie alle gehören zu mir. Ich liebe auch Schwester Sonne und Bruder Mond

und alle Geschöpfe, die mein Vater geschaffen hat und in denen Sein Leben pulsiert.«

❖ ❖ ❖

»Ich heiße alle Rassen – die olivfarbene, die weiße, die dunkle, die gelbe und die rote – im Heim meines Herzens willkommen. Dort leben sie mit mir als meine Brüder, auf Erden geboren durch unsere Stammeseltern Adam und Eva, und im Geiste geboren durch Gott, den Vater.
Ich umfange Erde, Wasser, Feuer, Luft und Äther als meine Blutsverwandten – das eine, allumfassende Sein, das meine Adern in allen Formen des Lebens durchzieht. Ich nehme alle Tiere, Pflanzen, die geliebten Atome und Energien in den Tempel meines Lebens auf, denn ich bin die Liebe, ich bin das Leben selbst.«

»Du bist DAS«

Jnana oder wahres Wissen heißt, dass die Seele erkannt hat: »*Aham Brahmasmi* (Ich bin Brahma)« oder »*Tat Tvam Asi* (Du bist Das)«. Und wenn man in aufrechter Meditationshaltung sitzt und den Prana-Strom zum *Kutastha*-Zentrum (zwischen den Augenbrauen) führt, dann hat man wahres *Tapasya erlangt,* wahre spirituelle Askese oder Praxis, welche die göttliche Kraft im Innern beherrscht.

❖ ❖ ❖

Wenn ihr das Bewusstsein dieser Welt hinter euch lasst und wisst, dass ihr nicht der Körper und nicht der Verstand seid, euch aber dennoch eures eigenen Daseins so bewusst seid wie nie zuvor, dann ist dieses göttliche Bewusstsein euer wahres SELBST. Ihr seid DAS, in dem alles im Universum seinen Ursprung hat.

❖ ❖ ❖

Reißt die einengenden Schranken nieder, die eure Seele vom GEIST trennen.

»Bin ich das Meer? Es ist zu klein –
Ein Tautropfen nur an den azurblauen
Halmen des Raumes.
Bin ich der Himmel? Er ist zu klein –
Ein winziger See im Schoß der
Unendlichkeit.
Bin ich die Ewigkeit? Sie ist zu klein –
Eingeschlossen in ein Wort.
Die unermessliche Sphäre der
Namenlosigkeit
Ist mein Zuhause –
Jenseits aller begrenzenden Vorstellungen,
Jenseits aller Träume und Namen.
Ich bin, was ich allezeit bin –
In der ewig lebend'gen Vergangenheit,
In der ewig lebendigen Zukunft
Und im ewig lebendigen Jetzt.«

KAPITEL 15

Das vollkommene Ziel

Die Menschheit ist auf der ewigen Suche nach »irgendetwas anderem«, von dem sie sich höchstes, unvergängliches Glück verspricht. Für solche Menschen jedoch, die Gott gesucht und gefunden haben, ist die Suche vorbei: Er ist »dieses andere«.

❖ ❖ ❖

Viele Leute mögen daran zweifeln, dass der Sinn des Lebens darin besteht, Gott zu finden, aber jeder wird mit mir übereinstimmen, dass unser Lebensziel darin besteht, glücklich zu werden. Ich behaupte, dass Gott Glück ist. Er ist Glückseligkeit, Er ist Liebe, Er ist die Freude, die eure Seele nie mehr verlässt. Warum versucht ihr dann nicht, dieses Glück zu erwerben? Kein anderer kann es euch geben; ihr selbst müsst es euch verdienen.

❖ ❖ ❖

Wenn das Leben uns plötzlich alles gäbe, was wir uns wünschen – Reichtum, Macht und Freunde –, würden wir dieser Dinge früher oder später überdrüssig werden. Es gibt jedoch etwas, dessen wir nie müde werden: die Freude selbst! Ein Glück, das herrliche Abwechslung bringt, obgleich es seinem Wesen nach immer gleich bleibt, ist das innere

Erleben, nach dem wir alle suchen. Gott ist dauerhafte, ewig neue Freude. Wenn ihr diese Freude im Innern findet, werdet ihr sie auch in allen äußeren Dingen erleben. Mit Gott zapft ihr das Reservoir immerwährender, unendlicher Glückseligkeit an.

❖ ❖ ❖

Stellt euch einmal vor, dass die Strafe über euch verhängt würde, nicht einschlafen zu dürfen, obgleich ihr todmüde seid, und dass dann plötzlich jemand zu euch sagte: »So, nun darfst du schlafen.« Stellt euch die Freude vor, die ihr kurz vor dem Einschlafen empfindet. Und dann stellt euch eine millionenfache Steigerung dieser Freude vor. Aber selbst dies kann noch nicht die Freude beschreiben, die man beim Erleben Gottes empfindet.

❖ ❖ ❖

Gottes Freude ist grenzenlos, unerschöpflich und ewig neu. Weder Körper noch Geist noch irgendetwas anderes kann euch von Ihm ablenken, wenn ihr in diesem Bewusstseinszustand seid – so groß ist Gottes Gnade und Herrlichkeit. Er wird euch erklären, was ihr nie zuvor verstanden habt – alles, was ihr je habt wissen wollen.

❖ ❖ ❖

Wenn ihr still und tief meditiert, sprudelt aus eurem Innern eine Freude empor, die durch keine äußeren Anregungen verursacht wird. Die Freude der Meditation ist überwältigend. Wer noch nicht die Stille wahrer Meditation erlebt hat, weiß nicht, was echte Freude ist.

❖ ❖ ❖

Wenn ihr eure Gedanken und Gefühle nach innen richtet, beginnt ihr Gottes Freude zu fühlen. Die Sinnesfreuden dauern nicht an; doch die Freude Gottes währt ewig. Sie ist mit nichts anderem zu vergleichen.

Sich für Gott Zeit nehmen

Alles im Leben hat seine Bedeutung. Doch ist es bedauerlich, wenn ihr eure Zeit vergeudet und dadurch euer Glück aufs Spiel setzt. Ich habe alle unnötigen Beschäftigungen aufgegeben, damit ich Zeit für die Meditation und für meine Gottsuche habe – damit ich Tag und Nacht in Seinem Göttlichen Bewusstsein leben kann.

❖ ❖ ❖

Nur wenige von uns wissen, wie erfolgreich wir unser Dasein gestalten können, wenn wir vernünftig, weise und sparsam leben. Zunächst sollten wir sparsam mit unserer Zeit umgehen, denn ein Leben nach dem anderen schwindet dahin, bevor uns das zum Bewusstsein kommt. Deshalb erkennen wir auch nicht den Wert der uns von Gott verliehenen Zeit, mit der wir die Ewigkeit gewinnen könnten.

❖ ❖ ❖

Vergeudet eure Zeit nicht. Sehr viele Menschen gehen nutzlosen Beschäftigungen nach. Fragt man sie, was sie getan haben, so antworten sie gewöhnlich: »Oh, ich hatte alle Hände voll zu tun!« Doch sie wissen kaum noch, womit sie so eifrig beschäftigt waren.

❖ ❖ ❖

Jeden Augenblick könnt ihr von dieser Welt abberufen werden und müsst dann all eure Verabredungen absagen. Warum also allen anderen Tätigkeiten den Vorrang geben, sodass ihr keine Zeit mehr für Gott habt? Das hieße, nicht praktisch handeln. Es liegt an der *Maya,* dem Netz kosmischer Täuschung, das über uns ausgeworfen wurde, dass wir uns in weltliche Interessen verstricken lassen und den Herrn vergessen.

❖ ❖ ❖

Die größte Täuschung des Menschen besteht darin, dass er meint, er müsse alle geringeren Wünsche zuerst erfüllen und allen geringeren Pflichten zuerst nachkommen. Ich erinnere mich noch gut an die Schulungszeit bei meinem Guru, Swami Sri Yukteswarji. Ich war damals noch jung und nahm mir täglich vor: »Morgen will ich länger meditieren.« Ein ganzes Jahr war so dahingegangen, als ich mir plötzlich bewusst wurde, dass ich diesen Vorsatz noch immer nicht verwirklicht hatte. Da entschloss ich mich auf der Stelle, am nächsten Tag nach der

Morgentoilette sofort zu meditieren. Aber auch dann wurde ich, sobald ich aufstand und umherging, noch von meinen täglichen Pflichten in Anspruch genommen. Deshalb entschloss ich mich, zuallererst zu meditieren. Ich habe viel daraus gelernt, vor allem, dass meine Pflicht Gott gegenüber an erster Stelle steht; erst danach erledige ich meine kleineren Pflichten.

❖ ❖ ❖

Es ist wichtig, dass ihr zwischen euren Bedürfnissen und euren Wünschen unterscheiden lernt. Bedürfnisse habt ihr nicht viele, doch eure Wünsche können zahllos sein. Wenn ihr aber innere Freiheit und Glückseligkeit erlangen wollt, dann befriedigt nur eure Bedürfnisse. Hütet euch davor, ständig neue Wünsche zu erzeugen und dem Irrlicht trügerischen Glücks nachzujagen.

❖ ❖ ❖

»Was ist das beste Gebet?« fragte ein Jünger. Der Meister antwortete:

»Sprich zu Gott: ›Sag mir, was Dein Wille ist.‹ Bete nicht: ›Ich möchte dies oder das haben‹, sondern vertraue darauf, dass Er weiß, was du brauchst. Du wirst erleben, dass du viel bessere Dinge erhältst, wenn Er die Wahl für dich trifft.«

❖ ❖ ❖

Wenn es euch nicht gelingt, irgendein kleines irdisches Spielzeug zu erwerben, das ihr leidenschaftlich ersehnt, lehnt euch deswegen nicht gegen Gott auf. Manchmal ist es gut, dass wir die Dinge, die wir uns wünschen, nicht erhalten. Wenn der Göttliche Vater sieht, dass Seine impulsiven Kinder sich in das Feuer falscher oder maßloser Wünsche stürzen wollen, die durch ihren Glanz verlocken, will Er sie vor Brandwunden schützen.

Gott spricht: »Wenn Meine Kinder glauben, dass Ich auf ihre Gebete nicht antworte, dann wissen sie nicht, dass Ich dennoch antworte – nur anders, als sie es von Mir erwarten. Ich gebe nicht immer ihren Wünschen nach, es sei denn, dass sie Vollkommenheit erreicht haben. Nur wenn sie vollkommen geworden sind, werden ihre Bitten stets von Weisheit regiert sein.«

❖ ❖ ❖

»Wir können dem Herrn ruhig sagen, was wir uns wünschen«, meinte Paramahansaji, »aber es zeugt von größerem Glauben, wenn wir einfach sagen: ›Himmlischer Vater, Du weißt, was ich brauche. Erhalte mich nach Deinem Willen.‹

Wenn sich jemand brennend ein Auto wünscht und eindringlich genug darum betet, wird er es schließlich bekommen. Aber der Besitz eines Autos mag nicht das Beste für ihn sein. Manchmal schlägt uns der Herr kleine Bitten ab, weil Er uns etwas Besseres geben will.« Er fügte hinzu: »Vertraut mehr auf Gott. Glaubt daran, dass Er, der euch erschaffen hat, auch für euch sorgen wird.«

❖ ❖ ❖

Gott hat mir bewiesen, dass alle »Lebensnotwendigkeiten« unnötig werden, wenn Er bei mir ist. In diesem Bewusstsein seid ihr gesünder, glücklicher und reicher als der durchschnittliche Mensch. Trachtet nicht nach kleinen Dingen, die euch nur von Gott ablenken. Beginnt jetzt damit, euer Leben einfacher zu gestalten und zu einem König zu werden.

❖ ❖ ❖

Der durchschnittliche Mensch steht unter dem Einfluss seiner weltlichen Umgebung. Ein Mensch, der sich tief konzentrieren kann, schmiedet sein eigenes Leben. Er plant seinen Tag richtig und stellt am Ende des Tages fest, dass er seine Pläne durchgeführt hat; er merkt, dass er Gott und seinem Ziel näherkommt. Ein Schwächling plant viele wunderbare Dinge, doch am Ende des Tages stellt er fest, dass er ein Opfer der Umstände und schlechten Gewohnheiten geworden ist. Ein solcher Mensch macht gewöhnlich alle anderen dafür verantwortlich, nur nicht sich selbst.

Vergesst nie, dass ihr allein euch selbst, und keinen anderen, für eure Schwierigkeiten verantwortlich machen könnt. Wenn ihr euch vornehmt, Herr jeder Lage zu werden, indem ihr den Gesetzen Folge leistet, werden sich die Umstände danach richten. Einmal müsst ihr es lernen, Herr über euer Leben zu werden.

❖ ❖ ❖

Ihr seid jeden Augenblick Meister eures Lebens.

❖ ❖ ❖

Nehmen wir einmal an, ihr sagt euch: »Heute will ich mir Zeit zur Meditation nehmen.« *Tut* es dann auch; setzt euch mindestens ein paar Minuten lang hin. Am nächsten Tag nehmt euch vor, etwas länger zu meditieren. Und am übernächsten Tag strengt euch, trotz aller Hindernisse, noch etwas mehr an.

❖ ❖ ❖

Erst wenn ihr euch bewusst werdet, wie absolut wichtig Gott für euch ist, werdet ihr Ihn finden. Lasst euch nicht vom Leben irreführen. Macht euch gute Gewohnheiten zu eigen, die euch zu wahrem Glück verhelfen. Haltet euch an einfache Kost, verschafft euch genug körperliche Bewegung und meditiert täglich – ganz gleich, was kommen mag. Wenn ihr morgens nicht in der Lage seid, zu üben und zu meditieren, so tut es abends. Betet täglich: »Herr, selbst wenn ich darüber sterben sollte oder wenn die ganze Welt untergeht, ich will täglich Zeit für Dich finden.«

❖ ❖ ❖

Paramahansaji warnte seine Jünger häufig vor der Gefahr geistiger Trägheit. »Die Minuten sind wichtiger als die Jahre«, pflegte er zu sagen. »Wenn ihr die Minuten eures Lebens nicht mit Gedanken an Gott erfüllt, eilen die Jahre unbemerkt dahin, und wenn ihr Ihn am nötigsten braucht, werdet ihr Seine Gegenwart nicht fühlen können. Doch wenn ihr die Minuten eures Lebens mit göttlichen Gedanken erfüllt, werden die Jahre ganz von selbst davon durchdrungen sein.«

Sich in der Vergegenwärtigung Gottes üben

Freude besteht darin, ständig an Gott zu denken. Die Sehnsucht nach Ihm muss immer in euch lebendig bleiben. Dann wird die Zeit kommen, wo sich eure Gedanken niemals von Seiner lebendigen Gegenwart entfernen, auch dann nicht, wenn Körper, Geist und Seele schwer geprüft werden. Ist das nicht wunderbar? Während des ganzen Lebens an Gott zu denken? Ihn zu fühlen – in Seiner festen Burg zu wohnen, wo weder der Tod noch irgendetwas anderes euch verletzen kann?

❖ ❖ ❖

Unmittelbar hinter euren Worten, unmittelbar hinter euren Gedanken, unmittelbar hinter der Liebe eures Herzens, unmittelbar hinter eurem Willen, unmittelbar hinter eurem Ichbewusstsein liegt der große Geist Gottes. Für diejenigen, die Ihn in weiter Ferne wähnen, ist Er weit fort; doch für jene, die Ihn nahe glauben, ist er ewig nah. In der Bhagavad-Gita heißt es: »Wer Mich überall wahrnimmt und alle Dinge in Mir, der verliert Mich nie aus den Augen, noch verliere Ich ihn je aus den Augen.«[1] Der Herr lässt uns nie im Stich.

❖ ❖ ❖

Wir behaupten, dass Gott unsichtbar für uns sei, doch in Wirklichkeit offenbart Er sich im machtvollen Universum. Gott ist alle Dinge zugleich – nicht nur ein Ding.

❖ ❖ ❖

Wenn ihr diese Schöpfung betrachtet, die so massiv und wirklich erscheint, denkt immer daran, dass sie ein Gedanke Gottes ist, der sich zu materiellen Formen verdichtet hat. In vielen kleinen Dingen könnt ihr euren Gedanken diese Wahrheit täglich einflüstern. Denkt jedes Mal, wenn ihr einen wunderschönen Sonnenuntergang seht: »Es ist Gott, der den Himmel malt.« Und immer, wenn ihr einen Menschen anschaut, denkt: »Es ist Gott, der diese Gestalt angenommen hat.« Ähnlich müsst ihr bei all euren Erfahrungen denken: »Das Blut in meinem Körper ist Gott; die Vernunft in meinem Geist ist Gott; die Liebe in meinem Herzen ist Gott; alles, was existiert, ist Gott.«

❖ ❖ ❖

Yoga ist die Kunst, alles im Bewusstsein Gottes zu tun. Nicht nur wenn ihr meditiert, sondern auch während der Arbeit sollten eure Gedanken ständig

[1] Bhagavad-Gita VI, 30.

in Ihm verankert sein. Wenn ihr in dem Bewusstsein arbeitet, Gott damit Freude zu bereiten, führt euch diese Tätigkeit näher zu Ihm. Denkt daher nicht, dass ihr Gott nur in der Meditation finden könnt. Sowohl Meditation als auch richtige Tätigkeit sind wichtig, wie die Bhagavad-Gita es lehrt. Wenn ihr an Gott denkt, während ihr eure Pflichten in der Welt erfüllt, seid ihr geistig mit Ihm verbunden.

❖ ❖ ❖

Wenn ihr für Gott und nicht für euch selbst arbeitet, so ist das ebenso wertvoll wie die Meditation. Dann hilft die Arbeit eurer Meditation und die Meditation eurer Arbeit. Ihr braucht diesen Ausgleich. Wer nur meditiert, wird träge. Wer immer nur arbeitet, wird weltlich und vergisst Gott.

❖ ❖ ❖

Für Gott zu arbeiten ist ein ganz persönliches Erlebnis; es ist zutiefst befriedigend.

❖ ❖ ❖

Nur wenn ihr alle Arbeiten ausdauernd und selbstlos verrichtet und dabei voller Liebe an Gott denkt, wird Er zu euch kommen. Dann wisst ihr, dass ihr das Meer allen Lebens seid, das zur winzigen Welle des menschlichen Lebens geworden ist. Auf diese Weise kann man durch richtiges Handeln zu Gott gelangen. Wenn ihr vor, während und nach jeder Handlung an Gott denkt, wird Er sich euch offenbaren. Arbeiten müsst ihr zwar, aber lasst Gott durch euch arbeiten – das ist echte Hingabe. Wenn ihr immer daran denkt, dass Er eure Füße bewegt, durch eure Hände wirkt, durch euren Willen denkt, dann werdet ihr Ihn erkennen.

❖ ❖ ❖

Ganz gleich, was ihr tut, ihr habt immer die Möglichkeit, Gott Gedanken der Liebe zuzuflüstern, bis ihr bewusst Antwort von Ihm empfangt. Das ist die sicherste Methode, Ihn in der wilden Hast des heutigen Lebens zu finden.

❖ ❖ ❖

Die Gewohnheit, ständig zu Gott zu flüstern, wird euch bei eurer geistigen Entwicklung wesentlich helfen. Dann werdet ihr einen erfreulichen Wandel in euch selbst feststellen. Ganz gleich, was ihr tut, ihr solltet Gott nie aus den Gedanken verlieren. Wenn ihr vorhabt, ins Theater zu gehen oder ein Kleid oder ein Auto zu kaufen, das euch besonders gefällt – stimmt es nicht, dass ihr dann immer an diese Dinge denkt, ganz gleich, was ihr tut? Eure Gedanken finden keine Ruhe, bis euer glühender Wunsch erfüllt worden ist; sie kreisen dauernd um solche Wünsche. Auf dieselbe Weise sollten eure Gedanken Tag und Nacht um Gott kreisen. Tauscht die nichtigen Wünsche gegen den mächtigen Wunsch nach Ihm ein. In Gedanken solltet ihr ständig flüstern:

»Tag und Nacht, Tag und Nacht, Herr ich warte Tag und Nacht.«[2]

❖ ❖ ❖

Das ist die Lebensphilosophie, nach der wir leben sollten. Nicht morgen, sondern heute, diese Minute. Es kann keine Entschuldigung dafür geben, nicht an Gott zu denken. Tag und Nacht soll es innerlich in euch singen: Gott! Gott! Gott! anstatt Geld oder Sex oder Ruhm. Ob ihr Geschirr spült, einen Graben aushebt, im Büro oder im Garten arbeitet – ganz gleich, was ihr tut, flüstert Ihm immerfort zu: »Herr, offenbare Dich mir! Du bist unmittelbar hier. Du bist in der Sonne, Du bist im Gras. Du bist im Wasser. Du bist in diesem Zimmer, Du bist in meinem Herzen.«

❖ ❖ ❖

Jeder Gedanke, den wir denken, sendet eine bestimmte feine Schwingung aus. ... Wenn ihr innerlich das Wort »Gott« sprecht und diesen Gedanken ständig wiederholt, erzeugt das eine Schwingung, die Seine Gegenwart herbeilockt.

❖ ❖ ❖

Immer, wenn sich euer Geist im Irrgarten zahlloser weltlicher Gedanken verliert, holt ihn geduldig zurück, damit er sich an den Gott erinnert, der

[2] Aus dem Lied »Meines Herzens Tür«, veröffentlicht im Buch *Kosmische Lieder* von Paramahansa Yogananda.

in euch selber wohnt. Mit der Zeit werdet ihr erkennen, dass Er euch immer nahe ist – ein Gott, der in eurer eigenen Sprache zu euch spricht, ein Gott, dessen Antlitz euch aus jeder Blume, jedem Busch und jedem Grashalm entgegenblickt. Dann werdet ihr sagen: ›Ich bin frei! Ich bin in das durchsichtige Gewand des GEISTES gehüllt; ich fliege auf Schwingen des Lichts von der Erde zum Himmel!‹ Und welche Freude wird dann euer Herz überfluten!

Wie man Verbindung mit Gott aufnimmt

»Es scheint kaum praktisch zu sein, die ganze Zeit an Gott zu denken«, meinte ein Besucher. Paramahansaji erwiderte:

»Die Welt ist ganz Ihrer Meinung – aber ist die Welt glücklich? Wer Gott, den Inbegriff der Glückseligkeit, verlässt, sucht vergebens nach wahrer Freude. Echte Gottsucher leben schon auf Erden im inneren Himmel des Friedens; die anderen aber, die Ihn vergessen, verbringen ihre Tage in einem selbstgeschaffenen Hades der Ungewissheit und Enttäuschung. Wer daher mit Gott ›Freundschaft schließt‹, handelt wirklich praktisch.«

❖ ❖ ❖

Bemüht euch, mit Gott in Verbindung zu treten. Es ist möglich, Gott so gut zu kennen, wie ihr euren liebsten Freund kennt. Das ist die Wahrheit.

❖ ❖ ❖

Zuerst müsst ihr euch Gott innerlich vergegenwärtigen, das heißt, ihr müsst eine genaue Vorstellung von Ihm haben, sodass ihr mit Ihm in Verbindung treten könnt – und dann müsst ihr meditieren und beten, bis diese geistige Vorstellung zur tatsächlichen Wahrnehmung wird. Dann werdet ihr Ihn erkennen. Wenn ihr beharrlich seid, wird Er zu euch kommen.

❖ ❖ ❖

Es gibt Leute, die ihren Schöpfer als ein herrisches Wesen beschreiben, das den Menschen mit Unwissenheit benebelt und mit dem Feuer straft und das die Handlungen des Menschen mit herzloser Genauigkeit beurteilt. Dadurch entstellen sie das wahre Bild Gottes – das eines liebenden, mitfühlenden Himmlischen Vaters – und malen ein falsches Bild von Ihm – das eines strengen, schonungslosen und rachsüchtigen Tyrannen. Wer aber mit Gott in Verbindung steht, weiß, wie töricht es ist, sich Ihn anders als ein mitfühlendes Wesen vorzustellen, das unendliche Liebe und Güte in sich birgt.

❖ ❖ ❖

Gott ist ewige Glückseligkeit. Sein Wesen ist Liebe, Weisheit und Freude. Er ist sowohl überpersönlich als auch persönlich und offenbart sich so, wie es Ihm beliebt. Vor Seinen Heiligen erscheint Er in der Gestalt, die ihnen am teuersten ist: Der Christ erblickt Christus, der Hindu Krishna oder die

Göttliche Mutter usw. Wer in Gott etwas Überpersönliches verehrt, nimmt Ihn als unendliches Licht oder als den wundersamen OM-Laut, das Urwort, den Heiligen Geist wahr. Die höchste Erfahrung, die dem Menschen zuteil werden kann, besteht in jener Seligkeit, die alle anderen Ausdrucksformen Gottes – Liebe, Weisheit, Unsterblichkeit – voll und ganz einschließt.

Beweise für Gottes Antwort

»Sir, ich scheine überhaupt keine Fortschritte in der Meditation zu machen. Ich höre und sehe nie etwas«, sagte ein Schüler. Paramahansa Yogananda erwiderte:

»Suche Gott um Seiner selbst willen! Die höchste Gotteserfahrung ist die Glückseligkeit, die man aus der unergründlichen Tiefe des eigenen Herzens aufsteigen fühlt. Trachte nicht nach Visionen, Wundererscheinungen oder phantastischen Erlebnissen. Der Weg zu Gott ist kein Zirkus!«

❖ ❖ ❖

Ein üblicher Grund, weshalb der Sucher auf dem geistigen Weg entmutigt wird, ist seine Erwartung, dass Gottes Antwort wie im blendenden Glanz einer ehrfurchterweckenden inneren Erleuchtung kommen müsse. Diese irrige Ansicht stumpft die Wahrnehmungen des Gottsuchers gegen die feinen göttlichen Reaktionen ab, die schon zu Beginn der Meditationsübungen spürbar sind. Gott reagiert auf alle Bemühungen des Suchers, auf jeden hingebungsvollen Ruf. Selbst als Anfänger werdet ihr dies erfahren, wenn ihr lernt, Ihn als den stillen inneren Frieden zu erkennen, der sich über euer Bewusstsein breitet. Dieser Frieden ist der erste Beweis der Gegenwart Gottes im Innern. Ihr werdet wissen, dass Er es ist, der euch eine richtige Entscheidung im Leben eingegeben hat. Ihr werdet Seine Kraft fühlen, die es euch ermöglicht, schlechte Gewohnheiten abzulegen und geistige Eigenschaften zu entwickeln. Ihr werdet Ihn als die ewig anwachsende Freude und Liebe erkennen, die tief in euch aufsteigt und in euer Alltagsleben und eure menschlichen Beziehungen überfließt.

❖ ❖ ❖

Je mehr Frieden ihr in der Meditation fühlt, umso näher seid ihr Gott. Je tiefer ihr in die Meditation eintaucht, umso näher kommt ihr Ihm. Der Frieden der Meditation ist die Sprache Gottes, Sein Trost, der euch umfängt. Gott ist also auf dem inneren Thron eures Friedens unmittelbar bei euch. Findet Ihn dort zuerst, dann werdet ihr Ihn in allen edlen Bestrebungen finden, in wahren Freunden, in der Schönheit der Natur, in guten Büchern, guten Gedanken und hohen Zielen. Wenn ihr Gott als inneren Frieden erlebt, werdet ihr Ihn auch als Frieden in der Harmonie des Universums und aller äußeren Dinge erkennen.

❖ ❖ ❖

»Obgleich ich versuche, meinen Geist zu beruhigen, habe ich doch nicht die Kraft, meine rastlosen Gedanken abzuschalten und in die innere Welt einzutauchen«, bemerkte ein Besucher. »Wahrscheinlich fehlt es mir an Hingabe.«

»Wenn Sie nur schweigend dasitzen und Hingabe zu fühlen versuchen, kommen Sie nicht viel weiter«, sagte Paramahansa Yogananda. »Deshalb lehre ich wissenschaftliche Meditationstechniken. Üben Sie diese, dann werden Sie Ihren Geist von den ablenkenden Sinneseindrücken und dem unaufhörlichen Strom der Gedanken abschalten können.«

Er fügte hinzu: »Der *Kriya-Yoga*[3] hebt das Bewusstsein auf eine höhere Ebene, sodass Hingabe an den unendlichen GEIST ganz von selbst im menschlichen Herzen erwacht.«

❖ ❖ ❖

Ein sicherer Beweis für SELBST-Verwirklichung – für das göttliche Bewusstsein in euch – ist es, wenn ihr wahrhaft und bedingungslos glücklich seid. Wenn ihr eine ständig anwachsende Freude in der Meditation fühlt und wenn dieser Zustand anhält, dann wisst ihr, dass Gott euch Seine Gegenwart offenbart.

❖ ❖ ❖

Selbst echte Gottsucher denken manchmal, dass Gott ihre Gebete nicht erhöre. Er antwortet

[3] Siehe Glossar.

schweigend, durch Seine Gesetze. Bis Er sich aber des Suchers völlig sicher ist, wird Er nicht unverhohlen antworten, wird Er nicht zu ihm sprechen. Der Herr des Universums ist so demütig, dass Er nichts sagt, damit Er nicht etwa die freie Wahl des Suchers, Ihn anzunehmen oder abzulehnen, beeinflusst. Wenn ihr Ihn erst einmal kennt, besteht kein Zweifel mehr, dass ihr Ihn auch lieben werdet. Wer könnte dem Unwiderstehlichen widerstehen? Doch ihr müsst eure bedingungslose Liebe zu Gott beweisen, wenn ihr Ihn kennenlernen wollt. Ihr müsst Glauben haben. Ihr müsst wissen, dass Er euch hört, wenn ihr betet. Dann wird Er sich euch zu erkennen geben.

❖ ❖ ❖

Wenn Gott auf eure Gebete nicht antwortet, dann nur, weil es euch nicht ernst damit ist. Ihr bringt Ihm nüchterne, gekünstelte Gebete dar, wodurch ihr die Aufmerksamkeit des Himmlischen Vaters niemals erwecken könnt. Nur durch beharrliches, regelmäßiges und ernsthaftes Beten werdet ihr zu Gott gelangen. Macht euch von allen negativen Einflüssen – Angst, Sorge und Ärger – frei und richtet eure Gedanken darauf, wie ihr euren Nächsten lieben und ihm dienen könnt; und lebt ständig in einem Zustand freudiger Erwartung. Im innersten Heiligtum eures Herzens darf nur eine Kraft, ein Friede und eine Freude regieren – und das ist Gott!

Der persönliche Faktor in der Suche nach Gott

Bei der Suche nach Gott spricht ein persönlicher Umstand mit, der wichtiger ist als das Meistern der ganzen Yoga-Wissenschaft. Der Himmlische Vater will sicher sein, dass Seine Kinder nichts als Ihn ersehnen und sich mit nichts anderem zufriedengeben. Wenn Gott fühlt, dass Er nicht den ersten Platz in unserem Herzen einnimmt, hält Er sich zurück. Wenn wir Ihm jedoch sagen: »O Herr, es macht nichts, wenn ich heute Nacht nur wenig Schlaf bekomme, doch Du musst bei mir sein!«, dann wird Er kommen. Ganz gewiss! Dann wird der Herr der Schöpfung die zahllosen Schleier dieses geheimnisvollen Universums lüften und sich uns offenbaren. Er spricht zu Seinen Kindern, die Ihn aufrichtig suchen, und spielt Verstecken mit ihnen. Wenn sie Sorgen haben, offenbart Er ihnen plötzlich eine tröstende Wahrheit. Und schließlich wird Er unmittelbar oder auf verborgene Weise jeden Wunsch Seiner Kinder erfüllen.

❖ ❖ ❖

Um Ihn dazu zu bringen, sich selbst zu schenken, muss man eifrig und unermüdlich in seinen Bemühungen sein. Niemand kann euch diesen Eifer lehren. Den müsst ihr selbst entwickeln. »Man kann ein Pferd zur Tränke führen, aber man kann es nicht zum Trinken zwingen.« Doch wenn das Pferd durstig ist, wird es ganz von selbst nach Wasser verlangen. Wenn ihr also nach dem Göttlichen dürstet, wenn euch nichts anderes mehr wichtig erscheint – keine weltlichen oder körperlichen Prüfungen –, dann wird Er kommen.

❖ ❖ ❖

Der wichtigste Faktor bei einer erfolgreichen Suche nach Gott ist der feste Wunsch, Ihn zu finden.

❖ ❖ ❖

Obgleich Gott all unsere Gebete hört, antwortet Er nicht immer. Wir sind in derselben Lage wie ein Kind, das nach der Mutter ruft, und die Mutter hält es nicht für nötig zu kommen. Sie gibt ihm irgendein Spielzeug, damit es ruhig ist. Doch wenn sich das Kind mit nichts anderem als der Gegenwart der Mutter trösten lässt, dann endlich kommt sie. Wenn ihr Gott finden wollt, müsst ihr schreien wie ein Baby, und zwar so lange, bis die Mutter kommt.

❖ ❖ ❖

Steht nicht gleich wieder auf, nachdem ihr Gott ein- oder zweimal angerufen habt, sondern wiederholt eure Anrufungen mit ständig wachsender innerer Sehnsucht, bis ihr die selige Freude wirklich fühlt und sie euer Herz und euren ganzen Körper erfüllt.

❖ ❖ ❖

Wenn ihr eine berauschende Freude in euch aufsteigen fühlt, sodass euch das Herz fast zerspringen will, und wenn diese Freude auch nach der Meditation anhält, habt ihr den sicheren Beweis dafür, dass Gott euch durch das von Liebe empfänglich gemachte Radio eures Herzens geantwortet hat.

❖ ❖ ❖

In Ihm findet ihr die Liebe aller Herzen. Ihr findet Vollkommenheit. Alles, was die Welt euch gibt und dann wieder nimmt, sodass euch nur Schmerz und Enttäuschung bleiben, findet ihr in viel größerem Maße in Gott, und zwar ohne alle schmerzlichen Nachwirkungen.

❖ ❖ ❖

Er ist der Nächste der Nächsten, der Liebste der Lieben. Liebt Ihn wie ein Geizhals sein Geld, wie ein feuriger Liebhaber seine Geliebte, wie ein Ertrinkender die Luft. Wenn ihr euch so intensiv nach Gott sehnt, wird Er zu euch kommen.

❖ ❖ ❖

Er, der alle Herzen erforscht, sehnt sich nach nichts anderem als eurer aufrichtigen Liebe. Er ist wie ein kleines Kind: Manch einer mag Ihm seinen ganzen Reichtum anbieten, und Er will ihn nicht; und ein anderer ruft Ihm nur zu: »O Herr, ich hab Dich lieb«, und sofort eilt Er in das Herz dieses Suchers.

❖ ❖ ❖

Gott bittet euch nicht, Ihn über alles zu lieben; denn Er möchte, dass ihr Ihn aus eigenem Antrieb, das heißt ohne »Aufforderung«, liebt. Das ist das geheime Spiel dieses Universums. Er, der uns erschaffen hat, sehnt sich nach unserer Liebe. Er will, dass wir sie Ihm freiwillig schenken, ohne dass Er dazu auffordert. Unsere Liebe ist das einzige, was Gott nicht besitzt, es sei denn, dass wir sie Ihm schenken. Ihr seht also, selbst für Gott gibt es noch etwas, das Er erlangen muss: unsere Liebe. Und wir können nie richtig glücklich werden, wenn wir sie Ihm vorenthalten.

❖ ❖ ❖

Die größte Liebe aber könnt ihr erfahren, wenn ihr euch in der Meditation mit Gott vereinigt. Die Liebe zwischen Seele und GEIST ist die vollkommene Liebe – die Liebe, die ihr alle sucht. Während der Meditation nimmt die Liebe ständig zu. Euer Herz erbebt unter Millionen Freudenschauern. ... Wenn ihr tief meditiert, werdet ihr eine solche Liebe erfahren, dass sie sich in menschlichen Worten nicht beschreiben lässt; dann werdet ihr Seine göttliche Liebe erleben und fähig sein, diese reine Liebe auch anderen zu schenken.

❖ ❖ ❖

Wenn ihr nur einen Bruchteil der göttlichen Liebe fühlen könntet, wäre eure Freude so groß, so überwältigend, dass sie euer Herz sprengen würde.

❖ ❖ ❖

Und wenn wir im Einklang mit Ihm sind, ist auch unsere Wahrnehmung grenzenlos und dringt überallhin – so weit das unermessliche Meer Seiner Gegenwart reicht. Wenn wir den Geist wahrnehmen und uns selbst als solchen erkennen, gibt es weder Land noch Meer, noch Erde, noch Himmel; dann ist alles nur Er. Das Verschmelzen mit dem Geist ist ein Zustand, den niemand beschreiben kann. Dann fühlen wir höchste Glückseligkeit, unendliche Freude, Weisheit und Liebe.

❖ ❖ ❖

Die Liebe Gottes, die Liebe des Geistes, ist eine allverzehrende Liebe. Wenn ihr sie einmal erlebt habt, wird sie euch immer weiter führen, bis in die Sphären der Ewigkeit. Diese Liebe kann euch niemand nehmen. Sie wird in eurem Herzen weiterbrennen, und in ihrem Feuer werdet ihr den großen Magnetismus des Geistes finden, der andere zu euch hinzieht und alles anzieht, was ihr wirklich braucht oder euch wünscht.

Ich kann euch ehrlich sagen, dass Gott mir all meine Fragen beantwortet hat, und nicht die Menschen. Er ist wirklich! Es ist Sein Geist, der durch mich zu euch spricht; es ist Seine Liebe, von der ich euch erzähle. Freude über Freude! Wie eine sanfte Brise weht Seine Liebe über euch hin. Tag und Nacht, Woche für Woche, Jahr für Jahr steigert sie sich – es nimmt kein Ende! Und das ist es, was jeder

Einzelne von euch sucht. Ihr glaubt, dass ihr nach menschlicher Liebe und nach Reichtum verlangt, doch hinter diesen steht euer Vater, der ständig nach euch ruft. Sobald ihr erkannt habt, dass Er wichtiger ist als all Seine Gaben, werdet ihr Ihn finden.

❖ ❖ ❖

Der Mensch ist nur deshalb auf die Welt gekommen, um Gott zu erkennen; aus keinem anderen Grund ist er hier. So lautet die wahre Botschaft des Herrn. All denen, die Ihn suchen und lieben, wird Er ein anderes, wunderbares Leben offenbaren, in dem es kein Leid gibt, kein Alter, keinen Krieg und keinen Tod – nur unendliche Geborgenheit. In jenem Leben wird nichts zerstört, da gibt es nur immerwährende Glückseligkeit, die niemals eintönig wird – ewig neue Glückseligkeit.

Darum also lohnt es sich, Gott zu suchen. Alle, die sich ernsthaft um Ihn bemühen, werden Ihn finden. Wer Gott liebt und sich danach sehnt, in Sein Reich aufgenommen zu werden, wer Ihn aufrichtigen Herzens erkennen will, wird Ihn mit Sicherheit finden. Euer Verlangen nach Ihm muss Tag und Nacht größer werden. Er fühlt eure Liebe und wird Sein Versprechen in alle Ewigkeit halten, und ihr werdet unendliche Freude und Glückseligkeit erleben. Alles ist Licht, alles ist Freude, alles ist Friede, alles ist Liebe. Er ist alles.

Gebete und Affirmationen

Lehre mich, Deine Gegenwart im Tempel meines inneren Friedens zu finden – und in der Freude, die dem tiefen Brunnen der Meditation entspringt.

❖ ❖ ❖

Segne mich, damit ich Dich im Tempel jedes Gedankens und jeder Handlung finde. Wenn ich Dich in mir selber finde, so finde ich Dich auch überall, in allen Menschen und allen Lebenslagen.

Über den Autor

»Das Ideal der Gottesliebe und des Dienstes an der Menschheit fand schönsten Ausdruck im Leben Paramahansa Yoganandas. ... Obgleich er den größten Teil seines Lebens außerhalb Indiens verbrachte, gehört er zu unseren großen Heiligen. Sein Werk breitet sich mehr und mehr aus und wird zu einem immer helleren Licht, das den Menschen aller Länder auf ihrer Pilgerreise zu Gott den Weg weist.«

Mit diesen Worten würdigte die indische Regierung Paramahansa Yogananda anlässlich der Herausgabe einer Gedenkbriefmarke zu seinem 25. Todestag.

Paramahansa Yogananda wurde am 5. Januar 1893 in Indien geboren. Er widmete sein Leben dem Ziel, Menschen aller Rassen und Bekenntnisse dabei zu helfen, in ihrem Leben die Schönheit, den Edelmut und die Göttlichkeit des menschlichen Geistes immer mehr zum Ausdruck zu bringen.

Im Jahre 1915 erhielt Sri Yogananda sein Diplom von der Universität Kalkutta. Kurze Zeit später wurde er mit einem feierlichen Gelöbnis als Mönch in den ehrwürdigen indischen Swami-Orden aufgenommen. Zwei Jahre später begann er sein Lebenswerk, als er eine Knabenschule für richtige Lebensweise gründete, in der sowohl die traditionellen Fächer als auch Yoga und geistige Ideale unterrichtet wurden; inzwischen gibt es bereits 17 Erziehungsinstitute dieser Art in ganz Indien. 1920 wurde er nach Boston eingeladen, wo er als Delegierter Indiens an einem Internationalen Kongress religiöser Liberaler teilnahm. Seine Ansprache auf diesem Kongress und seine darauf folgenden Vorträge an der Ostküste der USA wurden begeistert aufgenommen. 1924 trat er eine Vortragsreise durch die ganzen Vereinigten Staaten an.

Während der nächsten drei Jahrzehnte trug Paramahansa Yogananda in großem Maße dazu bei, dass der Westen die geistige Weisheit des Ostens kennen und schätzen lernte. Er bestimmte Los Angeles zum internationalen Hauptsitz der Self-Realization Fellowship, einer überkonfessionellen religiösen Gemeinschaft, die er 1920 gegründet hatte. Durch seine Schriften und ausgedehnten Vortragsreisen sowie durch die Gründung zahlreicher Tempel und Meditationszentren der Self-Realization Fellowship hat er Tausende von Wahrheitssuchern mit der ehrwürdigen Wissenschaft und Philosophie des Yoga bekannt gemacht, dessen Meditationsmethoden universell anwendbar sind.

Heute wird das von Paramahansa Yogananda begonnene geistige und humanitäre Werk von Sri Mrinalini Mata, einer seiner engsten Jüngerinnen und Präsidentin der Self-Realization Fellowship/Yogoda Society of India, weitergeführt. Neben der Veröffentlichung von Paramahansa Yoganandas Schriften, Vorträgen und Ansprachen (einschließlich einer umfangreichen Serie gedruckter Lehrbriefe zum Selbststudium) verwaltet die Gemeinschaft die Tempel, Stätten der inneren Einkehr, Meditationszentren und Ordensgemeinschaften der Self-Realization Fellowship in allen Teilen der Welt; außerdem leitet sie den Weltweiten Gebetskreis.

In einem Artikel über Sri Yoganandas Leben und Werk schrieb Dr. Quincy Howe jun., Professor für alte Sprachen am Scripps College in Claremont, Kalifornien: »Paramahansa Yogananda brachte dem Westen nicht nur Indiens zeitlose Botschaft der Gottverwirklichung, sondern auch eine praktische Methode, mit der Wahrheitssucher aller Gesellschaftsschichten das ersehnte Ziel in absehbarer Zeit erreichen können. Auch wenn das geistige Vermächtnis Indiens in seiner erhabenen und abstrakten Form im Westen von jeher geschätzt wurde, so ist es jetzt durch Übungsmethoden und eigene Erfahrung all denen zugänglich, die Gott nicht erst im Jenseits, sondern hier und jetzt finden wollen. ... Yogananda hat allen den Zugang zu den höchst entwickelten Methoden der Kontemplation geöffnet.«

Paramahansa Yogananda beschreibt sein Leben und seine Lehre in der *Autobiographie eines Yogi* (siehe Seite 269). Ein preisgekrönter Dokumentarfilm über sein Leben und sein Werk – *AWAKE: Das Leben des Yogananda* – ist im Oktober 2014 erschienen.

Paramahansa Yogananda – ein Yogi im Leben und im Tod

Am 7. März 1952 hielt Paramahansa Yogananda in Los Angeles/Kalifornien auf einem Bankett, das zu Ehren des indischen Botschafters, Seiner Exzellenz Binay R. Sen, veranstaltet wurde, eine Ansprache. Unmittelbar danach ging er in den *Mahasamadhi* ein. (Das ist der endgültige und bewusste Austritt eines Yogis aus seinem Körper.)

Der große Weltlehrer bewies nicht nur während seines Lebens, sondern auch noch im Tode die Wirksamkeit des Yoga (der wissenschaftlichen Techniken, die zur Gottvereinigung führen). Noch mehrere Wochen nach seinem Hinscheiden leuchtete sein unverändertes Antlitz in einem göttlichen Glanz – unberührt von jeder Verwesung.

Harry T. Rowe, der Direktor des Friedhofs von *Forest Lawn Memorial Park* in Los Angeles (wo der Körper des großen Meisters vorläufig ruht), sandte der Self-Realization Fellowship eine beglaubigte Urkunde, der wir hier folgende Auszüge entnehmen:

»Das Ausbleiben jeder Verfallserscheinungen am Leichnam Paramahansa Yoganandas stellt den außergewöhnlichsten Fall in unserer ganzen Erfahrung dar. ... Selbst zwanzig Tage nach seinem Tode war kein Zeichen einer körperlichen Auflösung festzustellen. ... Die Haut zeigte keine Spuren von Verwesung, und im Körpergewebe ließ sich keine Austrocknung erkennen. Ein solcher Zustand von Unverweslichkeit ist, soweit wir das aus Friedhofsannalen wissen, einzigartig. ... Als Yoganandas Körper eingeliefert wurde, erwarteten die Friedhofsbeamten, dass sich allmählich, wie bei jedem Leichnam, die üblichen Verfallserscheinungen einstellen würden. Mit wachsendem Erstaunen sahen wir jedoch einen Tag nach dem anderen verstreichen, ohne dass der in einem gläsernen Sarg liegende Körper irgendeine sichtbare Veränderung aufwies. Yoganandas Körper befand sich anscheinend in einem erstaunlichen unverweslichen Zustand. ... Kein Verwesungsgeruch konnte während der ganzen Zeit an seinem Körper wahrgenommen werden. ... Die körperliche Erscheinung Yoganandas war am 27. März, kurz bevor der Bronzedeckel auf den Sarg gelegt wurde, dieselbe wie am 7. März. Er sah am 27. März genauso frisch und vom Tode unberührt aus wie am Abend seines Todes. Es lag also am 27. März keine Veranlassung vor zu behaupten, dass sein Körper auch nur das geringste Zeichen der Zersetzung aufweise. Aus diesem Grunde möchten wir nochmals betonen, dass der Fall Paramahansa Yoganandas unseres Wissens einzigartig ist.«

Zusätzliche Möglichkeiten, Paramahansa Yoganandas Lehren über den Kriya-Yoga kennenzulernen

Die *Self-Realization Fellowship* hat es sich zur Aufgabe gemacht, Wahrheitssucher in aller Welt weitgehend zu unterstützen. Bitte besuchen Sie unsere Webseite oder wenden Sie sich an unseren internationalen Hauptsitz, wenn Sie Informationen über Folgendes wünschen: unsere jährlich stattfindenden öffentlichen Vorträge und Seminare; Meditationen und Andachten in unseren Tempeln und Zentren in vielen Ländern der Welt; Termine für unsere Retreats (Einkehrtage) sowie Informationen über andere Aktivitäten.

www.yogananda-srf.org

Self-Realization Fellowship
3880 San Rafael Avenue
Los Angeles, CA 90065-3219 USA
Tel. +(323) 225-2471

oder

Gemeinschaft der Selbst-Verwirklichung
Laufamholzstraße 369
D-90482 Nürnberg
Tel. 0911/50 10 87
Fax 0911/5 04 83 17

Lehrbriefe der Self-Realization Fellowship

Diese Lehrbriefe enthalten Paramahansa Yoganandas Anleitung zu den Techniken der Yoga-Meditation und seine Grundsätze und persönlichen Ratschläge für eine spirituelle Lebensweise

Wenn Sie sich von den spirituellen Wahrheiten in *Wo Licht ist* angesprochen fühlen, möchten wir Sie einladen, die *Lehrbriefe der Self-Realization Fellowship* zu abonnieren.

Paramahansa Yogananda hat diese Reihe von *Lehrbriefen*, die für das Selbststudium gedacht sind, zusammenstellen lassen, um aufrichtigen Wahrheitssuchern Gelegenheit zu geben, die in diesem Buch erwähnten althergebrachten Yoga-Meditationstechniken zu lernen und zu üben – einschließlich des wissenschaftlichen *Kriya-Yoga*. Die *Lehrbriefe* enthalten auch seine praktischen Ratschläge, mit denen man Ausgeglichenheit sowie körperliche, geistige und seelische Gesundheit erlangen kann.

Die *Lehrbriefe der Self-Realization Fellowship* können gegen eine geringe Gebühr bezogen werden (diese dient zur Deckung der Druck- und Versandkosten). Alle, welche die *Lehrbriefe* beziehen, werden in Bezug auf das Üben der Techniken von Nonnen und Mönchen der *Self-Realization Fellowship* ausgiebig persönlich beraten.

Weitere Informationen ...

Einzelheiten über die *Lehrbriefe der Self-Realization Fellowship* enthält die kostenlose Broschüre *Ungeahnte Möglichkeiten*. Um diese Broschüre und eine Anmeldung für die *Lehrbriefe* anzufordern, besuchen Sie bitte unsere Webseite www.yogananda-srf.org/lehrbriefe oder wenden Sie sich an unseren internationalen Hauptsitz oder die Gemeinschaft der Selbst-Verwirklichung (siehe vorhergehende Seite).

Ziele und Ideale der Self-Realization Fellowship

dargelegt von ihrem Gründer
Paramahansa Yogananda

Präsidentin: Sri Mrinalini Mata

Menschen aller Nationen mit bestimmten, wissenschaftlichen Techniken bekannt zu machen, die zur unmittelbaren, persönlichen Gotteserfahrung führen;

zu lehren, dass der Sinn des Lebens in der Höherentwicklung des begrenzten menschlichen Bewusstseins liegt, bis es sich aus eigener Kraft zum Bewusstsein Gottes erweitert, und zu diesem Zweck Tempel der Self-Realization Fellowship in aller Welt zu errichten, in denen wahre Gottverbundenheit gepflegt wird, und die Menschen außerdem anzuregen, sich in ihrem eigenen Heim und Herzen einen Tempel Gottes zu schaffen;

darzulegen, dass das ursprüngliche, von Jesus Christus gelehrte Christentum und der ursprüngliche, von Bhagavan Krishna gelehrte Yoga im Wesentlichen völlig übereinstimmen und dass diese Prinzipien der Wahrheit die wissenschaftliche Grundlage aller echten Religionen bilden;

auf den schnellsten Weg zu Gott hinzuweisen, in den alle wahren religiösen Wege schließlich einmünden: den Weg täglicher, wissenschaftlicher und hingebungsvoller Meditation über Gott;

die Menschen von ihrem dreifachen Leiden: körperlicher Krankheit, geistiger Unausgeglichenheit und seelischer Blindheit zu befreien;

die Menschen zu einem einfacheren Leben und tieferen Denken anzuregen und unter allen Völkern den Geist wahrer Brüderlichkeit zu verbreiten, indem ihnen die Erkenntnis vermittelt wird, dass alle Menschen Kinder des einen Gottes sind;

die Überlegenheit des Geistes über den Körper und der Seele über den Geist zu beweisen;

Böses durch Gutes, Leid durch Freude, Grausamkeit durch Güte, Unwissenheit durch Weisheit zu besiegen;

Wissenschaft und Religion durch die Erkenntnis, dass beide auf denselben Gesetzen beruhen, miteinander in Einklang zu bringen;

die geistige Verständigung und den kulturellen Austausch zwischen Morgen- und Abendland zu fördern;

der ganzen Menschheit als dem eigenen, erweiterten SELBST zu dienen.

Ebenfalls bei der Self-Realization Fellowship erschienen:

AUTOBIOGRAPHIE EINES YOGI

von Paramahansa Yogananda

Diese berühmte Autobiographie ist das faszinierende Lebensbild einer der größten geistigen Persönlichkeiten der heutigen Zeit. Mit gewinnender Offenheit, Erzählkunst und köstlichem Humor schreibt Paramahansa Yogananda seine inspirierende Lebensgeschichte – er schildert die Erlebnisse seiner ungewöhnlichen Kindheit, Begegnungen mit vielen Heiligen und Weisen während seiner Jugendjahre, als er in ganz Indien nach einem erleuchteten Lehrer suchte, seine zehnjährige Schulung in der Einsiedelei eines verehrungswürdigen Yoga-Meisters und seinen 30-jährigen Aufenthalt in Amerika, wo er seine Lehre verbreitete. Außerdem berichtet er über seine Begegnungen mit Mahatma Gandhi, Rabindranath Tagore, Luther Burbank, der katholischen Stigmatisierten Therese Neumann und anderen berühmten geistigen Persönlichkeiten aus Ost und West.

Die *Autobiographie eines Yogi* ist nicht nur eine wunderbare Beschreibung eines außergewöhnlichen Lebens, sondern auch eine tiefgründige Einführung in die ehrwürdige Yoga-Wissenschaft und ihre seit alters geschätzten traditionellen Meditationsmethoden. Der Autor erklärt mit aller Genauigkeit die feinen, aber präzisen Gesetze, die sich hinter den alltäglichen Begebenheiten wie auch den außerordentlichen Ereignissen verbergen, die man allgemein als Wunder bezeichnet. Seine fesselnde Lebensgeschichte verschafft einem daher Gelegenheit, in die letzten Geheimnisse des menschlichen Lebens einzudringen und einen unauslöschlichen Eindruck davon zu empfangen.

Das Buch, das als spiritueller Klassiker unserer Zeit gilt, ist in mehr als 40 Sprachen übersetzt worden und dient weitgehend als Nachschlagewerk in Hochschulen und Universitäten. Seit dem ersten Erscheinen der *Autobiographie eines Yogi*, vor mehr als 60 Jahren, ist sie ein ständiger Bestseller und hat ihren Weg in die Herzen von Millionen Lesern in aller Welt gefunden.

»Ein außergewöhnlicher Bericht.«

– **The New York Times**

»Eine faszinierende und klar kommentierte Studie.«

– **Newsweek**

»Auf den Seiten dieser von unvergleichlichem und scharfem Geist gestalteten Darstellung eines faszinierenden Lebens wird ein Menschenbild von einer so ungeheuerlichen Größe offenbar, dass es den Leser von der ersten bis zur letzten Seite atemlos in Bann hält. ... Man möchte dieser bedeutenden Biographie die Kraft zusprechen, eine geistige Reformation auszulösen.« – **Schleswig-Holsteinische Tagespost**

Weitere Bücher von Paramahansa Yogananda

Erhältlich in Buchhandlungen oder online:
www.yogananda-srf.org

Autobiographie eines Yogi

Autobiographie eines Yogi
(Hörbuch, gelesen von Robert Atzorn)

Gott spricht mit Arjuna – Die Bhagavad-Gita
(Neue Übersetzung und neuer Kommentar)

Die Wiederkunft Christi –
Die Auferstehung des Christus im eigenen Inneren
Eine wegweisende Auslegung der
ursprünglichen Lehren Jesu, Band I

Der Yoga Jesu

Der Yoga der Bhagavad-Gita

Gesammelte Vorträge und Essays
Band I: Die ewige Suche des Menschen
Band II: Im Zauber des Göttlichen
Band III: Die Reise zur Selbst-Verwirklichung

Der Wein des Mystikers
Die Rubaijat des Omar Chajjam –
eine geistige Deutung

Religion als Wissenschaft

Flüstern aus der Ewigkeit

Lieder der Seele

Worte von Paramahansa Yogananda

Wissenschaftliche Heilmeditationen

Aus der Quelle der Seele –
Wege zum erfolgreichen Beten

Wege zum inneren Frieden –
Ruhige Tätigkeit – tätige Ruhe

Zwiesprache mit Gott

Meditationen zur SELBST-Verwirklichung

Das Gesetz des Erfolges

Erfolg im Leben

Kosmische Lieder

Ein vollständiger Katalog mit Büchern und Audio-/Videoaufnahmen – einschließlich seltener Archivaufnahmen mit Paramahansa Yoganandas Stimme – ist auf Anfrage erhältlich.

DVD – *Awake: Das Leben des Yogananda*
Ein Film von CounterPoint Films

Kostenlose Einführungsbroschüre:
Ungeahnte Möglichkeiten

Die von Paramahansa Yogananda gelehrten wissenschaftlichen Meditationstechniken, einschließlich des *Kriya-Yoga*, sowie seine Ratschläge für ein ausgeglichenes geistiges Leben sind in den *Lehrbriefen der Self-Realization Fellowship* enthalten. Weitere Informationen zu den *Lehrbriefen* finden Sie in der kostenlosen Broschüre *Ungeahnte Möglichkeiten*, die Ihnen auf Wunsch zugesandt wird. Bitte wenden Sie sich an:

Self-Realization Fellowship
3880 San Rafael Avenue
Los Angeles, CA 90065-3219, USA
Tel. +(323) 225-2471
Fax +(323) 225-5088
www.yogananda-srf.org

oder

Gemeinschaft der Selbst-Verwirklichung
Laufamholzstraße 369
D-90482 Nürnberg
Tel. 0911/50 10 87
Fax 0911/5 04 83 17

Glossar

Astralwelt: Hinter der grobstofflichen physischen Welt befindet sich eine feinstoffliche Astralwelt aus Licht und Energie und eine Ideenwelt, die aus Gedanken besteht. Jedes Lebewesen, jeder Gegenstand, jede Schwingung auf der irdischen Ebene hat ein astrales Gegenstück, denn das astrale Universum (der Himmel) ist die »Matrize« für unser physisches Universum. Beim Eintreten des Todes wird der Mensch zwar von seiner physischen Hülle befreit, verbleibt aber in seinem astralen Lichtkörper (welcher der auf der Erde zurückgelassenen Gestalt ähnelt) und in seinem Kausalkörper der Gedanken. Er steigt zu einer der vielen Schwingungsebenen der Astralwelt auf (»In meines Vaters Hause sind viele Wohnungen« – *Johannes* 14,2), um in der größeren Freiheit dieser feinstofflichen Sphäre seine geistige Entwicklung fortzusetzen. Dort verbleibt er für eine karmisch vorbestimmte Zeit, bis zu seiner Wiederverkörperung. (Siehe *Reinkarnation*.)

Avatar: Göttliche Inkarnation; aus dem Sanskritwort *avatara,* das sich aus den Silben *ava* = »hernieder« und *tri* = »steigen« zusammensetzt. Wer eins mit dem Geist geworden ist und dann auf die Erde zurückkehrt, um der Menschheit zu helfen, wird als Avatar bezeichnet.

Bhagavad-Gita: »Gesang des Herrn«. Ein aus 18 Kapiteln bestehender Teil des Epos *Mahabharata,* das zu den aus alten Zeiten stammenden heiligen Schriften Indiens gehört. Die Gita ist im wesentlichen ein Dialog zwischen dem Avatar (s.d.) Krishna und seinem Jünger Arjuna am Vorabend der historischen Schlacht von Kurukshetra. Sie stellt eine tiefschürfende Abhandlung über die Wissenschaft des Yoga (der Vereinigung mit Gott) dar und enthält zeitlose Ratschläge in Bezug auf Glück und Erfolg im täglichen Leben. Mahatma Gandhi schrieb über diese heilige Schrift: »Wer über die Gita meditiert, wird aus ihr täglich neue Freude und Erkenntnis schöpfen. Es gibt keine einzige Schwierigkeit, welche die Gita nicht lösen könnte.«

Die Zitate aus der Bhagavad-Gita, die im Text und in den Fußnoten dieses Buches enthalten sind, wurden von Paramahansa Yogananda selbst aus dem Sanskrit übersetzt, z.T. in wörtlicher und manchmal in freier Übertragung.

Bhagavan Krishna: Ein Avatar (s.d.), der lange Zeit vor der christlichen Ära im alten Indien gelebt hat. Eine der Deutungen, die dem Wort *Krishna* in den heiligen Schriften der Hindus gegeben wird, ist »allwissender Geist«. So ist *Krishna* ebenso wie *Christus* ein geistiger Titel, der die göttliche Größe des Avatars aufzeigt – seine Einheit mit Gott. (Siehe *Christusbewusstsein*) Der Titel *Bhagavan* bedeutet »Herr«.

Christusbewusstsein: »Christus« oder das »Christusbewusstsein« ist das von Gott ausgehende Bewusstsein, das der ganzen Schöpfung innewohnt. In den christlichen Schriften wird es »der eingeborene Sohn« genannt, die einzige reine Widerspiegelung Gottvaters in der Schöpfung; in den hinduistischen Schriften kennt man es als *Kutastha-Chaitanya,* die kosmische Intelligenz des GEISTES, welche die ganze Schöpfung durchdringt. Es ist das universelle Bewusstsein und bedeutet Einssein mit Gott – einen Bewusstseinszustand, den Jesus, Krishna und andere Avatare besaßen. Große Heilige und Yogis erleben den Zustand während der Meditation als *Samadhi* (s.d.), in dem ihr Bewusstsein eins mit der Intelligenz wird, die jedem Partikel der Schöpfung innewohnt; sie fühlen das ganze Universum als ihren eigenen Körper.

Christuszentrum: Das Konzentrations- und Willenszentrum im Körper, das sich an der Stelle zwischen den Augenbrauen befindet. Sitz des Christusbewusstseins (s.d.) und des geistigen Auges (s.d.).

Egoismus: Das Ich-Prinzip, auf Sanskrit: *Ahamkara* (wörtlich: »ich tue«), ist die eigentliche Ursache des Dualismus, der scheinbaren Trennung zwischen Mensch und Schöpfer. Der Egoismus bringt die Menschen unter den Einfluss der *Maya* (s.d.), sodass sich die Seele fälschlicherweise mit den Begrenzungen des Körperbewusstseins identifiziert und ihre Einheit mit Gott, dem einzig Handelnden, vergisst. (Siehe *Selbst*)

Geistiges Auge: Das einfältige Auge der Intuition und allgegenwärtigen Wahrnehmungskraft im Christus-(*Kutastha*-)Zentrum (*Ajna-Chakra*) zwischen den Augenbrauen. Das geistige Auge ist das Tor, das zu den höchsten göttlichen Bewusstseinsebenen führt. Auch Jesus sprach vom geistigen Auge: »Wenn nun dein Auge einfältig ist, so ist dein ganzer Leib licht. … So schaue darauf, dass nicht das Licht in dir Finsternis sei.« (*Lukas* 11, 34–35)

Göttliche Mutter: Die Ausdrucksform Gottes, die in der Schöpfung tätig ist; *Shakti* oder die Kraft des transzendenten Schöpfers. Andere Bezeichnungen für diese Ausdrucksform der Gottheit sind Natur oder *Prakriti,* OM, Heiliger Geist, kosmische intelligente Schwingung, ebenfalls die persönliche Ausdrucksform Gottes als Mutter, welche die Liebe und mitfühlenden Eigenschaften Gottes verkörpert.

In den heiligen Schriften der Hindus heißt es, dass Gott sowohl immanent als auch transzendent, das heißt sowohl persönlich als auch überpersönlich ist. Man kann Ihn als das Absolute suchen oder als eine Seiner ewigen Eigenschaften – als Liebe, Weisheit, Glückseligkeit, Licht oder als Vater, Mutter, Freund.

Guru: Geistiger Lehrer. Obgleich das Wort *Guru* oft missbraucht und einfach auf jeden Lehrer oder Erzieher angewandt wird, so hat ein wahrer, erleuchteter Guru Herrschaft über sich selbst erlangt und weiß sich eins mit dem allgegenwärtigen GEIST. Nur ein solcher ist fähig, den Sucher auf seinem Weg nach innen richtig zu leiten und ihm göttliche Verwirklichung zu vermitteln.

Karma: Auswirkungen vergangener Handlungen aus diesem oder vorhergehenden Leben; aus dem Sanskritwort *kri* = »tun«. Das ausgleichende Gesetz des Karma ist, wie in den Schriften der Hindus erklärt wird, das Gesetz von Aktion und Reaktion, von Ursache und Wirkung, von Säen und Ernten. Die natürliche Gerechtigkeit sorgt dafür, dass jeder Mensch durch seine Gedanken und Handlungen zum Urheber seines Schicksals wird. Die Kräfte, die er durch seine weisen oder törichten Taten selbst in Bewegung gesetzt hat, müssen zu ihm als dem Ausgangspunkt zurückkehren und formen somit einen Kreis, der sich unerbittlich schließt. Kenntnis vom Gesetz des Karma ermöglicht es dem menschlichen Geist, sich von seinem Groll gegen Gott und die Menschen zu befreien. Das Karma des Menschen folgt ihm Leben für Leben, bis es abgetragen oder geistig aufgelöst worden ist. (Siehe *Reinkarnation*.)

Kosmisches Bewusstsein: Das Absolute, der GEIST jenseits der Schöpfung. Auch als Zustand der *Samadhi*-Meditation bekannt, in dem man seine Einheit mit Gott sowohl jenseits der vibrierenden Schöpfung als auch in ihr erlebt.

Krishna: Siehe *Bhagavan Krishna.*

Kriya-Yoga: Eine heilige geistige Wissenschaft, die aus Indien stammt, wo sie schon seit Jahrtausenden bekannt ist. Sie enthält bestimmte Meditationstechniken (siehe *Meditation*), mit deren Hilfe man bei hingebungsvollem Üben Gott persönlich erleben kann. *Kriya-Yoga* gehört seinem Wesen nach zum *Raja-Yoga* (dem »königlichen« oder »vollkommenen« *Yoga*) und wird von Krishna in der Bhagavad-Gita und von Patanjali in seinen *Yoga-Sutras* gepriesen. Der *Kriya-Yoga* wurde in unserem Zeitalter von Mahavatar Babaji (s.d.) wieder eingeführt; und Babaji hat Paramahansa Yogananda dazu bestimmt, diese heilige Wissenschaft in aller Welt zu verbreiten und eine Organisation zu gründen, die dafür Sorge trägt, dass diese Technik für kommende Generationen rein erhalten bleibt. Mehr über den *Kriya-Yoga* wird im 26. Kapitel der *Autobiographie eines Yogi* erklärt. Allen, die die *Lehrbriefe der Self-Realization Fellowship* studieren und die nötigen Voraussetzungen erfüllen, wird diese Technik vermittelt.

Lahiri Mahasaya: *Lahiri* war der Familienname von Shyama Charan Lahiri (1828–1895). *Mahasaya* ist ein religiöser Sanskrit-Titel und bedeutet »großherzig«. Lahiri Mahasaya war ein Jünger Mahavatar Babajis und der Guru von Swami Sri Yukteswar (dem Guru von Paramahansa Yogananda). Es war Lahiri Mahasaya, dem Babaji die aus alten Zeiten stammende und fast verloren gegangene Wissenschaft des *Kriya-Yoga* (s.d.) vermittelte. Er spielte eine wesentliche Rolle in der Renaissance des Yoga im modernen Indien und lehrte und segnete zahllose Sucher, die zu ihm kamen, ganz gleich, welcher Kaste oder welchen Glaubens sie waren. Bei ihm handelte es sich um einen christusähnlichen Lehrer, der über große Wunderkräfte verfügte und als Familienvater auch berufliche Verantwortung trug. Seine Mission bestand darin, eine für den Menschen der Neuzeit geeignete Form des Yoga zu verbreiten, in welcher der richtige Ausgleich zwischen Meditation und der Erfüllung weltlicher Pflichten gefunden wird. Lahiri Mahasayas Leben wird in der *Autobiographie eines Yogi* beschrieben.

Lehrbriefe der Self-Realization Fellowship: Die Lehre Paramahansa Yoganandas ist in Lehrbriefen zusammengefasst worden, die aufrichtigen Wahrheitssuchern in aller Welt zur Verfügung stehen. Diese Lehrbriefe enthalten die von Paramahansa Yogananda gelehrten Yoga-Meditationstechniken einschließlich derjenigen über den *Kriya-Yoga* (s.d.); letztere werden solchen Schülern vermittelt, welche die erforderlichen Bedingungen erfüllen.

Auskunft über die Lehrbriefe wird vom internationalen Hauptsitz der Self-Realization Fellowship erteilt sowie von deren Zweigstelle, der Gemeinschaft der Selbst-Verwirklichung in 90482 Nürnberg, Laufamholzstraße 369.

Mahavatar Babaji: Der unsterbliche *Mahavatar* (»der große Avatar«), der im Jahre 1861 Lahiri Mahasaya die Einweihung in den *Kriya-Yoga* (s.d.) gab und dadurch der Welt die aus alten Zeiten stammende Technik der Befreiung wiederschenkte. Weitere Einzelheiten über sein Leben und seine geistige Mission werden in der *Autobiographie eines Yogi* berichtet. (Siehe Avatar)

Maya: Die täuschende Kraft, die der ganzen Struktur der Schöpfung innewohnt und die zur Folge hat, dass der Eine als viele erscheint. *Maya* ist das Prinzip der Relativität und bedeutet Umkehrung, Kontrast, Dualität und Gegensätzlichkeit; der »Satan« (auf Hebräisch wörtlich »der Gegner«) der alttestamentlichen Propheten; und der »Teufel«, den Christus bildhaft als »Mörder« und »Lügner« beschrieb, »denn die Wahrheit ist nicht in ihm.« (*Johannes* 8, 44).

Paramahansa Yogananda schrieb:

»Das Sanskritwort *Maya* bedeutet ›die Messende‹; es ist die der Schöpfung innewohnende magische Kraft, die im Unbegrenzten und Unteilbaren scheinbare Begrenzungen bzw. Teilungen hervorruft. *Maya* ist die Natur selbst – die Welt der Erscheinungen, die sich in ständiger Bewegung befindet und somit im Gegensatz zur göttlichen Unwandelbarkeit steht.

In Gottes Plan und Spiel (*Lila*) besteht die einzige Aufgabe von Satan oder *Maya* darin, zu versuchen, die Aufmerksamkeit des Menschen vom Geist auf die Materie zu lenken, vom Wirklichen auf das Unwirkliche. ›Der Teufel sündigt von Anfang an. Dazu ist erschienen der Sohn Gottes, dass er die Werke des Teufels zerstöre‹ (*1. Johannes* 3, 8). Das heißt, dass die Offenbarung des

Christusbewusstseins im Innern des Menschen die Trugbilder oder ›Werke des Teufels‹ mühelos zerstört.

Maya ist der Schleier der Vergänglichkeit in der Natur, der ständige Werdegang der Schöpfung, der Schleier, den jeder Mensch lüften muss, um dahinter den Schöpfer – die unwandelbare, ewige Wirklichkeit – zu schauen.

Der Mensch hat die Fähigkeit, in einer illusorischen Traumwelt sowohl materielle Dinge als auch Bewusstseinszustände zu erschaffen; daher dürfte es nicht schwer für ihn sein zu erkennen, dass der GEIST, indem Er von der Kraft der *Maya* Gebrauch machte, für den Menschen eine Traumwelt des ›Lebens‹ oder bewussten Daseins erschuf, die in Wirklichkeit so unwirklich ist (weil flüchtig und ständig wechselnd) wie die Erlebnisse des Menschen im Traumzustand. … Der Mensch in seiner Sterblichkeit träumt von Zweiheit und Kontrasten – von Leben und Tod, Gesundheit und Krankheit, Glück und Leid; doch wenn er zum Bewusstsein seiner Seele erwacht, entschwindet alle Dualität, und er erkennt sich als den ewigen und glückseligen GEIST.«

Meditation: Konzentration auf Gott. Im Allgemeinen versteht man darunter das Üben irgendeiner Technik, die es einem ermöglicht, die Aufmerksamkeit nach innen zu richten und sich auf eine Ausdrucksform Gottes zu konzentrieren. Genau genommen ist Meditation das Endresultat eines erfolgreichen Übens solcher Techniken: unmittelbares Erleben Gottes durch intuitive Wahrnehmung. Sie stellt die siebente Stufe (*Dhyana*) des Achtstufigen Yoga-Weges dar, so wie er von Patanjali beschrieben wird; diese ist erst dann erreicht, wenn sich der Meditierende so tief konzentrieren kann, dass er völlig unberührt von den Sinneseindrücken der äußeren Welt bleibt. In noch tieferer Meditation erreicht er dann die achte Stufe das Yoga-Wegs: *Samadhi* (s.d.) – Verbindung und Vereinigung mit Gott. (Siehe auch *Yoga.*)

Om: Die Sanskritwurzel oder der Ur-Laut, der jene Ausdrucksform der Gottheit symbolisiert, die alle Dinge erschafft und erhält; Kosmische Schwingung. Das Om der Veden wurde zum heiligen Wort *Hum* der Tibetaner, *Amin* der Moslems und *Amen* der Ägypter, Griechen, Römer, Juden und Christen. Die großen Religionen der Welt behaupten, dass alle erschaffenen Dinge aus der kosmischen Energieschwingung des Om oder Amen, des Wortes oder Heiligen Geistes, entstanden sind. »Im Anfang war das Wort, und das Wort war bei Gott, und Gott war das Wort. ... Alle Dinge sind durch dasselbe [das Wort oder Om] gemacht, und ohne dasselbe ist nichts gemacht, was gemacht ist.« (*Johannes* 1, 1; 3)

Amen bedeutet auf Hebräisch »sicher, treu«. »Das sagt, der Amen heißt, der treue und wahrhaftige Zeuge, der Anfang der Schöpfung Gottes.« (*Offenbarung* 3, 14) Ebenso wie die Schwingung eines laufenden Motors ein Geräusch erzeugt, so legt der allgegenwärtige Laut des Om Zeugnis vom Laufen des »Kosmischen Motors« ab, der alles Leben und jeden Teil der Schöpfung durch seine Schwingungsenergie aufrechterhält. In den *Lehrbriefen der Self-Realization Fellowship* (s.d.) lehrt Paramahansa Yogananda Meditationstechniken, die dem Übenden helfen, Gott als Om oder Heiligen Geist zu erleben. Eine solch glückselige Verbindung mit der unsichtbaren göttlichen Kraft (»dem Tröster, dem heiligen Geist« – *Johannes* 14, 26) ist die wahrhaft wissenschaftliche Grundlage des Gebets.

Paramahansa: Ein geistiger Titel, der bezeichnet, das jemand den höchsten Zustand ununterbrochener Vereinigung mit Gott erreicht hat. Dieser Titel kann einem Jünger, der die nötigen Qualifikationen dafür hat, nur von einem wahren Guru verliehen werden. Swami Sri Yukteswar verlieh seinem geliebten Jünger Yogananda diesen Titel im Jahre 1935. *Paramahansa* bedeutet wörtlich »höchster Schwan«. In den heiligen Schriften der Hindus ist *Hansa* oder »Schwan« ein Sinnbild geistiger Unterscheidungskraft.

Prana: Lebensenergie oder Lebenskraft. Intelligente Energie, die feiner als die Atomenergie ist, das Lebensprinzip des physischen Kosmos und die Grundsubstanz der Astralwelt (s.d.). In der physischen Welt gibt es zwei Arten von *Prana:* 1. die kosmische Energie, die in der Schöpfung allgegenwärtig ist und alle Dinge durch Schwingungen erhält; 2. das spezifische *Prana* oder die Energie, die jeden Körper aufbaut und erhält.

Reinkarnation: Die Lehre, dass der Mensch, der dem Gesetz der Evolution unterworfen ist, sich ständig wiederverkörpern muss, um sich auf diese Weise allmählich höherzuentwickeln – ein Vorgang, der durch falsches Handeln und falsche Wünsche verzögert und durch geistige Bemühungen beschleunigt wird –, bis er den Zustand der SELBST-Verwirklichung und Gottvereinigung erlangt hat. Wenn er dann die Begrenzungen und Unvollkommenheiten des sterblichen Bewusstseins überwunden hat, ist seine Seele für immer frei und muss sich nicht mehr wiederverkörpern. »Wer überwindet, den will ich machen zum Pfeiler in dem Tempel meines Gottes, und er soll nicht mehr hinausgehen.« (*Offenbarung* 3, 12)

Die Vorstellung von der Wiedergeburt ist nicht nur in der östlichen Philosophie zu finden, sondern wurde von vielen frühen Kulturen als grundlegende Lebenswahrheit betrachtet. Die frühchristliche Kirche akzeptierte die Lehre von der Wiedergeburt, wie sie die Gnostiker und zahlreiche Kirchenväter – darunter Klemens von Alexandrien, Origenes und der heilige Hieronymus – vertraten. Im Jahre 553 n. Chr. bezeichnete man diesen Glauben auf dem Zweiten Konzil von Konstantinopel zum ersten Mal als Irrlehre. Heute sind viele westliche Denker von der Lehre des *Karma* (s.d.) und der Wiedergeburt überzeugt, weil sie angesichts der scheinbaren Ungerechtigkeiten des Lebens in ihr eine einleuchtende und befriedigende Erklärung finden.

Samadhi: Ekstase; überbewusstes Erleben; im höchsten Sinne Vereinigung mit Gott, der alldurchdringenden höchsten Wirklichkeit. (Siehe *Überbewusstsein* und *Yoga.*)

Selbst: Die Kapitälchen bedeuten, dass sich das Wort auf *Atman,* die Seele bezieht, die sich vom gewöhnlichen Ich, der Persönlichkeit oder dem Ego, unterscheidet. Das Selbst ist individualisierter Geist, dessen Natur ewig bestehende, ewig bewusste, ewig neue Glückseligkeit ist. Das Selbst oder die Seele ist der innere Quell göttlicher Eigenschaften im Menschen – der Liebe und Weisheit, des Friedens und Muts, der Barmherzigkeit und aller anderen göttlichen Eigenschaften.

Selbst-Verwirklichung: Paramahansa Yogananda hat Selbst-Verwirklichung wie folgt definiert: »Selbst-Verwirklichung ist das Wissen auf allen Ebenen unseres Seins – des Körpers, des Geistes und der Seele –, dass wir eins mit der Allgegenwart Gottes sind, dass wir nicht um sie zu beten brauchen, dass wir ihr nicht nur allezeit nahe sind, sondern dass sie zugleich unsere Allgegenwart ist und dass wir jetzt ebenso ein Teil von Gott sind, wie wir es immer sein werden. Wir brauchen nur eines zu tun: unser Wissen zu erweitern.«

Self-Realization Fellowship: Die Gemeinschaft, die Paramahansa Yogananda im Jahre 1920 in Amerika (und bereits im Jahre 1917 als *Yogoda Satsanga Society of India*) gegründet hat; ihr Zweck besteht darin, zum Wohl der ganzen Menschheit die geistigen Grundsätze und Meditationstechniken des *Kriya-Yoga* (s.d.) zu lehren. (Siehe »Über den Autor«, Seite 260) Paramahansa Yogananda hat die Bedeutung des Namens, den er seiner Organisation gegeben hat, folgendermaßen erklärt: »Self-Realization Fellowship bedeutet Gemeinschaft mit Gott durch Selbst-Verwirklichung und Freundschaft mit allen wahrheitssuchenden Seelen.« (Siehe auch »Ziele und Ideale der Self-Realization Fellowship«, Seite 267.)

Sri Yukteswar, Swami: Ein christusähnlicher Meister des neuzeitlichen Indien (1855–1936); Guru von Paramahansa Yogananda; Autor des Buches *Die Heilige Wissenschaft,* (Neuausgabe 2000) einer Abhandlung über die wesentliche Einheit zwischen den heiligen Schriften der Christen und denen der Hindus. Das Leben Sri Yukteswarjis wird in Paramahansa Yoganandas *Autobiographie eines Yogi* beschrieben.

Überbewusstsein: Das reine, intuitive, allsehende, ewig glückselige Bewusstsein der Seele. Manchmal wird dieser Begriff allgemein für die verschiedenen Zustände der Gottverbundenheit verwendet, die man in der Meditation erlebt, besonders aber für den ersten Zustand, in dem man das Ich-Bewusstsein überwindet und sich als die Seele erkennt, die Gott zum Bilde erschaffen ist. Danach folgen höhere Stufen der Verwirklichung: *Christusbewusstsein* und *Kosmisches Bewusstsein* (s.d.).

Yoga: Aus dem Sanskritwort *yuj* = »Einheit«. *Yoga* bedeutet Vereinigung der individuellen Seele mit dem Geist; ebenfalls die Anwendung von Yoga-Methoden, um dies zu erreichen. Es gibt verschiedene Yoga-Methoden; die von der Self-Realization Fellowship gelehrte ist der *Raja-Yoga,* der »königliche« oder »vollständige« Yoga, wie er von *Bhagavan Krishna* (s.d) in der Bhagavad-Gita (s.d.) gelehrt wird. Der Weise Patanjali, der größte Interpret des Yoga, hat acht wichtige Stufen beschrieben, durch die der *Raja-Yogi* den *Samadhi* (s.d), also die Vereinigung mit Gott, erlangen kann. Diese sind 1. *Yama,* sittliches Verhalten; 2. *Niyama,* religiöse Vorschriften; 3. *Asana,* richtige Körperhaltung, die den Körper beruhigt; 4. *Pranayama,* Herrschaft über *Prana,* die subtilen Lebensströme; 5. *Pratyahara,* Verinnerlichung; 6. *Dharana,* Konzentration; 7. *Dhyana,* Meditation; und 8. *Samadhi,* überbewusste Wahrnehmung.

Yogi: Jemand, der *Yoga* (s.d.) übt. Er oder sie kann verheiratet oder ledig sein, weltlichen Verpflichtungen nachgehen oder durch formelle religiöse Gelübde gebunden sein.

Yogoda Satsanga Society of India: Unter diesem Namen ist Paramahansa Yoganandas Organisation in Indien bekannt. Die Gesellschaft wurde im Jahre 1917 von ihm gegründet. Ihr Hauptsitz, der *Yogoda Math,* liegt an den Ufern des Ganges bei Dakshineswar in der Nähe von Kolkata und hat ein Zweig-Zentrum (*Math*) in Ranchi/Bihar. Außer verschiedenen Meditationszentren und -gruppen in ganz Indien unterhält die Yogoda Satsanga Society 17 Bildungsinstitute, von der Volksschule bis zur Universität. *Yogoda*, ein Wort, das Paramahansa Yogananda geprägt hat, leitet sich ab von den Sanskritwörtern *yoga*, »Einheit, Harmonie, Gleichgewicht«, und *da*, »das, was vermittelt«. *Satsanga* bedeutet »göttliche Gemeinschaft« oder »Gemeinschaft mit der Wahrheit«. Für die westlichen Menschen übersetzte Paramahansaji den indischen Namen als »Self-Realization Fellowship« (s.d.).

Register

Affirmationen, Gebrauch von, um Schwierigkeiten zu überwinden: 21-22, 25, 47-49, 51, 52, 56, 69, 81, 105-106, 113, 122, 144-147, 155, 165, 176, 182, 229, 254, 259; A., um das wahre SELBST zu erwecken 217 ff., *s. auch* Gebet.

anderen dienen: 98-99, 103-104, 159-160, 252

Angst, Überwindung der: 14, 33, 38-39, 56, 59, 66-67, 72, 104, 109, 112-114, 154, 174-175, 204, 227, 252

Arbeit, richtige Einstellung zur: 48, 66-67, 90, 95-96, 97-102, 109-110, 119-120, 127, 157, 162, 219, 223, 243-245

Ärger, Überwindung von: 109, 146, 155-156, 163, 166-67, 170, 174-177, 192, 227, 252

Astralwelt 56-57, 206-207, 209-211, 273

Atemübung 28

Aufrichtigkeit, seelische Eigenschaft der 46, 50, 78, 127, 170, 200

Ausgleich, zwischen materiellen und geistigen Zielen: 61, 76, 97, 116, 239, 244, 277; zwischen Verstand und Gefühl: 75-76, 188-189

Auskommen, mit anderen: 103, 166-186

Begeisterung 98, 98-99, 223

Bhagavan Krishna 43, 182, 248, 267, 274, 276

Böse, die Natur des 18, 24, 38, 61, 128, 130, 133-137, 146, 154

Christusbewusstsein 28, 31, 35, 156, 181, 195, 274, 279, 283

Christuszentrum 31, 41, 144, 215, 274; *s.* geistiges Auge.

Ebenbild Gottes, Menschen als E. G. erschaffen 3-5, 9, 14-15, 21, 25, 33, 37, 59, 82, 97, 147, 155, 158, 164, 174, 187, 221, 228, 230-231, 283

Ehe, Weg einer erfolgreichen 190-196

Eifersucht, Überwindung von 174-175, 179

einfaches Leben 116, 236, 240

Einstein, Albert, 125 Anm.
Einstellung, richtige geistige 39, 42, 45, 56, 58, 72, 98-99, 136-140,149-155; *s. auch* positives Denken.
Emotionen, Überwinden negativer 75-76, 111-112, 155-156, 157, 174, 177, 224, 228
Entspannung, Techniken der 27-29, 111-112, 114
Erfolg; Grundsätze, die zu Errungenschaften führen 13, 16-17, 20, 47-48, 67, 71, 80, 82-91, 94-95, 96-102, 105, 157, 192, 223, 236, 254, 229

Fehlschläge, Überwindung von 19, 71, 84, 87, 90, 127-129
Franziskus, heiliger 14, 58
freier Wille 19, 116, 252
Freude 18, 30-31, 44, 46, 51, 59, 63, 98-99, 121, 134, 159, 186, 195, 209, 215, 235, 236, 242, 244, 247, 250-252, 254-259; als Beweis der Gegenwart Gottes 33, 56, 164-165, 254-255; der Meditation und Gottverbundenheit 11, 26, 35, 48, 59, 68, 120, 145, 162, 164-165, 230, 235-236; durch Selbstbeherrschung 135-136; als das Wesen der Seele 24, 131, 140, 151, 155, 161, 163; F., das Wesen Gottes 4-5, 11, 164-165, 211, 234-235, 248 f.; Fehlen von F. führt zu bösen Handlungen 135
Freundschaft 103, 166, 168, 173, 188, 190, 193-202, 211, 216, 247, 282
Frieden (innerer) 44, 51, 52, 73, 75, 96, 98, 104, 108-109, 111-113, 115-118, 120 f., 122, 129, 137, 152, 156, 161 f., 166, 169, 174, 176-178, 182, 189, 203, 207, 210, 213-215, 247, 250, 259, 282; als Beweis der Antwort Gottes 250; als Zustand des Glücks 108; durch die Meditation 7, 26, 29-30, 33-35, 68, 80, 118, 120, 250, 259; durch Einfachheit 116; F. entsteht, wenn man dem Gewissen folgt 78-79; Heilkraft des 108
Frieden (Weltfrieden) 61-62, 65
Führung, innere; *s.* Intuition.

Galli-Curci, Amelita 194
Gebet, Grundsätze eines wirksamen 14, 23, 35, 47, 52-55, 80, 155, 238-239,

251-252, 254, 259, 280; *s. auch* Affirmationen.
Gedanken, als grundsätzliche Struktur der Schöpfung 123-128, 132-133; *s. auch* Geist, Einstellung *und* positives Denken.
Geist, Kraft des 9, 14-15, 22, 31, 39, 41, 44, 47, 49, 60, 65-66, 73, 83-84, 90-94, 113-114, 118, 123, 140, 149-151, 155, 156, 177, 179, 187, 223, 227-228, 246-247, 251, 275
geistiges Auge 28, 31, 41, 229, 275, Anm.; *s. auch* Christuszentrum.
Geld, *s.* Wohlstand.
Gewissen, innere Führung durch das 78-79, 131, *s. auch* Intuition.
Gewohnheiten, Einfluss der G. auf menschliches Handeln 8, 17, 39, 50, 70, 84, 110, 123, 150, 173; Entwickeln und Ausmerzen von 51, 74, 123, 124-130, 132, 136, 139-147, 155, 165, 241, 245, 250
Glaube an Gott 13, 38, 47, 49-50, 52-56, 83, 103, 114, 140, 157, 186, 209, 221, 239, 242, 252; Entwicklung des 53-55; verschiedene Arten des 54 f.
Gleichmut 42 f., 56, 155-156, 182, 226,
Glück, G. finden 16, 18, 59, 66, 97, 108, 116, 117-118, 120, 126-129, 131, 134-135, 149-153, 159-166, 193, 195, 234-236, 238, 240-241, 247, 251, 256, 258, 273
Glückseligkeit, *s.* Freude.
Gott, G. finden, *s.* Meditation; Beweis Gottes 6, 33, 35, 47-48, 51, 248-251, 254-255; das Wesen Gottes 4, 9-11, 18, 21, 30, 34, 47, 64, 164-165, 180, 187, 220, 234, 243, 246-248, 258, 275
Göttliche Mutter 18, 139, 248-249, 275
Gyanamata, Sri 58-59, 214

Hass, Überwinden von 62, 64, 104, 108-109, 174-175, 178-179, 182, 227
Heilung, Grundsätze der 13, 17, 19-20, 21-23, 24, 33, 38, 41-47, 49-52, 54-56, 59-60, 72, 83, 111, 113, 150-151, 157
Himmel, *s.* Astralwelt.
Hingabe; Schlüssel, der zu Gott führt 35-36, 196, 245-246, 250-251

Ich (Ego), die Seele im Zustand der Täuschung 5-6, 38, 48, 80-81, 120, 135-136, 196 f., 228, 275, 282,
Initiative, seelische Eigenschaft der 80, 87, 92-93, 150-151
Innenschau (Selbsterforschung) 72, 76, 87, 117, 126-128, 150-151, 155-159, 172-173
Intuition 31, 50, 71, 73, 78-79, 81, 87, 91-92, 94, 173, 219, 275 (Glossar); *s. auch* Gewissen.

Jeans, Sir James, 125 Anm.
Jesus Christus 28, 41, 83, 104-105, 168, 180-181, 189, 229, 230, 248-249, 267, 274, 278
Karma (Gesetz von Ursache und Wirkung), Massenkarma 24, 61; Seele frei von 21-22; Überwindung von 20-24, 137, 207, 276,
Konzentration 26-29, 30-31, 51, 72, 100, 113, 155, 162, 221, 240, 274, 279, 283; beim Entwickeln und Ausmerzen von Gewohnheiten 144-145, 155; Schlüssel zum Erfolg 89-91; Schlüssel zur inneren Gottsuche 4; Wissenschaft der 90-91
Kraft, göttliche, in der menschlichen Seele vorhanden 3, 7-9, 11-15, 25, 31, 41, 55, 49-52, 82-95, 99-101, 170, 221, 223, 232
Krankheit, *s.* Heilung.
Kreativität 71, 91-92, 93-96, 101, 158-159
Krieg, s. Frieden (Weltfrieden).
Krishna, *s.* Bhagavan Krishna.
Kriya-Yoga 24, 26, 31, 32, 251, 276-278, 282; *s. auch* Yoga.

Lächeln, Kraft des 16, 46, 119, 152, 170, 220, 224
Lahiri Mahasaya 56, 79, 277 f.
Launen, Überwindung von negativen L. 75, 108, 151, 155-159, 190
Lebensenergie (Prana) 10, 45 Anm., 46, 99, 111-112, 121, 281
Leid, richtige Einstellung zum 19; Sinn des 16-18; Überwinden von 21-22, 37-41, 44, 56, 63, 65, 67, 86, 110, 113, 119, 128-129, 136, 152, 162, 207; Ursache des 17, 20, 102
Liebe 26, 33, 53, 56, 103, 156, 161, 173, 175, 178-186, 195, 220, 228, 231-232, 234, 242-243, 250, 255-258; als Lösung der

Probleme in der Welt 62, 64; das Wesen Gottes 47, 63, 234, 248-249; Definition der 184; Gottes Liebe zu Seinen Menschenkindern 17, 59, 139, 257; im Vergleich zur Sexualität 194; in der Beziehung zu anderen 162, 170, 175, 178-180, 182, 185, 190, 193, 195-196, 201-202; zu Gott 252, 254-255; menschliche und göttliche 184; Unsterblichkeit der 211-116

Maya (kosmische Täuschung) 11, 37-38, 67, 112, 131 Anm., 174, 237, 275, 278 f.

Meditation, ein Weg zur Erkenntnis Gottes und der göttlichen Eigenschaften der Seele 6-7, 17, 22, 23, 26-36, 43, 47, 52-53, 63, 66, 74, 78-81, 85, 91, 93, 101, 108, 118-121, 125, 135 f., 142, 145, 162, 196, 235 f., 237 f, 241, 243-244, 248-251, 255 f., 274, 276-277, 279, 283; als Schlüssel zum Weltfrieden 63; vertreibt schlechte Gewohnheiten 144; *s. auch* Yoga.

Minderwertigkeitskomplex, Überwindung von 172, 175; *s. auch* Seele.

Mitleid 39, 65, 168, 170, 181 f., 186, 213, 248,

Mitgefühl, s. Mitleid.

Nervosität, Überwinden von 8, 73, 107, 109-111, 121

OM 49, 227, 249, 275, 280

Persönlichkeit 123, 171, 189, 202, 282; aufgrund der eigenen Gedanken 182; Ursprung der 4; zu einer anziehenden P. werden 5, 169-170, 173-174

positives Denken 39, 42, 56, 72, 145-146, 154, 179; *s. auch* Einstellung.

Probleme, Ratschläge zur Lösung von 14, 70-73, 74, 91, 101, 110, 146, 157-158; richtige Einstellung zu 15

Raja-Yoga 31-32

Reinheit des Herzens und Geistes 22, 75 f., 103-104, 134, 139, 140, 170, 178 f., 196

Reinkarnation 20, 123, 205-206, 281

Religion, Bedeutung der 62, 64-65, 80, 185, 280
Ruhe 27, 29, 35, 42, 72 f., 79, 91, 107-112, 114-120, 122, 151, 155-156, 162, 167, 176,180, 204, 207, 227, 245, 251; das Wesen Gottes 108; der Schlüssel zur göttlichen Wahrnehmung 6; der Schlüssel zur Lösung von Problemen 80

Sabbat 116-117
Schmerz, Sinn des 58; Überwinden von 18, 22-43, 127, 255, 258; vergeht im Augenblick des Todes 207-208
Schuld, *s.* Sünde.
Seele, als Gottes Ebenbild 5-6, 187; andere als S. erkennen 185; S. bleibt unberührt von äußeren Ereignissen 58, 69, 137, 207; Unsterblichkeit der 205; wahres SELBST des Menschen 10, 22, 38, 43, 64, 70, 135, 138-140, 172, 205; Wahrnehmung der S. in der Meditation 6; Wesen der 4, 6, 23-24, 150, 155, 162, 248 f., 257
Sehnsucht nach Gott 241-242, 245 f., 253-255, 258
SELBST, das wahre Wesen des Menschen, *s.* Seele.
Selbstachtung, *s.* Minderwertigkeitskomplex.
Selbstbeherrschung, Entwickeln von 19, 79, 112, 124, 130, 133, 136, 169, 194
Selbsterforschung, *siehe* Innenschau.
Selbstlosigkeit 62-63, 101, 104, 159-160, 173, 185, 190, 197; *s. auch* anderen dienen.
Selbstvervollkommnung Anm. 51, 79, 123-124, 127, 137, 144, 150-161, 160, 166, 175, 247; durch Anwendung von Affirmationen 49; durch Lebenserfahrung 14, 17; durch Meditation 7
SELBST-Verwirklichung, Definition von 7, 64, 251, 280
Sexualität, richtige Einstellung zur 191-194
Shankara, Swami 22
Sicherheit, Finden von 45, 56, 59, 61 ff., 64, 66-68, 113, 115, 247
Sittlichkeit, Gesetze der 19, 76 f., 129, 131, 158,
Sorgen, Überwinden von 23, 39, 43, 56, 66, 68, 72, 85, 107, 109, 113, 165, 253
Sri Yukteswar, Swami 42, 53, 80, 119, 137, 177, 184, 187, 200, 210-211, 237, 277, 280, 283

Stress, *s.* Nervosität.
Sünde, richtige Einstellung zur 77, 137-140

Tod 13, 22, 24, 43, 57, 59, 69, 203-216, 258
Trauer, Überwinden von 68, 119, 127, 165, 211, 214
Traumnatur der Welt 37-38, 67, 98, 137, 206, 208; kann durch Meditation überwunden werden 43, 67; *s. auch* Maya.

Überbewusstsein, 23 Anm., 38, 50, 52, 94, 113
Umgebung, Einfluss der 23, 70, 92, 126-127, 132-133, 140, 153, 166, 240
Unterscheidungsvermögen, seelische Eigenschaft des 19, 73-78, 93, 127-129, 146; *s. auch* Weisheit.

Vergebung 138, 162, 153, 175, 180-183, 228
Vergegenwärtigung Gottes 242, 248
Vergegenwärtigung, kreative Anwendung der 84, 93-95, 158, 215
Verständnis für andere 168, 171; *s. auch* Weisheit.
Versuchung, Überwinden von 128 ff.

Wahrheit, Wesen der 70, 78, 155, 199, 217 ff.
Weisheit, entwickeln und zum Ausdruck bringen 8, 17, 19, 25, 70, 73, 75, 129-130, 146, 161, 239, 220 f., 248 f., 257
Willenskraft 49, 82-85, 93; Überwinden von Gewohnheiten durch 145; als Schlüssel zum Erfolg 82
Wohlstand 44, 96, 102-103, 104, 258
Wünsche, richtige Einstellung zu den 48, 129, 132, 135, 177, 237-239, 245, 254

Yoga, Wissenschaft, die zur Verbindung mit Gott führt 6, 24, 26, 65-67, 79, 120, 124, 227, 243, 251, 253; *s. auch* Meditation *und* Kriya-Yoga.